Bernd Brunner

UNTERWEGS INS MORGENLAND

Bernd Brunner

UNTERWEGS INS MORGENLAND

Was Pilger, Reisende und Abenteurer erwarteten, und was sie fanden

Galiani Berlin

Bis zum Ende des Osmanischen Reiches war das mehrheitlich von Muslimen bewohnte »Heilige Land« eine Provinz Syriens und keine geschlossene Verwaltungseinheit. Ich verwende diesen Begriff hier vorwiegend, weil es dort Orte gibt, die Christentum, Judentum und Islam – wenn auch auf unterschiedliche Weise – heilig sind.

Der Begriff »Palästina« reicht bis in die Zeit der Philister zurück. Es war auch der Name einer römischen Provinz seit der Zeit von Kaiser Hadrian. Noch 1896 bezeichnete Theodor Herzl Palästina als »unsere unvergessliche historische Heimat«. Wenn hier von »Palästina« die Rede ist, ist damit das historische Palästina genannt, das geographisch nicht klar abgegrenzt war. »Jerusalem« wird hier so bezeichnet, auch wenn es den (muslimischen) Arabern (in der Kurzform) als al-Kuds und den jüdischen Israelis als Yerushalayim gilt. Eine politische Bewertung verbindet sich mit der Verwendung von diesem oder jenem Begriff nicht.

Der Begriff »arabisch« bzw. »Araber« wurde in den Quellen nicht immer eindeutig verwendet, denn er kann nicht nur Muslime, sondern auch andere Einheimische bezeichnen, selbst wenn nicht ausdrücklich etwa von »christlichen Arabern« die Rede ist.

Die Orthografie historischer Zitate habe ich im Sinne der Lesbarkeit behutsam angepasst.

FSC
www.fsc.org
MIX
Papier | Fördert gute Waldnutzung
FSC® C083411

1. Auflage 2024

Verlag Galiani Berlin

Covergestaltung Lisa Neuhalfen
Covermotiv © CBW / Alamy Stock Foto; Plakat von Franz Krausz
Gesetzt aus der Garamond Premier Pro
Satz Buch-Werkstatt GmbH, Bad Aibling
Druck und Bindung CPI books GmbH, Leck
ISBN 978-3-86971-252-9

Inhalt

»Wem sein Heimatland lieb ist, der ist noch zu verwöhnt; wem jedes Land Heimat ist, der ist schon stark; wem aber die ganze Welt Fremde ist, der ist vollkommen.«

Hugo von St. Viktor (12. Jahrhundert)

»Ich halte jedoch an dem blinden Glauben an meine Bibel fest und denke, dass dies wie der Garten Eden einst eine fruchtbare Ebene war, bis die Verbrechen der Menschen und der Zorn Gottes sie zu dem machten, was sie ist.«

Isabel Burton über das Tote Meer,
The Inner Life of Syria, Palestine, and the Holy Land (1875)

»Hat denn, frage ich, das Zusammenstrecken der zehn Finger bei den Protestanten mehr Bedeutung, als die Niederwerfung vor Gott bei den Morgenländern, oder das Niedersinken auf die Knie bei den römischen Katholiken?«

Titus Tobler, *Lustreise ins Morgenland (1839)*

Die Reise der Pilgerin Egeria

Es ist eine erstaunliche Entdeckung, die der Archäologe Gian Francesco Gamurrini 1884 in der Biblioteca della Fraternita dei Laici im toskanischen Arezzo macht: eine bis dahin unbekannte Handschrift aus dem *Codex Arentinus* des Benediktinerklosters von Monte Cassino, die aus dem 11. Jahrhundert stammte und das Fragment eines Pilgerberichts enthält. Gamurrini dürfte umso mehr erstaunt sein, als er aus der Anrede im weiteren Verlauf des Textes »verehrungswürdige Damen Schwestern« schließen kann, dass es sich um eine Frau gehandelt haben muss, die diese Zeilen verfasst hat, offenbar für ihre spirituelle Gemeinschaft.

Die Aufzeichnungen erlauben den Schluss, dass die Pilgerin nicht etwa nur einen kurzen Abstecher nach Jerusalem, sondern eine nahezu vier Jahre dauernde Reise unternommen hat, die sie unter anderem nach Konstantinopel, Ägypten, den Sinai, ins Jordanland, nach Jerusalem, nach Kilikien und sogar nach Mesopotamien führte. In Konstantinopel angekommen, verfasst sie schließlich ihren Bericht in der Ich- bzw. Wir-Perspektive. Übereinstimmung herrscht heute in der Annahme, dass die Reise zwischen 381 und 384 stattgefunden hat. Zu dieser Zeit ist eine Pilgerfahrt für Frauen die einzige Möglichkeit, das vertraute Umfeld zu verlassen und andere Länder kennenzulernen.

Der in Vulgärlatein verfasste Bericht – weitere Fragmente wurden erst in jüngerer Vergangenheit entdeckt – liest sich dann so, als habe die Pilgerin, man vermutet, sie hieß Egeria, stets die Bibel als »Reiseführer« in der Hand gehabt. Und sie bestätigt sogar, dass »immer die entsprechende Stelle aus der Bibel gelesen wurde«. Sie möchte die biblischen Geschichten geographisch verorten. Ihr besonderes Interesse gilt Märtyrergräbern, Orten und Landschaften, in die sich Eremiten zurückgezogen haben. In den Einsiedeleien betet sie mit den Mönchen, rezitiert Psalmen und empfängt von ihnen Segenssprüche, sie »erzählten alles über die Schriften Gottes oder über die Taten der heiligen Männer, das heißt der Mönche – sei es, sofern sie schon heimgegangen waren, welche Wunder sie getan hatten, sei es auch, sofern sie noch im Leibe sind, welche sie täglich vollbringen. Denn viele von ihnen sind Asketen. Ich möchte nicht, dass ihr, meine Verehrtesten, glaubt, dass diese Mönche jemals von etwas anderem erzählen als von den Schriften Gottes oder den Taten der früheren Mönche.«

Eine Beschreibung Jerusalems und des Westjordanlandes enthält der Bericht nicht, diese Teile sind verlorengegangen, aber es gibt eine Beschreibung der heiligen Woche – Gottesdienste und liturgische Vollzüge – in Jerusalems Kirchen und damit verbunden auch Hinweise auf die Gestalt des Grabbaus. Dieser war als Teil einer Kirchenanlage am 9. September 335, also etwa ein halbes Jahrhundert bevor Egeria dorthin kam, unter Konstantin eingeweiht worden – 265 Jahre nach der Zerstörung des Jerusalemer Tempels durch die Römer unter Titus. Den Aufzeichnungen der Egeria folgend, gab es im Grabbau einen äußeren und einen inneren Raum, der von ihr als »spelunca« bezeichnet wird. Sie erwähnt auch eine Lampe im inneren Raum und Gitter. In Jerusalem begegnet ihr eine Frau, die sie als eine ihrer besten Freundinnen bezeichnet und als Einzige in ihrem Bericht auch namentlich erwähnt: »sancta diaconissa Marthana«.

Berge von biblischer Bedeutung finden ihr besonderes Interesse – den Sinai, den Horeb, den Nebo und den Tell von Sedima besteigt sie sicher, vermutlich auch den Tabor, den Hermon und den Karmel. »Und so nun, dem Befehl gemäß Christi, unseres Gottes, und unterstützt von den Gebeten der Heiligen, die mich begleiteten, und unter großer Mühe – weil ich zu Fuß bergan gehen musste ... um die vierte Stunde also kamen wir auf die Gipfelhöhe des heiligen Berges Gottes Syna [Sinai], wo das Gesetz gegeben worden ist, das ist an jenem Ort, da herabgestiegen ist die Herrlichkeit Gottes an jenem Tag, an dem der Berg rauchte.«

Egeria schreibt von sich, sie sei »ziemlich neugierig«, und sie verwickelt die Menschen, die sie trifft, in Gespräche über biblische Themen. Fremde, soweit es sich nicht um mitreisende Kleriker und Mönche handelt, werden nur am Rande erwähnt: die mit Kamelen ziehenden nomadischen Faraniten oder Sarazenen etwa.

Gian Francesco Gamurrini vermutet anfänglich noch, dass es sich bei der Pilgerin um die gallische Adelsdame Silvia oder Silvania handeln müsse, die Schwester des Rufinus von Aquileia, deren Reise ins Heilige Land für das Jahr 383 belegt ist. Zu neuer Zuschreibung führt dann zu Beginn des 20. Jahrhunderts ein auf das 7. Jahrhundert datierter Brief von Valerius aus Bierzo, einem galizischen Mönch. In diesem wird nämlich eine überaus unternehmungslustige Klosterfrau erwähnt, die von der »äußersten Küste des Westmeeres« – was man als Hinweis auf Galicien im Nordwesten der Iberischen Halbinsel verstehen kann – aufgebrochen ist und sich »mit allen Kräften, unerschrockenen Herzens, auf den unermeßlichen Weg über die ganze Welt« gemacht hat und dabei »tapferer als alle Männer des Jahrhunderts« gewesen sei.

Da der Brief nicht im Original vorliegt, sondern nur vermittels anderer Handschriften aus dem 10. bis 13. Jahrhundert überliefert ist, liegt der Name der Pilgerin in verschiedenen, aber stets wohlklingenden Varianten vor: als Egeria, Eiheria, Echeria, Heteria, Aetheria und Etheria, wobei einige Gründe für »Egeria« sprechen, so dass heute meist dieser Name verwendet wird.

Die genaue Identität dieser Pilgerin ist bis heute von Fragen umgeben, die wohl nie vollständig gelöst werden können. Vermutlich war ihr gesellschaftlicher Status wegen der erheblichen Kosten einer solchen Reise ein hoher, ihre Griechischkenntnisse sprechen für eine hervorragende Bildung. Auch ist überliefert, dass der Bischof von Arabia ihr entgegenreiste und sie im östlichen, als Gefahrenzone geltenden Nildelta mit militärischem Geleitschutz begleitete. Ob sie eine Äbtissin war, ist trotz einer Bibliotheksnotiz aus Limoges umstritten: Wäre es ihr dann wirklich möglich gewesen, sich ganze vier Jahre von ihrer Verantwortung und ihren Aufgaben freizustellen?

Egeria versteht sich als Reisende »im Auftrage Gottes« und will sich ihm nahe fühlen. Sie erreicht ihr Ziel, kehrt bereichert in ihre Heimat zurück und schließt ihren Bericht mit den Worten: »Ihr nur, meine Frauen, mein Licht, geruhet, meiner zu gedenken, ob ich im Leibe bin oder außerhalb dieses.«

Sehnsuchtsziel Heiliges Land

Seit Jahrtausenden waren die am Rande der arabischen Wüste, am Jordan und an den Strömen Nil, Euphrat und Tigris gelegenen Regionen Heimat von Juden, Christen und Muslimen. Palästina war die Heimat jüdischer Königreiche, bevor es Teil des Römischen und Byzantischen Imperiums wurde. Seit dem 6. Jahrhundert folgten verschiedene islamische Machthaber und Reiche, ab dem 16. Jahrhundert setzte sich die Herrschaft der Osmanen bis zum Beginn des 20. Jahrhundert fort.

Das »Heilige Land«, in der schmalen Übergangszone zwischen Ägypten und Mesopotamien am Ostrand des Mittelmeers gelegen, im Osten und Süden von Wüste begrenzt, im Norden von den Bergen des Libanons, war für christliche Pilger eine emotional stark besetzte Region – Sehnsuchtsziel, Utopie und Verheißung.

Anders als Rom, das seine Anziehungskraft den Märtyrern und dem Papsttum verdankt, steht das von seinen Grenzen her nicht scharf umrissene historische Palästina für die Geschehnisse des Alten Testaments und die in den Evangelien überlieferten Ereignisse. Vor allem in Galiläa, aber auch in Regionen, die über das heutige Israel und die palästinensischen Autonomiegebiete hinausreichen, habe Jesus sein irdisches Leben verbracht: »ubi steterunt pedes eius« – »wo seine Füße standen«.

Jerusalem, abseits der wichtigen Handelsrouten in den judäischen Bergen gelegen und ohne fruchtbares Hinterland, war das wichtigste Ziel, nicht weniger als das Zentrum der drei großen Offenbarungsreligionen. Bei ihrer Ankunft warfen sich viele Pilger nieder, küssten die Erde und begaben sich auf die Suche nach biblischer Atmosphäre. Das Heilige Grab, eine in ein Felsmassiv gehauene Kammer mit aneinandergebauten Kapellen, stand immer im Mittelpunkt der Pilgerreisen. Dass Golgatha als Todesstätte Jesu und Grab Adams keinen vollständigen Leichnam (sondern angeblich nur den Schädel Adams) barg, tat der frommen Verehrung keinen Abbruch.

Der frühere Tempel Salomos, im Laufe der Zeit mit anderen Strukturen überbaut, hat dagegen als Heiligtum für die Juden besondere Bedeutung. Mit dem zweiten, dem herodianischen Tempel befand er sich auf einem Hügel mit aufgeschüttetem Plateau. Nachdem die Tempel durch die Babylonier zerstört worden waren, lag das Gelände lange brach, bis es im 7. Jahrhundert von den Muslimen beansprucht wurde, die an dieser Stelle die Al-Aqsa-Moschee und den Felsendom in der Form eines eindrucksvollen Oktogons erbauten. Dort liegt die Steinplatte mit der Fußspur, die der Prophet Mohammed bei dem Antritt seiner Himmelsreise hinterlassen haben soll. Die westliche Seite des Tempelbergs gilt heute als einer der heiligen Orte des Judentums, dort befindet sich die Klagemauer, die dem jüdischen Viertel der Altstadt zugehörige Westmauer der früheren Tempelanlage. Am Tempelberg bricht seither der Konflikt von Juden und Muslimen immer wieder aus.

Indem die Pilger die als heilig betrachteten Orte aufsuchten, konnten sie sich ihrer Sünden entledigen, zum Ritter schlagen lassen und für die Erfüllung von Kinderwünschen und Heilung von Krankheiten beten. Und viele wollten dem Geheimnis näherkommen, das diese Orte in ihren Augen umgab. Obwohl ein Großteil der Reisenden im Heiligen Land aus dem Gebiet des weiteren Nahen Ostens kam, haben – von wenigen Ausnahmen abgesehen – vor allem die europäischen und seit dem 19. Jahrhundert auch amerikanische Besucher ausführliche Berichte darüber verfasst. Es wurde zum literarischen Topos. Ihren abendländischen Lesern erschloss sich damit eine in einigen Aspekten vertraut wirkende, aber auch fremde Welt.

Das Heilige Land musste nicht erst erfunden werden. Es war schon Teil von Kultur und Selbstverständnis des Abendlandes, in der kollektiven Erinnerung mit aus der Bibel bekannten Geschichten und Figuren dicht übersät. Es unterschied sich damit grundlegend vom übrigen »Morgenland« bzw. »Orient«. Auch Juden und Muslime waren unter den Palästinareisenden, von ihnen gibt es allerdings viel weniger Berichte als von christlichen Pilgern.

Mit der Reise ins Heilige Land verband sich für viele eine Spurensuche nach der Vergangenheit der eigenen Religion. Doch das Christentum, dem sie dort begegneten, war anders. Die christliche Gemeinschaft in Palästina bestand aus ganzen sechzehn verschiedenen Konfessionen. Nicht nur von ihrer äußeren Erscheinung waren die orientalischen Christen fremd, das galt auch für ihre Interpretation des Glaubens. Die dort ansässigen Juden und Muslime verkomplizierten das Bild. Manche Pilger haben das Heilige Land, das sie suchten, nicht gefunden. Ihr »Beten mit den Füßen« führte zu nichts.

Nachdem die Osmanen die Herrschaft erlangt hatten, zählte Palästina zu Syrien und bildete keine geschlossene Verwaltungseinheit – sie teilten das Gebiet wiederholt neu auf oder ordneten es anderen Bezirken zu. Obwohl es seit Jahrhunderten seinen festen Platz in der »geographia sacra« hatte, geriet Palästina erst zu Beginn des 19. Jahrhunderts in den Fokus internationaler Aufmerksamkeit, nachdem die Schwäche des Osmanischen Reiches immer offenkundiger geworden war, Napoleon mit seinem Eroberungsversuch gescheitert war und sich die europäischen Mächte dort ihren Platz und Einfluss sichern wollten. Dem eurozentrischen Narrativ folgend, war Palästina eine unterentwickelte osmanische Provinz, ein Hinterhof gar, der nun ganz neu entdeckt und entwickelt werden müsse.

Mit den verbesserten Reisemöglichkeiten brachen bald mehr Menschen dorthin auf, um sich ein eigenes Bild zu machen, oder um das, was sie schon gelesen hatten, bestätigt zu finden. Dabei mussten sie oft feststellen, dass sich ihre sentimentalen Erwartungen nicht so recht mit den Erfahrungen vor Ort decken wollten. Die Reise wurde zum Prüfstein für die Festigkeit des eigenen Glaubens. Viele Reisende stürzte das offensichtliche Auseinanderklaffen zwischen Erwartung und Wirklichkeit in eine tiefe Krise. Zugleich waren die europäischen und amerikanischen Christen – ob Katholiken oder Protestanten – ebenso wenig ein homogenes Konglomerat und selbst von erheblichen Meinungsverschiedenheiten geprägt. Das Verhältnis zwischen Protestanten und orthodoxen Christen war nicht so getrübt wie das zwischen Katholiken und Protestanten, die sich schon seit ein paar Jahrhunderten befeindet hatten. Immerhin waren Protestanten und Orthodoxe in ihrem Widerstand gegen das Primat des Bischofs von Rom vereint.

Auch wenn viele christliche Reisende Muslime mit ihrer orientalistischen Brille polemisch abhandelten, gilt das meist auch für die dort ansässigen Juden und die Angehörigen der Kirchen – orthodoxe Griechen, Armenier, Aramäer, Maroniten und Kopten. Häufig warfen die Besucher die ihnen fremd erscheinenden Menschen als »Morgenländer« oder »Orientale« in einen Topf. Einige Pilger meinten sogar, in muslimischen Arabern, die sie auf dem Land antrafen, biblische Gestalten wiederzuerkennen, nachdem sie sich ernüchtert von den von Pilgern überlaufenen Sehenswürdigkeiten abgewandt hatten. Auf einen gemeinsamen Nenner sind all diese Berichte dennoch nicht zu bringen.

Sie sind wie ein Fenster in das historische Palästina vor dem britischen Mandat.

Das Heilige Land wurde zu einer Bühne der Begegnung, einer *contact zone* von Vertretern der unterschiedlichen Religionen. Traumland, Projektionsfläche für Biblisches, Ort der Erfüllung oder der Ernüchterung. »So müssen wir uns im gelobten Land gleich in den ersten Minuten unseres Aufenthaltes daran gewöhnen, über die wenig anmutende Gegenwart hinwegzusehen, und mit Glaubensblick überall die Spuren der großen Vergangenheit suchen«, schreibt der evangelische Theologe Karl Ohly in seinen *Reiseerinnerungen aus dem Morgenlande* (1898).

Auf jeden Fall gab es viel zu erzählen: Tausende von Berichten handeln von Reisen in das Heilige Land. Seit dem späteren 18. Jahrhundert kamen Forscher und Abenteurer, bald auch Missionare und Touristen, deren Wege und Absichten sich überschnitten, manchmal widersprachen – über einen Kamm zu scheren waren sie in jedem Fall nicht. Seit der Mitte des 19. Jahrhunderts kamen auch westliche Auswanderer nach Palästina. Sie glaubten, dass der Untergang der Welt und die Auferstehung Christi unmittelbar bevorstünden. In der zweiten Hälfte des 19. Jahrhunderts kam es parallel zu den ersten Ansiedlungsversuchen, der durch den Antisemitismus in Europa angefachte Zionismus nahm immer konkretere Formen an.

Die Berichte von Pilgern, Naturforschern, Missionaren, Abenteurern und furchtlosen Grenzgängern zeigen ein buntes und kaum bekanntes Kapitel der Begegnung des Westens mit dem Orient, vor dem britischen Mandat über Palästina, dem Teilungsplan der Vereinten Nationen in einen jüdischen und einen arabischen Staat und der Gründung Israels.

Der Geist weht, wo er will – Wie heilig sind heilige Orte?

Gibt es Orte, die heiliger sind als andere? Die frühen Christen haben dazu eine recht eindeutige Auffassung: Nur in gläubiger Gemeinschaft erweise Gott seine Präsenz, sie ist nicht an einen bestimmten Ort gebunden. Jesus war auferstanden und in den Himmel aufgestiegen; den Orten, an denen er lebte und starb, maßen sie keine besondere Bedeutung bei. »Wo zwei oder drei in meinem Namen versammelt, da bin ich mitten unter ihnen« heißt es nach Matthäus, Kapitel 18. Man denke auch an die Worte des 354 in Nordafrika geborenen heiligen Augustinus von Hippo, dass Gott überall gegenwärtig sei. In seinen *Confessiones* schreibt er: »Menschen gehen in die Fremde und bewundern die Höhe der Berge, die mächtigen Wellen im Meer, die breiten Flüsse, den Umfang der Meere und den Kreislauf der Sterne – und gehen doch gedankenlos am Geheimnis ihres eigenen Lebens vorbei.« Neugier, die für die Pilgerreise, wenn auch kaum ausgesprochen, immer eine Rolle spielte, galt Augustinus als eine Untugend.

Der heilige Hieronymus versucht in einem um 395 verfassten Brief dem heiligen Paulinus von Nola von einer Wallfahrt nach Jerusalem abzuraten: »Ich wage nicht, die Allmacht Gottes in enge Grenzen einzuschließen und den auf einen kleinen Landstrich zu beschränken, den der Himmel nicht faßt. Die Gläubigen werden jeder für sich nicht nach der Verschiedenheit ihres Wohnortes, sondern nach dem Verdienste des Glaubens gewogen; und die wahrhaftigen Anbeter beten den Vater weder zu Jerusalem noch auf dem Berge Garizim an. Denn Gott ist Geist, und die ihn anbeten, müssen ihn im Geist und in der Wahrheit anbeten. Der Geist weht, wo er will; die Erde ist des Herrn und was darinnen ist ... Sowohl von Jerusalem wie von Britannien aus steht der Himmel gleichermaßen offen; dass das Reich Gottes ist inwendig in euch.« Angesichts dieses leidenschaftlichen Plädoyers mag es überraschen, dass der heilige Hieronymus diesen Brief ausgerechnet in Bethlehem schreibt, wo er sich schon seit 386 aufhielt und dann den Rest seines Lebens verbracht hat.

Zumindest im Sinne der Evangelien hätten sich die Gläubigen gar nicht auf den Weg zu heiligen Stätten machen müssen – weder zu in der Nähe ihrer Heimat gelegenen noch ins weit entfernte Heilige Land. Aus diesem Denken heraus hätte es auch keine Kreuzzüge geben müssen, denn wer nun gerade in Jerusalem an der Macht ist, das war für diese Gläubigen ebenfalls nicht von Bedeutung. Doch es kam anders: Ungezählte Pilgerscharen sind nach Jerusalem gezogen – trotz des immer wieder beklagten Volksgewühls und der Zerstreuungen, denen die Menschen vor Ort begegneten.

Egeria war nicht die erste Pilgerin im Heiligen Land. Unter den reichen und zu Askese neigenden Frauen, die sich dorthin begaben, gilt die christliche kaiserliche Schutzpatronin Helena in dieser frühen Phase als Leitfigur, sie machte die Wallfahrtsbewegung gewissermaßen hoffähig. Schon 326/327 bricht sie ins Heilige Land auf, also mehr als ein halbes Jahrhundert vor Egeria. Der Legende nach soll sie Grabungen veranlassen, in deren Zuge Überbleibsel des Kreuzes Christi einschließlich der Nägel, der Ort des Heiligen Grabes sowie der Geburtskirche gefunden werden. Im späten vierten Jahrhundert bestimmt Konstantin der Große einige Örtlichkeiten, die angeblich in Kontakt mit dem Körper von Christus gewesen sein sollen, bevor er in den Himmel aufgestiegen ist, als heilig und veranlasst den Bau der Grabeskirche, der Basilika über der Geburtskirche in Bethlehem sowie der Basilika auf dem Ölberg. Die ursprünglichen Orte des Evangeliums waren verlorengegangen, seitdem Hadrian das alte Jerusalem 135 nach dem Bar-Kochba-Aufstand dem Erdboden gleichgemacht hatte. Es mussten also neue, an bestimmte Orte gebundene Ursprungsmythen geschaffen werden. Hinzu kamen Heiligen- und Märtyrerkulte, die ebenfalls mit bestimmten Gräbern bzw. Orten in Verbindung gebracht werden.

Das Heilige Land bot den westeuropäischen Pilgern nun etwas, das man zu Hause nicht finden konnte, und wie ein Magnet zog es sie an. Ab 451 war es der Sitz des Patriarchen. Das Heilige Land wurde für eifrige Christen das »irdisch-himmlische Vaterland«, wie der Schweizer Kulturhistoriker Jacob Burckhardt in *Die Zeit Constantins des Großen* (1853) schreibt. »In zahllosen Gläubigen aber erwachte unwiderstehlich der natürliche Drang, Orte, die dem Gemüte heilig waren, in Person zu besuchen.«

Im Jahre 614 wurde Jerusalem von den Persern, 638 vom zweiten Kalif Omar erobert und in der Folge umgestaltet. Juden durften fortan den alten Tempelplatz nicht mehr betreten; die westliche Umfassungsmauer des Platzes, die Klagemauer, wurde als letzter Rest des einstigen Tempels Symbol der Hingabe an Jerusalem und zum Ziel jüdischer Pilger. Obwohl die Eroberer erhebliche Repressionen ausübten, konnten sich die christlichen Gemeinschaften halten, und auch Pilger kamen weiterhin ins Land, wenn auch häufig der Verdacht im Raum stand, es handele sich bei ihnen um Spione. In dieser Zeit waren es vorwiegend Adlige aus Frankreich und Lothringen, auch aus Skandinavien, die das Heilige Land meist auf dem Landweg und über

Konstantinopel erreichten. Das brachte für sie den Vorteil, dass sie dann auch die Bauwerke von Byzanz besuchen konnten – obgleich diese Stadt nicht als Wallfahrtsort galt.

Über die Reise des fränkischen Bischofs Arculf ist bekannt, dass sie mindestens zwei Jahre gedauert hat und lange Aufenthalte in Jerusalem, Alexandria und Konstantinopel umfasste. Arculf kommt nach Jerusalem, nachdem es erobert worden war, aber noch bevor der Felsendom erbaut wurde (687–691). Er wird für die Präzision seiner Beschreibungen der Kirchen gelobt, so erwähnt er etwa das im Grab über das Haupt des Herrn gelegte Schweißtuch und die Lanze des Soldaten, mit der dieser die Seite des am Kreuz hängenden Jesus durchbohrt hatte. Man mag sich aus heutiger Sicht wundern, dass Arculf nicht näher auf den Islam oder die Muslime einging, im Zuge seiner Schilderung Jerusalems findet sich jedoch diese Erwähnung: »Übrigens haben an dem berühmten Ort, wo vorzeiten der Tempel prächtig errichtet war, in der Nähe der östlichen Mauer gelegen, die Sarazenen jetzt ein viereckiges Bethaus gebaut, das sie mit aufrecht stehenden Brettern und großen Balken über einigen Trümmerresten aufgeführt haben; sie besuchen es fleißig, und das Haus kann – wie berichtet wird – etwa 3000 Menschen fassen.« Wegen der Bezeichnung »Bethaus« ist davon auszugehen, dass es sich um eine Moschee handelte – »Sarazenen« galt damals als Sammelbegriff für die islamisierten sesshaften Völker des östlichen und südlichen Mittelmeerraums. Es folgt ein Hinweis auf »die unzählbare Menge verschiedener Völkerschaften«, die »alljährlich am 12. September von überallher in Jerusalem zusammenkommen, um Handel mit Wechselgeschäften, Verkäufen und Käufen zu treiben«.

Der Schiffsverkehr der venezianischen und byzantinischen Flotte intensivierte sich erst, nachdem die Araber ihre Stützpunkte in Italien und in Frankreich verloren hatten – in der Schlacht von Tours und Poitiers 732 besiegten die Franken die Mauren und begrenzten deren Expansion von der Iberischen Halbinsel nach Norden. Und als das strategisch besonders wichtig gelegene Emirat von Kreta 961 an die Byzantiner zurückfiel, wurde der Seeverkehr in diesem Teil des Mittelmeeres sicherer. Kreta, später Teil der Republik Venedig, wurde erst in der Mitte des 17. Jahrhunderts von den Osmanen erobert.

Als die größte Massenwallfahrt für die Zeit kurz vor den Kreuzzügen galt jene, die Gunther von Bamberg, der Bischof dieser Stadt, mit dem Erzbischof Siegfried von Mainz sowie den Bischöfen Wilhelm von Utrecht, Otto von Regensburg und anderen religiösen Würdenträgern während der Jahre 1064 und 1065 unternahm – gemeinsam mit ihnen sollen mehr als 10.000 Menschen ins Heilige Land gereist sein. Von Bamberg hat der Nachwelt eine Beschreibung der Torturen dieser Reise hinterlassen, die er im syrischen Lakatia, also noch kurz vor dem Ziel, zu Papier brachte: »Wir gingen durch Feuer und Wasser, beängstigt von den Ungarn, attackiert von den Bulgaren, von den Türken in die Flucht geschlagen, wir mussten allerlei Unbilden seitens der arroganten Griechen in Konstantinopel erfahren und Wutanfälle der Bewohner von Kilikien dulden ... Aber ich fürchte, dass das Schlimmste uns noch erwartet.« Womit er Recht behalten sollte, denn die Pilgergruppe wurde kurz vor dem Ziel, unweit von Caesarea, von Arabern überfallen. Zwar erreichte der Bischof Jerusalem, verstarb dann allerdings – offenbar eines natürlichen Todes – auf der Rückreise und sah seine Heimat nie wieder.

Genau um diese Zeit war es, dass sich die Christen Jerusalems, die immer Bedrängnissen ausgesetzt waren, im Christenviertel, dort, wo auch der Patriarch zu Hause war, konzentrierten. Kalvarienberg und Grabeskirche galten nun als die heiligen Stätten erster Ordnung. Eine einschneidende Wendung vollzog sich, als die Seldschuken 1071 siegreich aus der Schlacht von Manzikert (dem heutigen Malazgirt im Osten der Türkei) hervorgingen und Byzanz den überwiegenden Teil Kleinasiens einbüßte. Der byzantinische Kaiser Alexios Komnenos rief bei Papst Urban II. nach militärischer Hilfe und das Konzil von Clermont, das 1095 stattfand, zog dann den Ersten Kreuzzug, eine Art bewaffnete Wallfahrt, nach sich – eine Folge von Ereignissen, mit denen der Kaiser sicherlich nicht gerechnet hatte. Vier Jahre später, 1099, wurde Jerusalem von den Kreuzrittern erstürmt und ein Teil der Bevölkerung massakriert. Muslime und Juden wurden aus Jerusalem vertrieben, wie überhaupt die bis dahin relativ friedliche Koexistenz von Muslimen, Juden und Christen ihr Ende findet. Die Moscheen wurden zu Ritterortssitzen umgestaltet, die byzantinischen Tempel erneuert. Zugleich setzten die Kreuzfahrer das alte Schutzbündnis-System (Dhimma) der Muslime fort – nun wurden allerdings nicht mehr Christen und Juden, sondern Muslime und Juden zur Zahlung einer Kopfsteuer verpflichtet.

Das Verhältnis zwischen den lateinischen »Franken« und den einheimischen Christen vor Ort – vor allem Griechen und Armenier – war angespannt. Die völlig veränderten Verhältnisse im Land hatten einen Aufschwung der Wallfahrten nach Jerusalem zur Folge, die Gewinne aus den Geschäften mit den Pilgern stellten zugleich die wichtigste Einkunftsquelle in der Stadt dar. Da Banden die Wege nach und im Heiligen Land mehr oder weniger kontrollierten, blieb die Reise mit erheblichen Risiken verbunden und erforderte Bewaffnung. Während des Osterfestes 1120 sollen von einer 700 Seelen umfassenden Pilgergruppe 30 getötet und 60 gefangengenommen worden sein. Obwohl die Schiffspassage über das Mittelmeer nach Jaffa ihre eigenen Risiken mit sich brachte und teurer als die Route über Land war, nahm die Nachfrage danach ab dem 12. Jahrhundert zu.

Auch wenn sich die Kreuzzüge bis 1270 weiter fortsetzten und das Königreich zumindest formal zunächst noch weiterhin Bestand hatte, resultierte die Schlacht bei Hattin von 1187 in einer Niederlage der Kreuzfahrerstaaten. 1244 geriet Jerusalem wieder in die Hand der Muslime und 1291 wurde Akkon von den Mameluken belagert und erobert. Die Pilger fanden sich nun in Feindesland wieder und der Strom der Reisenden ebbte ab. Erst ab dem 14. Jahrhundert unternahmen wieder mehr Christen Wallfahrten nach Jerusalem.

Abendländer werden zu Orientalen – Das schwierige Verhältnis christlicher Konfessionen

Der Orient ist die Region, wo das Christentum entstand, aber schon seit dem Ende der Antike hatte sich ein grundlegender Bruch zwischen westlichem und östlichem Christentum vollzogen. Der entscheidende Unterschied war die von den Ostkirchen vertretene Position, dass es in der Person Christi nur eine, nämlich die göttliche, Natur gebe; der Mensch Jesus habe sich in den göttlichen Christus verwandelt (sog. Monophysitismus), womit der inzwischen in der westlichen Kirche entstandenen Lehre von der göttlichen und menschlichen Doppelnatur Christi widersprochen wurde. Die Kirchentrennung geht auf die 451 verabschiedeten Beschlüsse des Konzils von Chalcedon (das heutige Stadtviertel Kadıköy auf der asiatischen Seite von Istanbul) zurück, bei dem die Mehrheit Christus als wahren Gott und wahren Menschen in zwei Naturen anerkannt hat. Im Bewusstsein der römischen Kirche nahmen die östlichen Kirchen fortan eine Nebenrolle ein. Etwas abseits steht die armenische Kirche, die nicht an dem Konzil teilgenommen hat und 1184 mit Rom eine Gemeinschaft eingegangen ist.

Im Laufe der Kreuzzugszeit verschärfte sich der Ton der westlichen gegen die orientalischen Christen. Letztere galten immer weniger als Opfer, die zu befreien waren, sondern als Renegaten, als Abtrünnige, denen oft sogar unterstellt wurde, dass sie das Heilige Land in die Hände der Muslime hatten fallen lassen und die Verantwortung der Wiedereroberung den Christen aus dem

Westen übertragen hatten. Nun galt es, die »Häretiker« in die Abhängigkeit von der römischen Kirche zu bringen.

Etliche Ritter kehrten allerdings gar nicht mehr nach Europa zurück und vermischten sich im Laufe der Zeit mit der dortigen Bevölkerung. Diese Nachfahren wurden von den später eintreffenden Pilgern mit wenig Verständnis betrachtet; glichen sich die »Pullanen«, wie sie genannt werden, in ihrer Lebensweise und Glaubenspraxis doch schon bald den orientalischen Christen an. (Die Herkunft des Wortes »Pullanen« ist nicht sicher. Eine Erklärung besagt, dass die Syrer die eintreffenden Kreuzfahrer »pulli« genannt haben, eine andere, dass es sich von »Apulien« herleitet, von wo die Kreuzfahrer Frauen haben kommen lassen, um Familien gründen zu können.)

Fulcher von Chartres, Kreuzfahrer der ersten Stunde, der im Jahre 1096 über Rom nach Konstantinopel kommt, sich bald darauf in Jerusalem niederlässt und später in der Grabeskirche tätig ist, legt eindrücklich Zeugnis von seinem Wandel ab. Ein Zurück nach Europa gibt es für ihn nicht mehr: »Wir, die wir vorher Abendländer waren, sind nun Orientalen, wer ein Römer oder Franke war, ist hier ein Galiläer oder Palästinenser geworden, wer sich als Einwohner von Reims oder Chartres fühlte, empfindet sich jetzt als Tyrenser oder Antiochener. Schon haben wir die Orte unserer Geburt vergessen.« Und wie leben sie dort? »Andere Lateiner sind verheiratet, nicht nur mit Frauen aus der früheren Heimat, sondern auch mit Syrerinnen und Armenierinnen, ja selbst mit Musliminnen, jedoch selbstverständlich nur mit getauften.« Bei vielen der Kreuzritter handelte es sich um zweite und dritte Söhne, für die es in Europa nichts zu holen gab, weil sie weder Ansprüche auf Besitz noch auf Ämter hatten.

Die Historikerin Camille Rouxpetel beschäftigt sich in ihrer Untersuchung *L'occident au miroir de l'orient chrétien (Der*

Westen im Spiegel des christlichen Ostens) mit der Wahrnehmung europäischer Pilger, die zwischen dem 12. und 14. Jahrhundert nach Kilikien im Südosten Kleinasiens, nach Syrien, ins Heilige Land und nach Ägypten kamen. Zu den auf die Reisenden vertraut, aber eben auch fremd wirkenden »Christen von Übersee« oder »Christen des Orients« (im Gegensatz zu den »wahren Christen« Europas, wie sie manchmal genannt werden), zählen Syrer, Armenier, Griechen, Nestorianer, Maroniten und Jakobiten – in den ersten drei Fällen leitete sich die Bezeichnung also von einem Land ab, in den anderen von bestimmten Personen, mit denen sie in Verbindung gebracht wurden: Nestorius, Maron, Jakob. Bei allen Fremdheitsgefühlen, die sie bei den Pilgern hervorriefen, wurden sie dennoch streng von den »Ungläubigen«, Juden und Muslimen, abgegrenzt. In Ägypten treffen sie zudem auf dem koptischen Patriarchat in Alexandria unterstehende Nubianer, Äthiopier und »Inder« (oder umschrieben als »aus den Gegenden, die sich bis nach Indien erstrecken«) – deren genaue geographische Herkunft für die Reisenden nicht zuzuordnen ist. Diese weckten bei vielen der Pilger eine besondere Neugierde, zugleich sorgten sie bei ihnen für erhebliche Verwirrung, so dass sie die bei den einen oder anderen beobachteten Charakteristika falsch zuordneten.

Der Kardinal Jakob von Vitry, 1214 zum Bischof von Akkon ernannt, schreibt: »Die Äthiopier sind schwarz, und wir finden sie hässlich. Doch ihnen gilt das Schwärzeste als das Schönste.« Zu den äußeren Merkmalen orientalischer Christen zählen die langen Haare und Bärte, die als Zeichen ihrer Männlichkeit und Autorität gelten. Zugleich ruft die Erscheinung der Patriarchen Assoziationen von den biblischen Propheten auf. Christen tragen im Gegensatz zu Muslimen ein Band unterschiedlicher Farbe. Hinweise auf die religiöse Zugehörigkeit liefern die Farbe des Turbans und die Art und Weise, wie er getragen wird. Ein wichtiges Merkmal der Lebensweise der Priester ist, dass sie heiraten dürfen. Und westliche Pilger zeigen sich erstaunt, dass die orientalischen Christen keine Glocken benutzen, um die Stunden oder den Gang zur Messe anzuzeigen, sondern mit einem Objekt aus Eisen auf Holzbretter schlagen.

Die Tatsache, dass viele der Orientchristen den arabischen Eroberungen des siebten bis neunten Jahrhunderts folgend nun Arabisch als liturgische Sprache und auch im Alltag sprachen, lässt sie – neben anderen Merkmalen – zusätzlich fremd erscheinen. Die Kenntnis des Arabischen war für im Heiligen Land tätige Missionare der römischen Kirche unabdingbar. Auch die Örtlichkeiten unterlagen Veränderungen und konnten, wie Maurice Halbwachs in *Stätten der Verkündigung im Heiligen Land* (im frz. Original 1941) anmerkt, »seit dem 7. Jahrhundert, seit dem Einfall der Perser, den ständigen Kriegen, der moslemischen Besatzung« nur mühsam aufrechterhalten werden: »Das christliche Gedächtnis der Heiligen Stätten verblasste allmählich, es entstanden Lücken, Ungereimtheiten, Verwechslungen, auch wenn ihm die Bautätigkeit im 6. Jahrhundert, insbesondere unter Modestus, noch einmal neue Kraft zuführte. Doch schließlich fielen auch diese Heiligtümer in Trümmer, entschwanden dem Blick, und die christlichen Riten, die das Ortsgedächtnis erhielten, konnten sich nur schwer in einem Umfeld behaupten, das ihnen seit der Zeit der moslemischen Herrschaft gleichgültig oder feindselig gegenüber stand.«

Interessant ist umgekehrt die Sichtweise der Mameluken, der muslimischen Machthaber Ägyptens, auf die Christen, wie Camille Rouxpetel erläutert: »Lateiner und Griechen werden nach politischen Kriterien benannt. Griechen werden als Staatsangehörige eines anderen Staates identifiziert, dem Reich von Rom, in Bezug auf das Römische Reich des Ostens, und die Lateiner werden immer so genannt wie die Kreuzritter, als Franken identifiziert. Nur östliche Christen scheinen hier als Christen identifiziert zu werden, ohne dass sie durch besondere Namen unterschieden werden.«

Das Buch eines mysteriösen Ritters – Mandeville und die Folgen

Es ist nicht bekannt, wie viele vor der Entdeckung des Reisetagebuches der Egeria in Italien davon Kenntnis hatten. Einem anderen Werk, das ab etwa 1357 die Runde machte, kam eine unvergleichlich größere Breitenwirkung zu: dem *Reisebuch des Ritters John Mandeville*, das, wenn auch in immer wieder abgewandelten Formen, zwei Jahrhunderte lang im Gespräch blieb und weitreichende Folgen für die Vorstellungen hatte, die sich die lesenden Menschen damals von einem weit gefassten Orient machten.

Die Identität des »Ritters« ist mit vielen Fragen behaftet, die sich einer endgültigen Beantwortung widersetzen. Die Tatsache, dass es wahrscheinlich in anglonormannischem Französisch verfasst wurde, widerspricht der angeblich englischen Herkunft nicht einmal – es war die Sprache, die dort damals in adligen Kreisen gebräuchlich war. Dennoch gehen manche neuere Untersuchungen davon aus, dass ein gewisser Jan de Langhe, ein Flame, Benediktinermönch und späterer Abt, als Autor des Buches gelten könnte.

»Nun will ich Euch berichten, wie die Heiden beichten. Und ihr sollt wissen, dass auch viele Christen bei ihnen wohnen und auch verschiedene Arten von Christen, die verschiedene Arten von Glauben haben. Doch glauben sie an den Vater und an den Sohn und den Heiligen Geist. Der eine behauptet dies, der andere das. Einige heißen Jakobiten, weil sie Jakobus bekehrt hat; Johannes der Evangelist taufte sie. Aber wenn sie beichten, dann beichten sie bei Gott und bei keinem Menschen. … Wenn sie beichten, so rufen sie daher ihre Sünden und ihre Schuld Gott dem Allmächtigen zu. Und das tun sie bei einem Feuer und machen das wohlriechend mit Weihrauch und Myrrhe und auch anderen wohlriechenden Dingen. Und die werfen sie dann in das Feuer, damit ihre Beichte so mit dem Rauch zu Gott ihrem himmlischen Vater hinaufsteige.«

Die das Heilige Land betreffenden Dinge sind mal mehr, mal weniger glaubwürdig. Mandeville schreibt über die Menschen, denen er dort begegnet war, die Syrer zum Beispiel, »eine andere Art von Christen«. Und er erwähnt die Georgier, die sich auf Sankt Georg berufen, der sie bekehrte. »Da glauben sie sehr inbrünstig an ihn wie an keinen anderen Heiligen und in ihren Nöten rufen sie ihn eifrig an. Die Leute tragen alle Tonsuren, die Geistlichen eine runde und die Laien eine viereckige.« Er erwähnt auch die Christen der Türkei, Armeniens, Arabiens und Indiens sowie »schwarze Mönche, die Christen sind«.

Ansonsten ist nicht alles für bare Münze zu nehmen. Schwimmt ein Eisen tatsächlich auf dem Toten Meer, wenn man es hineinwirft? Und sinkt eine Feder dagegen hinab? Mandeville behauptet, es selbst ausprobiert zu haben.

Es ist unwahrscheinlich, dass die Reise in der im Bericht beschriebenen Form stattgefunden hat, für viele Bestandteile des Textes konnten andere Schriften als Quellen identifiziert werden. Seiner Wirkung stand das freilich nicht im Wege. Für seine zeitgenössischen Leser hat das Buch die Qualitäten eines authentischen Berichts. Und seine Vorstellungen beeinflussten eine ganze Reihe von Eroberern, nicht zuletzt auch Christoph Kolumbus.

Es dauerte erstaunlich lange, bis der Glaube an Mandevilles Erzählungen brüchig wurde. Kein Geringerer als der bekannte

Naturforscher Thomas Pennant bezeichnet Mandeville noch am Ende des 18. Jahrhunderts als »größten Reisenden aller Zeiten«. Hätten gerade ihm als Zoologen nicht zuletzt angesichts der Zwerge, die sich vom Duft wilder Äpfel ernähren, der Drachen, der Gänse mit zwei Köpfen, der an Land gehenden Fische, die sich den Menschen als Fang anbieten, und vielen anderen offensichtlich nicht den Tatsachen entsprechenden Fabelwesen Zweifel am Wahrheitsgehalt kommen müssen? So als hätte Mandeville die Bedenken, die schließlich doch keimen, in geradezu prophetischer Weise vorausgesehen, nimmt er entschuldigend vorweg: »Und falls ich mich jetzt bei einigen Dingen irren sollte, die ich hier berichte, weil sich viele Dinge im Lauf der Zeit verändern, die vor langer Zeit so gewesen sind, bitte ich die Leute, dass sie das berichtigen. Denn einer kann sich nicht bei allen Dingen im gleichen Maße an alles erinnern. Daher möge mich der schelten, so wie er meint, recht zu haben.«

Die Beschäftigung mit Mandevilles Buch erhellt ein gängiges Muster während der Frühen Neuzeit: Die Vorstellungen der Reisenden basierten oft auf den Schriften früherer Pilger, die dann ihre Erwartungen und Wahrnehmungsmuster prägten. Nach ihrer Rückkehr sponnen sie den Faden weiter und verfassten ihre eigenen, im Idealfall ein wenig mehr dem selbst Erlebten angepassten Aufzeichnungen. Dennoch wurde vieles oft nur aus früheren Schriften übernommen, was erklärt, dass sich die meisten dieser Berichte erstaunlich ähneln.

Im Falle von Heinrich Büntings *Itinerarium sacrae scripturae. Das ist: ein Reisebuch über die gantze heilige Schrift*, das 1581 in Helmstedt gedruckt wurde, gibt es dagegen nicht den geringsten Zweifel, denn der lutheranische Theologe hat eine Reise ins Heilige Land mit Sicherheit nie angetreten. Diese Tatsache tat dem Erfolg des Buches jedoch keinen Abbruch; innerhalb von gut eineinhalb Jahrhunderten erschien es in mindestens 60 Ausgaben, in deutscher, schwedischer, tschechischer, niederländischer, lateinischer, dänischer und englischer Sprache. Bünting ist für seine überaus fantasievollen Darstellungen bekannt, darunter eine Versinnbildlichung der Kontinente: Europa, Asien und Afrika als drei Blütenblätter, die durch Jerusalem verbunden sind, das als Scharnier und Mittelpunkt der Welt fungiert. Amerika lugt nur am Rande hervor.

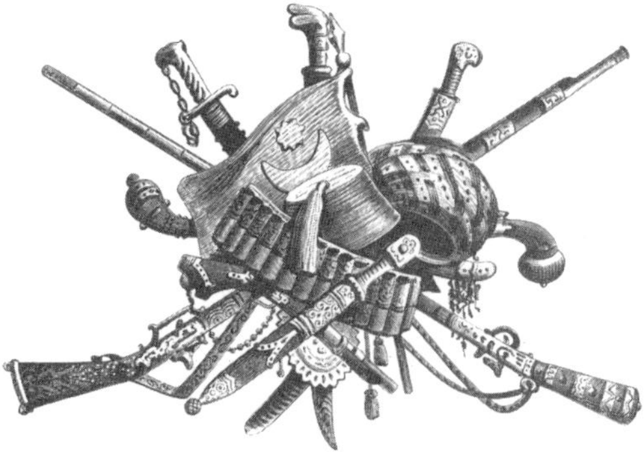

Die Abschweifungen Felix Fabris – ein Dominikaner auf Pilgerschaft

Auch wenn keine Statistiken darüber existieren, wie hoch der Anteil an Frauen unter der Pilgerschaft war, finden sich ab und zu Hinweise darauf. So hält der Ulmer Dominikanermönch Felix Fabri über die Gesellschaft seiner ersten Pilgerreise 1480 fest:

»Selbst einige Frauen, schon hochbetagte fromme und reiche Matronen, sechs an der Zahl, wollten mit uns zu den heiligen Stätten fahren. Ich bewunderte ihren Mut, da sie sich vor Alter kaum aufrecht halten konnten, aber, ohne auf ihre Gebrechlichkeit zu achten, sich aus Sehnsucht nach dem Heiligen Land in die Gesellschaft jugendlicher Ritter einreihten und Anstrengungen wie kräftige Männer auf sich nahmen.«

Oft bleiben die Hinweise auf Frauen im Ungefähren oder lassen nur indirekt Schlussfolgerungen zu: Im späteren Mittelalter gibt es in Jerusalem offenbar so viele weibliche Besucher, dass es sich lohnt, in der Nähe der für Pilger vorgesehenen Krankenhäuser eigens für sie Schlafsäle einzurichten.

In diesem Zusammenhang von Interesse ist die Mystikerin Margery Kempe, die Tochter eines Händlers aus Lynn in Norfolk. Sie reist 1414 in Begleitung einer Gruppe von Männern nach Jerusalem und übernachtet in den Häusern Wohlhabender. Sie versteht sich als Visionärin in lebhaftem Austausch mit Christus und der Jungfrau Maria. Als sie Jerusalem zum ersten Mal sieht, bittet sie Gott darum, ihr sowohl die himmlische als auch die irdische Stadt zu offenbaren.

Glaubt man dem Bericht, soll sie, von ihren Gefühlen beim Einblick der Stadt überwältigt, beinahe von ihrem Esel fallen – zwei deutsche Pilger und ein Prediger können das gerade noch verhindern. Besuche der verschiedenen bekannten heiligen Orte werden von ihrem Weinen, Schreien und Beten begleitet; es klingt ganz so, als habe sich bei ihr der in jüngerer Zeit zunächst als »Jerusalem-Fieber«, später als »Jerusalem-Syndrom« bezeichnete psychotische Zustand gezeigt. Kempe beschreibt auch Visionen – zum Beispiel von Christus' gekreuzigtem Körper am Kalvarienberg – und meint, Stimmen zu vernehmen.

Doch zurück zu Felix Fabri. Seine erste Reise »nach Osten in die Länder jenseits des Meeres« unternimmt er 1480. Er verbringt nur neun Tage in Jerusalem und kehrt unzufrieden zurück. Seine zweite Fahrt während der Jahre 1483/84 führte ihn dann über Jerusalem hinaus auch auf die Halbinsel Sinai und nach Ägypten. Das Buch beinhaltet eine Vielzahl launiger Beobachtungen – er verwendet dafür nicht den für Pilgerberichte damals eigentlich üblichen Begriff »Itinerarium«, sondern »Evagatorium« (»evagor«: »vom Thema abschweifen«).

Zunächst scheint sich Fabri mit erheblichen Zweifeln herumzuschlagen, ob er diese Reise überhaupt antreten soll. Der Graf Eberhard der Ältere von Württemberg, der seinerseits schon nach Jerusalem gereist ist, sagte ihm: »Drei Taten gibt es für den Menschen, bei denen ihm keiner zu- noch abraten soll. Die erste ist, eine Ehe zu schließen, die zweite, einen Krieg anzufangen, die dritte ist, ins Heilige Land zu fahren. Diese drei nenne ich zwar gut, aber leicht können sie ein böses Ende nehmen. Wer da um Rat fragt, ist wie ein Angeklagter, der freigesprochen werden sollte und mit dem es doch schlecht ausgehen kann.« Davon abgesehen hänge, so meinte der Graf, der Erfolg von der Haltung ab; wer sie in frommer Andacht und nicht etwa aus Leichtfertigkeit oder niederen Beweggründen unternehme, gehe kein allzu großes Risiko ein.

Am Jordan angekommen, taufen sich die Pilger, nur »im Scherz«, wie Fabri anmerkt. Und obwohl die Sarazenen ein Verbot erlassen haben, den Fluss zu überqueren, setzen sich einige darüber hinweg und schwimmen zum anderen Ufer. In Jerusalem bleibt Fabri einen ganzen Monat. In der Grabeskirche beobachtet er die Ritter, die dort nach ihrer Beichte, der Teilnahme an der Eucharistiefeier und der Verleihung der Ritterwürde ihre dritte Nacht verbringen:

»Einige saßen nach einem flüchtigen Gang durch die heiligen Stätten beieinander, aßen und tranken aus ihren Säckchen, die sie vollgepackt mit Speisen mitgebracht hatten, und vertrieben sich die Zeit mit Scherzen und Neckereien, bis sie vom Schlaf überwältigt wurden. Dann suchten sie abgelegene Stellen und ruhige Winkel auf und schliefen dort die ganze Nacht, die sechs oder sieben Stunden, als lägen sie in ihren Kammern. Andere, die weniger träge als vielmehr dem Trunk ergeben waren, hatten sich mit gutem und starkem Wein und mit Speisen, die zum Zechen anreizen, reichlich versorgt. Und nach einem eilig erledigten Besuch der heiligen Stätten saßen sie beisammen, fraßen und soffen sich toll und voll, als wäre diese hochheilige Kirche ein Wirtshaus, und machten kein Ende damit, bevor die Trinkgefäße aller ihrer Gesellen geleert waren.«

Kurz: Die Pilger geben nicht gerade ein Respekt einflößendes Bild gläubiger Christen ab, sicherlich auch nicht in den Augen der dort anwesenden »maurischen Herren«. Dann sind da die Adeligen, die ihre Namen an die Kirchenwände kritzeln, dort Tafeln mit ihren Wappen anbringen oder sogar am heiligen Felsen – von dem georgischen Wächter offenbar ganz unbemerkt –

unter dem Vorwand, sich dort dem Gebet hinzugeben, ihre Namen in Marmorsäulen einmeißeln. All das treibt Fabri »die Schamröte ins Gesicht«. Er selbst sammelt auf dem Zion, dem Ölberg und im Tal Josaphat kleine Steine, flechtet aus Dornzweigen eine Krone – es sind bescheidene Reliquien, die dennoch ihre Funktion erfüllen und ihm als verehrungswürdig gelten. Von den Objekten, die von Muslimen wie Christen verkauft werden, hält er nichts, er hat die Sache durchschaut: »Denn die Ungläubigen kennen unsere brennende Begierde, Reliquien zu besitzen. Daher verfertigen sie Holzstücke wie vom Heiligen Kreuz, Nägel, Dornen, Knochen und derlei Dinge, um die Törichten zu betrügen und ihres Geldes zu berauben.«

Überhaupt kommen besonders die Muslime bei Fabri schlecht weg, er beklagt ihre angebliche zivilisatorische Rückständigkeit. »Die Sarazenen, die Hauptbewohner Jerusalems, sind Muhammedaner; sie sind mit den übelsten Häresien behaftet, schlimmer als Götzenanbeter und verachtenswerter als Juden ... Sie praktizieren die Vielweiberei und schrecken nicht vor der Sodomie zurück.« Aber auch die »Syrer« (und er meinte damit offenbar die Christen) seien »nicht Christen, sondern Kinder des Teufels, Lügner, unzuverlässig, Diebe und Verräter ... Sie tragen lange Bärte, sind weibisch und für den Krieg untauglich.«

Hier und da charakterisiert Fabri seine Mitreisenden. Da ist zum Beispiel Johannes Lazinus, Archidiakon und Kanoniker der transsilvanischen Kirche in Ungarn, der ohne Fabri kaum zum Sinai mitgekommen wäre, da dieser »nur« des Lateinischen, Slawonischen, Italienischen und Ungarischen mächtig war. Des Weiteren erwähnt er einen gewissen Elphahallo, vermutlich schon älter als achtzig Jahre alt, der Pilgern sein Haus zur Verfügung stellt und einen Ruf als »verläßlicher Betreuer aller Christen« besitzt: »Ein einfacher und aufrichtiger Sarazene, der viel sittliche Kraft besaß. Er konnte Italienisch und ein verdorbenes, schlechtes Deutsch, das er von Pilgern gelernt hatte, mit denen er achtundvierzigmal die Wüste zum Berg Sinai durchquerte. Und er ist den Christen von Übersee so sehr zugetan, dass er sein Leben mit ihnen zusammen verbrachte, ja, sich für sie Todesgefahren aussetzt, weil er, obwohl altersgeschwächt und mit einem Leistenbruch behaftet, dennoch mit Pilgern durch die Wüste zieht, keines Lohnes gewärtig, sondern um mit ihnen zusammenzusein.«

Hier und da blitzen Momente der Toleranz und des Verständnisses auf, etwa als er von der in Kairo beobachteten Praxis berichtet, Verbrechern zu erlauben, Almosen zu sammeln, damit sie ihre Haft erträglicher gestalten können – womit er indirekt die harten Bedingungen in den Gefängnissen seiner Heimat kritisiert. Ähnliches gilt für die Betonung der Reinlichkeit der Muslime, die in den rituellen Waschungen vor dem Gebet und in den Badehäusern ihren Ausdruck findet. Auch wenn die genauen Umstände unerwähnt bleiben, berichtet er von einem Essen, an dem Pilger, zwei Franziskaner, ein Sarazene, ein Mameluke und Jude teilnahmen und das in freundlicher Atmosphäre stattgefunden haben soll.

Wiederholt ist ihm das Verhalten einheimischer Christen Anlass zur Kritik. Am Toten Meer etwa begegnet er am Engpass einer Felswand einem orientalischen Christen, von dem er vermutet, dass dieser dem Kloster des heiligen Abtes Saba angehört. Dieser gibt vor, Fabri in die Schlucht zu stürzen, wenn er diesem kein Geld geben würde. Der geängstigte Fabri kommt dem natürlich nach. »Von dieser Stunde an habe ich die Gemeinschaft mit jenen Christen mehr als die mit Sarazenen und Arabern gescheut und ihnen noch weniger vertraut ... Wenn ein Araber mir begegnet wäre und hätte das getan, dann hätte ich mir den Spaß gefallen lassen und ihn für einen rechten Heiden erklärt, was aber diesen Christen betrifft, so kann ich nichts Gutes finden.«

Und er kommt auf die »verblendeten« Mönche des Katharinenklosters zu sprechen: »Einstmals, als sie noch im Gehorsam gegen den Heiligen Stuhl standen, nahmen sie Pilger mit der größten Nächstenliebe und Freundlichkeit auf, dienten ihnen in allem, was erforderlich war, und schenkten ihnen Schuhwerk. Dass diese Mönche jetzt Schismatiker und Häretiker sind, kommt daher, weil sie Griechen sind und Griechenland kopflos ist. Und sie sind Orientalen, denen die wahre Sonne unterging ...« Fabri erwähnt auch, dass er und seine Begleiter auf das Abhalten ihrer Gottesdienste verzichten müssen, „da wir für sie als Angehörige der römischen Kirche als Exkommunizierte gelten«.

Ohne die begriffliche Verwirrung aufzulösen, merkt er an: »Bewohner der Wüste und Einöde nämlich sind die Araber, elende und arme, fast tierische Leute. Manche sagen, sie seien Ismaeliten, auch Kinder der Hagar, die sich als Sarazenen ausgeben. Andere benennen sie nach dem nächstgelegenen Landesteil und heißen sie Midianiter. Wieder andere bezeichnen sie als Beduinen. Einige betrachten sie auch als Zigani [Roma], die aus Chaldäa gekommen sind, das im Norden mit der großen Arabischen Wüste zusammenhängt. Gewöhnlich werden sie jedoch in der ganzen Gegend einfach Araber genannt.«

Jahrhunderte bevor es Reiseführer im heutigen Sinne gab, formuliert Fabri eine ganze Reihe von Empfehlungen, die helfen sollten, Auseinandersetzungen mit Muslimen zu umschiffen. Dazu gehört die Aufforderung, auf das Trinken von Wein in der Öffentlichkeit zu verzichten und keine weißen Kopfbedeckungen zu tragen, weil diese den Muslimen vorbehalten seien.

Alldem zum Trotz zählen die Pilgerreisen zu den Höhepunkten seines Lebens. »Ich behaupte ganz entschieden, dass sich jemand in 40 Wochen auf dieser Pilgerfahrt besser kennenlernt als sonst in 40 Jahren. Ich gestehe, dass ich nie und nirgends meine Unvollkommenheit und Hinfälligkeit besser und deutlicher erkannt habe als bei diesem Umherschweifen, und dies besonders im Schiff auf dem Meer und unter dem Zelt in der Wüste, denn an diesen Orten bleibt nichts bei einem Menschen verborgen.«

Fabri trifft 1483 in Jerusalem mit einem anderen legendären Reisenden zusammen: dem Beamten des Mainzer Erzbistums Bernhard von Breidenbach. Von Breidenbach hinterlässt mit *Peregrinatio in terram sanctam* (1486), das kurz darauf auch als *Die heyligen reyssen gen Jherusalem* in frühneuhochdeutscher Sprache erschien, ein opulentes Werk, dem trotz des austauschbar klingenden Titels und sicher auch wegen seiner vielen Illustrationen und Faltpanoramen ein langes Nachleben beschieden ist.

Pilger verschiedenster Länder

Selbst aus dem hohen Norden machten sich Pilger auf den Weg. Nikulás Bergþórsson bzw. Bergsson (auch nach dem Ort der Abtei Nikulás von Munkathvera genannt) gelangte 1154 über Norwegen, Dänemark, Stade, Mainz, Basel und Rom nach Jerusalem. Der isländische Abt führte über die Etappen seiner sechstausend Kilometer langen Reise Buch in einem »Weg-Weiser«; die Entfernungen zwischen den Orten gibt er zum Teil sogar schon in Meilen an, was für seine Zeit neu war. Endlich im Heiligen Land angekommen, notiert er: »Dort ist der Mittelpunkt der Erde, dort scheint die Sonne direkt vom Himmel herab auf das Fest des Johannes.« (Gemeint ist der 24. Juni.) Und Nikulás gibt eine interessante Anleitung zur Messung des Breitengrads, die in der mittelalterlichen Literatur zum Heiligen Land als einzigartig gilt: »Wenn draußen am Jordan ein Mann auf dem Rücken liegt und sein Knie aufstellt und seine Faust darauf legt und den Daumen aus der Faust streckt, dann ist der Polarstern oben zu sehen, so hoch, aber nicht höher.« Dort steht der Stern nämlich nur noch 31 Grad über dem Horizont. So kann er sich auch in der Ferne, am Nabel der Welt, ein wenig mit der Heimat verbunden fühlen.

Die Pilgerschaft war nicht nur von den Nationalitäten her sehr unterschiedlich zusammengesetzt, jeder brachte seine eigenen Erwartungen mit. Adlige Pilger nutzten die Gelegenheit, auf diesem Wege zu besonderem Ruhm zu erlangen. Nach drei Besuchen der Grabeskirche und zwei dort zugebrachten Nächten in drangvoller Enge konnten sie sich zu Rittern des Heiligen Grabes schlagen lassen – vorausgesetzt, sie gaben ein unter Eid geleistetes Versprechen ab, »Recht und Gerechtigkeit zu wahren, Witwen und Waisen zu beschirmen, den christlichen Glauben zu verteidigen und nach Kräften zur Rückgewinnung des Heiligen Landes, der Heiligen Stadt und des Heiligen Grabes beizutragen«, wie Folker Reichert in *Erfahrung der Welt* (2001) schreibt.

Doch nicht alle schöpften diese Möglichkeiten aus: Alexander von Pappenheim, der im März 1563 von Grönenbach im Allgäu aufgebrochen ist, verzichtet darauf, zum Ritter geschlagen zu werden, mit dem Hinweis, dass »unter den Rittern Pfaffen und Cantores ja Schuhmacher und Schneider sich befinden«(!)

Mit offenen Armen wurden die Reisenden von den inzwischen mehrheitlich muslimischen Einwohnern Palästinas nicht gerade empfangen. »Regelmäßig wurden die Pilger auf dem Weg nach Jerusalem in einem Dorf zwischen Jaffa und Ramla von der örtlichen Bevölkerung mit Lehm und Steinen beworfen, manche sogar von den Eseln geworfen. Auch Flüche rief man ihnen nach, und die Geleitsleute lachten dazu«, wie Folker Reichert in *Die Reise des Pfalzgrafen Ottheinrich zum Heiligen Land 1521* anmerkt. Unruhen und Epidemien beeinträchtigen den Pilgerstrom kaum. Selbst der Krieg zwischen dem Osmanischen Reich und Venedig während der Jahre 1463 bis 1479 kann den Strom der Christen nicht aufhalten. Die Pest bleibt auch in den darauffolgenden Jahrhunderten eine mehr oder weniger latente Gefahr.

Orthodoxe stellten lange die größte Gruppe unter den pilgernden Christen in Jerusalem und Palästina dar. Im Vergleich zu den Europäern hatten sie den Vorteil eines viel kürzeren Weges. Anders als die römischen Katholiken suchten sie auch Klöster auf, zum Beispiel das 483 gegründete, nach dem heiligen Sabas benannte und östlich von Bethlehem im Kidrontal gelegene

Mar Saba. Unter diesen Pilgern gab es viele, die mit der Absicht kamen, längere Zeit als Mönche zu bleiben.

Die Präsenz von Georgiern in Jerusalem reicht bis in die frühe byzantinische Zeit zurück. Unter dem Sultanat der Mamluken waren die georgischen Pilger in Jerusalem im Gegensatz zu allen anderen von der Zahlung von Steuern befreit und hatten in der Grabeskirche eine wichtige Position inne. Der Bau des Kreuzklosters auf den Ruinen einer früheren Kirche geht auf Georgier im 11. Jahrhundert zurück. Seit dem 17. Jahrhundert befindet es sich jedoch unter dem Mandat des griechisch-orthodoxen Patriarchen in Jerusalem, weil sich die Zahl der georgischen Mönche stark vermindert.

Erwähnt sei ein ganz besonderer Reisender. Der junge Londoner Quäker George Robinson kommt 1657 mit einem Vorhaben nach Jerusalem, das ihn von der großen Mehrzahl der in seiner Zeit dorthin Reisenden grundlegend unterschied. Zunächst war er gar kein Pilger, weil das seinem religiösen Verständnis folgend nicht opportun gewesen wäre, denn Quäker lehnten das Pilgertum ab. Er verstand sich als vom Heiligen Geist entsandt und wollte nicht weniger als dem Herrscher der Stadt gegenüber das Königreich Gottes verkünden. Schon bei den Franziskanern traf Robinson mit seinem Vorhaben auf wenig Sympathie – sie sahen in ihm einen Gotteslästerer. Wie konnte man ihn loswerden? Einer der Mönche verkleidete sich als islamischen Rechtsinhaber, empfing Robinson und bestätigte ihm, dass seine Verkündung rechtskräftig sei, worauf der Quäker das Heilige Land zufriedengestellt und bar jeder Zweifel verlassen haben soll.

Und wie war es um das zahlenmäßige Verhältnis der verschiedenen Christen bestellt? Johann Martin Augustin Scholz bietet in seinem Buch *Reise in die Gegend zwischen Alexandrien und Parätenium, die libysche Wüste, Siwa, Egypten, Palästina und*

Syrien in den Jahren 1820 und 1821 eine akribische Zählung der Christen, die zu Ostern 1820 nach Jerusalem gekommen sind: »1400 Armenier, 1200 Griechen, 30 Georgier, 300 Moskowiten, 60 Kopten, 15 Syrer, 1 Abyssinier, 20 orientalische Katholiken vom griechischen und armenischen Ritus, 4 Maroniten und 15 Franken«. Besucher aus Westeuropa waren damit eine fast verschwindende Minderheit.

Amulette, Knochensplitter und zweifelhafte Konterfeis – Reliquien und europäische Jerusalems

Die als heilig betrachteten Gebäude und Objekte im Heiligen Land weckten viele Begehrlichkeiten. Zentral war die Vorstellung, dass eine Leiche bzw. Körperteile (primäre Reliquien) oder Sachreliquien wie Kleider, Werkzeuge oder andere Gegenstände, die angeblich von den Heiligen oder ihren Resten berührt worden waren (sekundäre Reliquien), für alle Zeiten geheiligt sind und in ihnen eine überweltliche Kraft steckt, von der man durch die bloße Berührung profitieren könne. Schon Egeria erwähnt einen Gläubigen, der bei dem Versuch, das Kreuz zu küssen, so skrupellos war, ein Stück davon abzubeißen, um es als Reliquie mitzunehmen. Die immer weitere Teilung der Objekte ermöglichte eine Vervielfältigung bis fast ins Unendliche hinein. Wenn es sich um sehr kleine Objekte wie Splitter vom Heiligen Kreuz handelte, werden sie zuweilen unter Bergkristallen zur Schau gestellt, um sie größer erscheinen zu lassen.

Ein Kapitel für sich sind die Marienreliquien. Zwar ist über das Aussehen der Maria von Nazareth nichts bekannt, allerdings meinte Kaiserin Eudokia während ihrer Pilgerfahrt nach Jerusalem um 435 ein Bild von ihr entdeckt zu haben, das sogar vom Apostel Lukas gemalt worden sein soll, mit der Folge, dass Marienkonterfeis in so großer Zahl hergestellt wurden, dass sie zu einem der häufigsten Gegenstände in der christlichen Kunst wurden. Und man meinte, bestimmte Orte mit ihr in Verbindung bringen zu können: Hatte die Jungfrau auf ihrem Weg zur Niederkunft in Bethlehem tatsächlich auf jenem Stein Rast gemacht? Viele waren davon felsenfest überzeugt und noch 1997 wurde dieser von den Ruinen einer im 8. Jahrhundert zerstörten byzantischen Kirche umgebene Stein erneut von Israelischen und Griechisch-Orthodoxen als (angeblich) ebendieser erkannt.

Der spektakuläre Sonderfall einer Reliquie ist die Casa Santa im italienischen Loreto, mit der es Folgendes auf sich haben soll: Nachdem die Kreuzfahrer 1291 ihre letzte Bastion im Heiligen Land verloren hatten, sollen Engel das Haus der Heiligen Familie von Nazareth, in dem Maria aufgewachsen war, über den Westen der Balkanhalbinsel nach Loreto gebracht haben. Die realistischere Erklärung dieser Überführung ist, dass es mit Steinen gebaut wurde, die Kreuzfahrer aus dem Heiligen Land mitbrachten.

Loreto ist das wohl eindringlichste Beispiel für einen Ort, der an die Stelle Jerusalems trat und eine große Anziehungskraft für Pilger entwickelte. Eine Verbundenheit mit dem Heiligen Land wurde auch in Walsingham, Norfolk, zelebriert. Der Mythos hat seinen Ursprung in drei Marienvisionen der katholischen Adeligen Richeldis de Faverches, die sie 1061 zur Verkündigungsbasilika nach Nazareth brachte. Nach ihrer »Rückkehr« beauftragte sie Zimmerleute mit dem Nachbau von Marias Heimstätte. Walsingham wurde fortan als Englands Nazareth bekannt.

Immer mehr Heiligtümer in Europa wurden fortan als eine Art Spiegelbild von Stätten des Heiligen Landes betrachtet, wobei das Vorhandensein bestimmter Reliquien nicht einmal das entscheidende Kriterium war. Der spanische Kapuzinerhistoriker Matheo de Anguiano meint in Madrid »La Nueva Jerusalén« zu erkennen, was er mit dem Fund eines Kruzifixes in der Stadt begründet. Die Geschichte des Kruzifixes verband sich mit der Spekulation, in Madrid lebende Juden hätten ein Bild des gekreuzigten Christus aus Portugal mitgebracht, das sie dann dazu verwendeten, die Leiden Christi nachzustellen. Die angeblich Schuldigen wurden verurteilt und ihr Haus in ein Kloster verwandelt.

Im äußersten Westen Europas gab es ein weiteres Heiligtum, das Ziel von Wallfahrten wurde: das des Bom Jesus de Bouças in Matosinhos im Norden Portugals. Hier war es ein Bild des gekreuzigten Jesus, von dem behauptet wurde, es sei aus Jerusalem dorthin gebracht worden. Es gab viele andere Orte mit katholischen Heiligtümern, auch in Frankreich, im deutschsprachigen Kulturraum besonders häufig in Bayern.

Einige Kaufleute haben in beträchtlichem Maßstab mit Reliquien gehandelt. Der Venezianer Stefano di Bossina, der im fünfzehnten Jahrhundert in Damaskus tätig war, hinterließ eine stattliche Anzahl von ihnen: siebzehn kleine Perlmuttkreuze, eines davon mit eingravierter Kreuzigung, vier vergoldete Bleibilder von Jesus aus Jerusalem, acht hölzerne Rosenkränze aus Jerusalem und sechs Seile, ebenfalls aus Jerusalem, die typischerweise für die Vermessung des Heiligen Grabes vorgesehen waren – damit es an anderer Stelle maßstabsgerecht nachgebaut werden konnte. So verschlungen und zweifelhaft die Entstehung und der Weg von Reliquien auch gewesen sein mögen – der mit ihnen verbundene Glaube ist nicht zu unterschätzen.

Überall da, wo »authentische« Reliquien nicht mehr zu haben waren, gewannen eigens für diesen Zweck hergestellte Objekte an Wichtigkeit und belebten das Geschäft; ihr Verkauf stellte für viele örtliche Handwerker die Existenzgrundlage dar. Besonders beliebt waren Amulette, Ampullen, Kruzifixe, Rosenkränze, Briefbeschwerer, Schalen sowie andere kleine Gegenstände, für die Perlmutt aus dem Roten Meer, Marmor aus den Bergen um Jerusalem, grauer Asphalt aus dem Toten Meer oder Olivenholz – von angeblich auf dem Ölberg gewachsenen Bäumen – verwendet wurden. Reliquien ermöglichten ein Verbundenheitsgefühl mit einem fernen Land, das für die allermeisten Menschen unerreichbar war.

Pilgerschutz im Heiligen Land – Templer und Franziskaner

Der organisierte Pilgerschutz im Heiligen Land lag während der Kreuzfahrerzeit in den Händen der Templer. Dieser Orden ging auf die Initiative des Burgunders Hugo von Payns zurück. Kurz vor 1120 schlossen sich neun französische Ritter zusammen und legten vor dem Patriarchen von Jerusalem ein Gelübde ab, mit dem sie sich zu Armut, Keuschheit und kirchlichem Gehorsam verpflichteten. Als Hauptquartier diente ihnen die Stelle, wo der im 7. bzw. 8. Jahrhundert errichtete islamische Felsendom und die Al-Aqsa-Moschee stehen. Doch knapp zwei Jahrhunderte später waren sie verschwunden. Die Geschichte des Johanniter-Ordens, dessen am Ende des 11. Jahrhunderts von Kaufleuten aus Amalfi gegründetes Hospital in Jerusalem sich als Dienst an die Pilger verstand, liest sich ähnlich. Geistliche, Laien, Klosterbrüder ohne volle Rechte der Mönche und angestellte Ärzte kümmerten sich um die Kranken, auch Pilgerinnen und ihre im Haus geborenen Kinder. Als die Festung der Kreuzritter in Akkon 1291 fiel, mussten auch die Johanniter das Heilige Land verlassen. Sie finden zunächst auf Zypern und später auf Rhodos Zuflucht – ein im 15. Jahrhundert gebautes Spitalgebäude steht immer noch dort.

Was Franziskus von Assisi angeht, gilt als gesichert, dass der 38-Jährige seine Seereise im Juni 1219 in Ancona beginnt, die ihn über Zypern nach Akkon im Königreich Jerusalem führt, wo er einen Monat später eintrifft. Bruder Elia aus Assisi, der Kustos von Syrien, nimmt ihn dort in Empfang. Nach einem kurzen Aufenthalt segelt er, von einigen Brüdern begleitet, ins ägyptische Damiette, wo gerade der nach dieser Stadt benannte Kreuzzug im Gange ist; den Christen geht es um die Rückeroberung Jerusalems von den muslimischen Ayyubiden.

Franziskus kommt jedoch nicht als Soldat, vielmehr ist er fest entschlossen, den Sultan Malik al-Kamil zu bekehren und Frieden zu schaffen. Und tatsächlich kommt es zu einer Predigt vor dem Sultan, der sich seinerseits von dem Mönch beeindruckt zeigen soll. Franziskus seinerseits soll auch in dem Sultan eine große Humanität entdecken. Es folgen Gespräche zwischen Franziskus und islamischen Gelehrten, die ebenso in respektvoller Form verlaufen sein sollen. Es sind für das Zeitalter der Kreuzzüge untypische Momente.

Die Franziskaner im Heiligen Land lassen sich bis 1291 zurückverfolgen. Nach dem Fall von Akkon können sie sich dauerhaft etablieren: 1333 erlaubt ihnen der mamlukische Sultan al-Nasir Muhammad, in zwei Kapellen auf dem Ölberg, einem Teil der Geburtskirche in Bethlehem sowie in einer der Grabeskirchen in Jerusalem zu bleiben. Sie können auch den Ort des Abendmahls auf dem Berg Zion erwerben, wo sie ihr Konvent errichteten. 1342 erhebt Papst Clemens VI. die Ordensbrüder zu den offiziellen Vertretern der römischen Kirche im Heiligen Land. Die Betreuung der aus Westeuropa eintreffenden Pilger gehört fortan zu ihren wichtigsten Aufgaben. Nur sie haben das Recht, am Heiligen Grab die Messe zu lesen.

Welche Orte standen in den Evangelien mit bedeutsamen Ereignissen im Leben Jesu in Verbindung? Zunächst Jerusalem, wo sich die Stätten von Leiden und Auferstehung Jesu Christus befanden. Der Ort des letzten Passamahles, der Garten Gethsemane und die Via Dolorosa, der »schmerzensreiche Weg« – er führt von der einstigen Residenz des Pilatus über vierzehn

Stationen bis zur Grabeskirche, dem wichtigsten Ort. Weiterhin die Geburtskirche und darin befindliche Grotte in Bethlehem, Nazareth, Kapernaum, der See Genezareth und der Berg der Verklärung Jesu, genannt Tabor, schließlich auch der Sinai. Und weitere Orte der Heilsgeschichte, wie sie im Alten und Neuen Testament erwähnt werden, des Weiteren Quellen, Hügel, Bäume, Höhlen und Gräber. Die Mönche entwickelten ein besonders enges Verhältnis zu den heiligen Stätten, Jerusalem galt ihnen als Zentrum des Universums, die Topographie des Heiligen Landes als zentral für Vergangenheit und Zukunft der Erlösung.

Bald kam es zu einschneidenden Veränderungen: 1516 eroberten die Osmanen, auf dem Gipfel ihrer Macht, das Heilige Land, errichteten Mauern um Jerusalem und vertrieben bald darauf die Franziskaner aus ihrem Konvent auf dem Berg Zion, erlaubten ihnen jedoch, im Lande zu bleiben. Für mehrere Jahrzehnte verebbte der Pilgerstrom. Nachdem in der ersten Hälfte des 17. Jahrhunderts Jesuiten und Kapuziner angekommen waren und sich die Spannungen mit den östlichen orthodoxen Christen verstärkt hatten, behaupteten sich die Franziskaner weiter. Schon 1560 erwarben sie ein neues Klostergebäude in Jerusalem, in dem eintreffende Pilger beherbergt werden konnten. Den Osmanen mussten sie dafür kontinuierlich einen hohen Tribut zahlen. Sie formulierten auch eine ganze Reihe von Verhaltensmaßregeln für die Pilger, vor allem für den Umgang mit den Muslimen. Zu diesen zählten das Vermeiden von Lachen in ihrer Gegenwart oder das Gebot, Frauen nicht anzusehen. Pilger dürfen im Heiligen Land keine Waffen tragen und nicht einmal auf Pferden reiten – für den üblichen Weg von Jaffa nach Jerusalem waren stets Esel oder Maultiere vorgesehen. Wenn Pilger während ihrer Reise im Heiligen Land starben, war es üblich, das verbleibende Hab und Gut – die sogenannte Fahrnis – dem Franziskanerkonvent zu überantworten.

Jüdische Pilger – Aus aller Herren Länder

Nachdem König Salomon im 10. Jahrhundert vor Christus den Tempel errichtet hatte, wurde Jerusalem das Ziel von Juden, um dort Pessach, Pfingsten und das Laubhüttenfest (Sukkot) zu feiern. »Nächstes Jahr in Jerusalem«, rief man sich gerne zu. Legendär ist die im 12. Jahrhundert unternommene Reise des Benjamin von Tudela (geboren als Benjamin bar Jona) aus dem nordspanischen, damals mit Aragon vereinigten Königreich Navarra, das zu den ersten Provinzen zählte, welche die Reconquista den Muslimen entrissen hatte. Über seine Person ist nicht viel bekannt; vermutlich ist er vorwiegend als Handelsreisender unterwegs. Er will in Erfahrung bringen, unter welchen Bedingungen seine Glaubensbrüder lebten, und berichtet von den Juden, denen er selbst begegnet ist oder von denen er »von glaubwürdigen Leuten gehört hat«. Ebenso interessiert ihn das Miteinander von Juden und Nichtjuden. Sein sachlicher Bericht ist in Hebräisch verfasst, enthält aber auch viele arabische Worte. Von Tudela kommt 1168 über Italien und Byzanz – und nicht wie die in den islamischen Teilen Spaniens lebenden Juden über Nordafrika und Ägypten – nach Palästina, das noch unter Kreuzfahrerherrschaft war. Über Jerusalem schreibt er neben anderem: »Es ist eine kleine, mit drei Stadtmauern stark befestigte Stadt. In ihr leben viele Menschen; die Muslime nennen sie Jakobiten, Aramäer, Griechen, Georgier und Franken. Leute aller Sprachen trifft man dort. In der Stadt gibt es eine Färberei, für die die Juden jedes Jahr von neuem beim König den Kaufpreis bezahlen müssen, damit sich in Jeruschalajim niemand anderes mit Färberei befasst als die Juden allein. Es sind ihrer etwa zweihundert. Die Juden wohnen um den Dawidsturm in einem Winkel der Stadt.« Zur Grabeskirche merkt er an: »Dort ist nämlich der Mann begraben, zu dem alle Pilger ihren Weg nehmen.«

Der Rabbi Obadjah aus Bertinoro (Emilia-Romagna) bricht 1485 dorthin auf und hat einige Briefe hinterlassen, die er an seinen Vater und seinen Bruder schreibt. Er erreicht das Land zu einem Zeitpunkt, als dort gerade große Not herrscht. »Viele der Juden sind Hungers gestorben, wo man sie ein oder zwei Tage vorher Brot verlangen sah und niemand es ihnen geben konnte; man fand die Leute tot in ihren Häusern, und viele nährten sich von Gräsern, wo sie wie die Hirsche ausgingen, um Weide zu suchen.« Über die Menschen, die Obadjah dort antraf, hält er fest: »Man findet in Jerusalem immer verschiedene Nationalitäten, aus den christlichen Ländern, aus Babylonien und Abessynien; die Araber kommen häufig nach dem Tempel, um hier ihr Gebet zu verrichten; sie halten diesen Ort in großen Ehren ... Auf den Tempelplatz darf kein Jude kommen; wenn die Araber manchmal Drechsler und Goldarbeiter, um dort zu arbeiten, einlassen wollen, so will keiner hineingehen, da wir alle mit Unreinheit behaftet sind. Ich weiß nicht, ob die Araber ins Allerheiligste kommen oder nicht.« Obadjah fand ein in der Nachbarschaft der Synagoge gelegenes Haus. »In dem Hofe, worin sich mein Haus befindet, sind fünf Wohnungen, worin jetzt nur Frauen leben; nur noch ein einziger blinder Mann lebt hier, dessen Frau mir alles Nötige besorgt.« Er kehrte nicht mehr nach Italien zurück.

Ein namentlich nicht bekannter jüdischer Reisender begibt sich wenige Jahre später, im August 1495, über Venedig, Korfu, Rhodos und Beirut und Damaskus ins Heilige Land. Das galiläische Safed in Galiläa verlässt er »in Gesellschaft mehrerer

Sicilianer, die sich an andere Karawanen, bestehend aus Juden, Christen und Arabern, anschlossen; diese führten ein großes Vermögen mit sich und mussten daher mit einer großen Karawane reisen. Wir zahlten wie sie 120 Silberstücke pr. Kopf bis Jerusalem, wofür die Führer uns wieder frei von allen Steuern zu halten hatten.«

Am darauffolgenden Morgen gelangen sie in die Nähe von Jerusalem: »Als ich nun Freitag am 18. Marcheschwan von Ferne die wüste und öde Stadt und den zerstörten Zionsberg, der nun Wohnung der Löwen und Schakale ist, erblickte, ergoss sich mein Herz in Tränen, ich setzte mich nieder, weinte und machte nach Vorschrift zwei Risse in mein Kleid; ich habe, indem ich mich gegen den Tempelplatz wendete, mein Gebet verrichtet, dass Gott bald die Gefangenschaft Israels wieder in ihr Land führen möge, dass wir noch die Wohnung Gottes sehen mögen, Amen.«

Zum religiösen Geschehen vor Ort führt er aus: »Jerusalem hat an 200 jüdische Familien, die sich von jeder Sünde fern halten und mit großem Eifer Gottes Gebote erfüllen. Alles ohne Unterschied, reich und arm, versammelt sich am Abend, Morgen und Mittag, um die Gebete zu verrichten: es sind hier 2 gottesfürchtige Chasanim, die sehr andächtig vorbeten und jede Sylbe verständlich aussprechen. Die ganze Gemeinde beeilt sich, jeden Tag zweimal die Vorträge des 80jährigen Greisen Rabbi Secharja Sephardi, Gott segne ihn und seine Nachkommen, zu hören; er hält diese, um nicht dem Publikum lästig zu werden, nur eine Viertelstunde nach dem Morgen- und Abendgebete.«

Und er erwähnt sein Vorhaben, die »Patriarchen-Gräber« Hebrons zu besuchen, »auf dem Weg dahin ist das Grab Rachels. Ich war bis jetzt noch nicht da, weil die Wege durch die Beduinen unsicher sind; erst vor kurzer Zeit wurde einem Juden, der aus Hebron mit seiner Familie hierher kam, alles auf dem Wege geraubt. Ich höre, dass Juden, die aus Cairo und Damaskus hierher kommen, um das Pessachfest zu feiern, sich in sicherer Begleitung nach Hebron begeben; diese Gelegenheit werde ich benutzen, dahin zu gehen, wenn Gott mich leben lässt.«

Eher als praktischer Reiseführer versteht sich der kleine Band *Darke Zion* aus der Feder von Mose ben Israel Naftali Porjes (Porges) bzw. Mose Präger, der 1650 vermutlich in Frankfurt am Main erschien und in jüdisch geprägtem Deutsch verfasst wurde. Er gibt genau an, mit welchen Münzen bestimmte Wegstrecken zu bezahlen sind, und zeigt die beiden Alternativrouten von Konstantinopel nach Jerusalem auf: zu Wasser oder, auf Mauleseln reitend, mit einer Karawane, wofür sieben Wochen und »wenigstens 33 Löwenthaler inclusive Steuer, ausser Zehrung und anderen einzelnen Ausgaben, wie sonst beim Wandern« zu veranschlagen seien. Er gibt aber zu bedenken: »Auch kann nicht Jeder das Reiten wohl vertragen, besonders Frauen, da man die Füsse gleich liegen haben muss und der Rücken bricht Einem aus Mangel einer Lehne, weshalb sich Weiber in Constantinopel eine Sänfte oder einen Stuhl machen lassen sollen, welche man auf den Esel bindet. Das kostet aber mehr, weil dann Jemand den Esel führen muss.«

Für den Aufenthalt in Jerusalem empfiehlt Präger: »Silber und Gold soll man nicht viel mitnehmen, auch wenn man reich ist; denn es ›macht viel Aufsehen‹. Auch ist Gold in Jerusalem billiger als ausserhalb des [Heiligen] Landes. Auch schöneres Pelzwerk (Futter) soll man nicht mitnehmen wegen des Scheines.« Im Weiteren geht er auf die Bedingungen der einheimischen Juden ein: »Jeder Familienvater, auch der Arme, der kein Haus hat, muss 3 Löwentaler Kharadsch [Steuern] bezahlen, die Hälfte im Sommer, die Hälfte im Winter. Allerlei Essen und

Trinken ist in Jerusalem vorhanden, aber wenig Geld. Der Reiche hat alles billig, der Arme verzichtet (›geniert sich‹) mehr als in der ganzen Welt, da die Gemeinde viel schuldig ist, besonders seit der grossen Verwüstung in Polen [1545], von wo sonst etliche Tausend jährlich kamen.« Präger gibt für viele Begriffe in seinem Text diese auch in hebräischer Schrift an.

Dass Juden auf sehr verschlungenen Wegen nach Jerusalem gelangen konnten, zeigt der Fall eines gewissen Mattiyahu aus den 1890er Jahren. Er kam aus Maschhad im Nordosten Persiens, wo die dort ansässigen, etwa zweitausend Juden 1839 gezwungen worden waren, zum Islam überzutreten, und fortan ihre Religion parallel im Geheimen praktizieren mussten. Um Verdächtigungen zu zerstreuen, dass sie keine echten Muslime seien, begeben sich einige von ihnen zunächst auf die Pilgerreise nach Mekka. Hajj Mattiyahu ist unter ihnen und verbirgt seinen Gebetsriemen (Tefillin) unter dem Turban. Auf dem Rückweg sondert er sich von der Karawane ab und legt den Weg nach Jerusalem zu Fuß zurück, wo er in einem von dem gebürtigen Württemberger Archäologen und Architekten Conrad Schick entworfenen Wohnviertel unterkommt. Dort ist es auch, dass seine Familie in seinem Namen später eine Synagoge errichtete.

Muslimische Pilger – »Fromme Besuche«

Es gibt Dokumente für »fromme Besuche« von Muslimen nach Jerusalem, das nach Mekka und Medina als drittheiligster Ort des Islams gilt. Der Nimbus von »al-Quds« (Heiligtum) verdankt sich nicht nur der Tatsache, dass Jesus im Islam als bedeutender Prophet gilt, sondern auch, dass Jerusalem Zielpunkt der »nächtlichen Reise« Mohammeds war – der Legende nach sei der Prophet nach Jerusalem und schließlich nach Mekka zurückgekommen, was als Beleg für seine Gottgefälligkeit gedeutet wird. Zudem soll er – einer Interpretation folgend – während dieser Nachtreise von Judäa aus mithilfe einer Leiter in den Himmel aufgestiegen sein. Auch gilt Jerusalem Mohammedanern als der Ort, an dem sich das Jüngste Gericht ereignen wird. Zu Anfang des Islams orientierten sich die Muslime beim Gebet an Jerusalem. Später wurde die Gebetsrichtung auf die Kaaba in Mekka geändert.

Die prachtvollen Bauten des Tempelplatzes belegen die große Bedeutung für den Islam. Ob die Errichtung des Felsendoms als heiliger Schrein, der auf Initiative des Umaiyadenkalifen Abd al-Malik erbaut und 691 fertiggestellt wurde, tatsächlich mit der Absicht verknüpft war, den Hadsch von Mekka nach Jerusalem umzuleiten (weil Mekka zu dieser Zeit von Aufständischen kontrolliert wurde), ist nicht sicher; Mekka hat seine Rolle als wichtigstes Ziel muslimischer Pilger stets behauptet.

Jerusalem lag abseits der üblichen Wege zwischen Syrien und Ägypten oder nach Mekka, so dass sich muslimische Reisende gezielt dafür entscheiden mussten. Und manche taten es. Der Franziskanermönch Niccolò di Poggibonsi, der seine mehrjährige Pilgerreise ab 1345 unternimmt, erwähnt Sarazenen, die nicht nach Mekka reisen konnten und anstelle dessen nach Hebron kamen: »viele von ihnen kommen aus Syrien und dem Land Ägypten und aus der Stadt des Sultans, die sechs Tage durch die Wüste entfernt ist; und auch sie kommen aus vielen Provinzen, einige aus Frömmigkeit, und einige, um zu sehen, was die Christen anbeten.« Letzteres war vermutlich eher eine Wunschvorstellung des Mönches. In der Umgebung der Al-Aqsa-Moschee gab es mehrere Hospize, die muslimischen Gruppen vorbehalten waren.

1326 kommt der legendäre, aus Tanger in Marokko gebürtige Reisende Ibn Battuta für etwa eine Woche nach Jerusalem. Seiner Beschreibung zufolge liegen die Verteidigungsmauern der Stadt in Trümmern und ein Teil der Wasserversorgung muss herangeschafft werden. »Gott veredelt [Jerusalem] – die drittwichtigste Stadt nach den beiden heiligen Moscheen [in Mekka und Medina] und der Ort der Himmelfahrt des Gesandten Gottes [Muhammed] – Gott segne ihn und schenke ihm Frieden –, von wo aus er in den Himmel entrückt wurde.« Er besucht die Al-Aqsa-Moschee und den Felsendom. Von Jerusalem reist Ibn Battuta weiter nach Damaskus, wo er während des islamischen Fastenmonats Ramadan eintrifft. In Damaskus schließt er sich einer Hadsch-Karawane an, die nach Mekka weiterreist.

Im Mittelalter zogen Schulen, Moscheen und Lehrhäuser Gelehrte aus der ganzen islamischen Welt an. Unterstrichen wird die Anziehungskraft Jerusalems für Muslime durch die große Zahl von Sufigruppen, die sich dort niederlassen. Sie kommen aus Marokko, von der Krim, aus Anatolien, Afghanistan und Usbekistan. Eine Zählung, 1670 von dem osmanischen Gouverneur Jerusalems, Jawishzadah Muhammad Pascha, angeordnet, ergibt, dass mindestens 70 Sufiorden in der Stadt vertreten sind. Der legendäre, aus Istanbul kommende Evliya Çelebi, der einen großen Teil seines Lebens mit Reisen im Osmanischen Reich verbringt und Palästina 1649 und 1672 besucht, bezeichnet Jerusalem gar als »Mekka der Derwische« und charakterisiert es als eine kulturell und religiös überaus vielfältige Stadt. Davon abgesehen zeichnet er das Bild eines relativ dicht bevölkerten Landes und erwähnt hunderte von Gräbern, Schreinen und Monumenten heiliger Figuren aus dem Alten sowie Neuen Testament und der islamischen Geschichte. Er führt auch »das berüchtigte Osterfest« an, für das sich fünf- bis zehntausend Christen in Jerusalem zusammenfinden – er bezeichnet sie als Ungläubige, welche die Hölle erben werden. Auch die Rituale und Häuser der Juden werden von ihm in abwertender Weise beschrieben.

Ein bekannter muslimischer Wallfahrtsort ist Nabi Musa, wo sich das Grab des Moses befinden soll – dieser gilt Muslimen als einer der großen Propheten. Wie Jesus ist er dem Propheten Mohammed vorangegangen. Die kleine, von einer Mauer umgebene Moschee liegt im Jordantal, unweit des Flusses. Die Wallfahrt erfolgt meist Anfang Mai. Auch wenn Dokumente wegen der kaum entwickelten Schriftkultur fehlen, gehen Judy A. Hayden und Nabil I. Matar in *Through the Eyes of the Beholder* davon aus, dass die Zahl der muslimischen Pilger sowohl in Jerusalem als auch im weiteren Palästina während der frühen Moderne die der christlichen überstieg: »Die alljährlichen Pilgerkarawanen nach Mekka und Medina, die aus Anatolien, Zentralasien oder dem Maghreb kamen, umfassten Tausende von Männern und Frauen, von denen viele auch die Stätten der Propheten in Jerusalem und al-Khalīl [Hebron] aufsuchten.«

Im Geiste von Luther ins Heilige Land

Mit der Entdeckung Amerikas war die Welt größer geworden, der europäische Blick verschob sich nach Westen. Gleichzeitig war der Seeweg nach Indien, China und Japan um das Kap der Guten Hoffnung erschlossen worden. Der Handelsverkehr, der vorher noch über Kleinasien und Syrien abgewickelt wurde, verlor immer mehr an Wichtigkeit. Jerusalem galt fortan noch viel weniger als Mittelpunkt. Christoph Kolumbus hatte eine Verbindung zum Heiligen Land. In seinem Tagebuch der ersten Reise hält er fest, er wolle genug Gold und die fast ebenso wertvollen Gewürze finden, um die Eroberung des Heiligen Grabes zu ermöglichen – einen weiteren Kreuzzug mit Mitteln aus dem Indienhandel also. Wie viele seiner Zeitgenossen hängt er der Vorstellung an, dass die Bekehrung aller Völker zum Christentum und die Rückeroberung Jerusalems notwendige Voraussetzungen für die »Wiederkunft« seien, damit Christus vor dem »Ende der Tage« zurückkehren könne. Nicht zufällig schmückte sich Ferdinand II. von Aragón mit dem Titel eines »Königs von Jerusalem«, und seine Frau Isabella unterstützte Pilgerreisen dorthin.

Wenig später begann die Luther'sche Lehre einen tiefen Graben zwischen die Christen Europas zu ziehen. Martin Luther hält – im Gegensatz zu den Reformern Martin Bucer und Huldrych Zwingli, die Pilgerreisen und Heiligenkult kompromisslos als Götzendienst betrachten – die Möglichkeit lobenswerter Fernpilgerfahrten offen, solange sie nicht mit Reliquienkult und Ablasserlangung verbunden sind. Luthers Verständnis folgend, sind »rechte christliche Wallfahrten« solche, bei denen

»wir nicht durch die heiligen Städte, sondern durch unsere Gedanken und Herzen zu Gott spazieren«. Sind sie aber doch mit derartigen Absichten verknüpft, gelten sie ihm als »Geläuff« und »Narrenwerk«. Eindeutige Worte formuliert er – zunächst noch – zur Verehrung des Heiligen Grabes:

»Denn nach dem Grab, da der Herr innen gelegen hat, fragt Gott gleich so viel, als nach allen Kühen in der Schweiz.«

Später relativierte er diesen Satz und erwähnte einem Jerusalempilger gegenüber, dass er solche Wallfahrten gerne selber unternehmen würde, wenn er in der Lage dazu wäre. Erzählen lasse er sich davon auf jeden Fall gerne. Luther vertritt die Auffassung, dass Gott Sünden vergebe, ohne dass dafür Geld oder das Werk der Buße vonnöten sei, allein die innere Haltung sei entscheidend. Eine Rolle für diese etwas »entspanntere« Sichtweise Luthers auf das Phänomen des Pilgerns spielt vermutlich, dass er selbst als Mönch während des Winters 1510/11 eine Wanderung nach Rom unternommen und sich dort vier Wochen aufgehalten hat. Auch der französische Reformator Johannes Calvin kann nichts gegen die fromme Betrachtung der Ereignisse des Evangeliums *in situ*, also direkt vor Ort in Jerusalem und im Heiligen Land, einwenden. Protestantische Pilger, die ihre Kirchen schon für nicht heiliger als einen Pferdestall ansahen, meinten bei aller Skepsis gegenüber der Authentizität der heiligen Orte, dem Wort Gottes näher zu kommen, und wollten ihre geschichtlichen Kenntnisse vertiefen.

Auch wenn Venedig mit dem Erstarken des Osmanischen Reiches seinen Zugriff auf den östlichen Teil des Mittelmeers – einschließlich Kreta und Zypern – eingebüßt hatte und die Reise deshalb gefährlicher wurde, behielt das Heilige Land seine Anziehungskraft. In Jerusalem waren Reisende jeglicher Motivation in jedem Fall gern gesehen, weil sie den Ruf der Stadt und den Wohlstand ihrer Bevölkerung mehrten. Parallel dazu unterlagen die Vorstellungen vom Zweck der Reisen Veränderungen. In fremde Gefilde aufzubrechen, galt in zunehmendem Maße als legitim, selbst wenn es »nur« der Bildung diente. Dies war auch ein Echo der Entdeckungsfahrten in andere Kontinente und der Berichte darüber, die interessiert aufgenommen werden. Der württembergische Oberhofmeister Hans Jacob Breuning von und zu Buchenbach, der 1579/80 gemeinsam mit dem französischen Gutsherrn Jean Carlier de Pinon eine *Orientalische Reiß* nach der Türkei, Ägypten, Arabien, Syrien und Palästina unternimmt, schreibt von der »Begierd und Lust, weit und fern entlegende Länder, auch derselbigen Einwohner, Leben, Religion, Sitten und Gebräuche, zu erfahren und zu observieren, auch nicht weniger wegen der großen Anmutung und Zuneigung so ich nach dem Heiligen Lande (doch ohne Superstition) jederzeit gehabt und getragen für nämlichen, weil desselbigen in gemein und der Stadt Jerusalem in Sonderheit, beides im Alten und auch Neuen Testament offt und ohne Unterlass gedacht [wird]«. Wie könnte man hier religiös motiviertes Interesse und Neugier auseinanderhalten?

Die Protestanten haben gar keine andere Option, als sich in die Hände der Mönche zu begeben, es sei denn, sie hätten vorgegeben, Griechen oder Armenier zu sein. Die Osmanen verpflichteten nämlich alle aus dem Westen kommenden Pilger dazu, bei den Franziskanern zu bleiben. Die protestantischen Gäste werden von den Klosterbrüdern genauso willkommen geheißen, ihnen werden – wie es der Brauch forderte – vom Kustos die Füße gewaschen und geküsst. Die Franziskaner nahmen für sich in Anspruch, am besten beurteilen zu können, was einen guten Pilger ausmacht, als entscheidend galt ihnen allein die Andacht, die spirituelle Erhellung. Aber genau ein Übermaß an Neugier war es oft, das den Franziskanern bei den Protestanten auffiel.

Mariano Morone de Maleo, der mehrere hohe Ämter unter den Franziskanern im Heiligen Land innehatte, erwähnt die Beobachtung seiner Ordensbrüder, welche die Pilger bei der Besichtigung der Heiligtümer begleiten, dass einige der Besucher, die »wenig geübt in der Schrift und Gewissensbrecher, um nicht zu sagen Ketzer« sind, ihren Unglauben darüber äußern, dass das Heilige Land und die Heilige Stadt Jerusalem viel mit dem zu tun haben sollen, wie es sich heute zeigt. »Sie machen sich darüber lustig, und sie scherzen darüber, indem sie sagen: Das ist Palästina? Das ist die Stadt Jerusalem?« Auch der Ordensbruder Francesco Quaresmio, der 1616 nach Jerusalem kommt und bald die Funktion des Präses der Kustodie des Heiligen Landes bekleidete, beobachtet, wie Protestanten aus England, Holland und Deutschland sich über katholische Riten lustig machen, und ärgert sich über deren Undankbarkeit. Neben Reibungspunkten gab es aber durch die gemeinsame geographische Herkunft Verbindendes zwischen römischen Katholiken und Protestanten, nicht zuletzt ihre Verständigung untereinander ist viel einfacher als mit den orientalischen Christen, die oft nur Arabisch oder Aramäisch sprechen.

Nicht immer war die Lage der heiligen Orte so schlüssig, zuweilen wechselte die Frömmigkeit schlicht den Ort, wie der Theologe Herbert Donner am Beispiel von Kana, der Stätte des Weinwunders – Jesu Verwandlung von Wasser in Wein –, von Johannes 2 veranschaulichte. Diese wurde seit der Kreuzfahrerzeit als identisch mit dem Ruinenhügel Chirbet Kana etwa 14 Kilometer nördlich von Nazareth gesehen. Im Jahre 1566 errichteten die Griechisch-Orthodoxen dann eine Kirche in Kafr Kana – etwa sieben Kilometer nördlich von Nazareth und neun Kilometer von Chirbet Kana entfernt, weil sie das legendäre Hochzeitsfest dort verorteten. Anfänglich schien das die Franziskaner nicht weiter beeindruckt zu haben, denn immerhin noch bis 1636 steuerten sie mit ihren Pilgergruppen den »alten« Ort Chirbet Kana an. Erst als sie wenige Jahre später ein Grundstück in Kafr Kana erwarben, begannen sie, die Pilger dorthin umzulenken, womit Chirbet Kana bald dem Vergessen anheimfiel und verödete.

Zu den ersten Protestanten, die Aufzeichnungen über das Heilige Land veröffentlichen, zählt Daniel Ecklin, Sohn des Stadtapothekers von Aarau. Allerdings kommt er 1552 über einen Umweg und gar nicht als Pilger, denn er will eigentlich in Venedig als Apotheker arbeiten, nur reichen seine Sprachkenntnisse dafür nicht aus. Er fasst dann den Plan, über Kreta und Alexandria ins Heilige Land zu reisen. In seinem Bericht, dem »Reißbüchlin«, unter dem Titel *Reiß zum heiligen Grab. Meerfahrt so Daniel Ecklin gethan hat* 1575 in Basel erschienen (und dann während 230 Jahren immer wieder neu aufgelegt), widmet er sich der Beschreibung von Kirchen und Heiligtümern. Er nimmt das Land als steinig, unfruchtbar und von Gott verflucht wahr, zudem ist er nicht gut auf die Bewohner zu sprechen, er hält sie für grob und unfähig. Im Bewusstsein, dass Jerusalem seinerzeit von den Römern zerstört worden war, verlagert er sein Interesse auf die Umgebung, die sich seiner Einschätzung nach nicht verändert habe. So untypisch seine Reise auch ist, lässt sich Ecklin seinen Besuch von den Franziskanern in Jerusalem schriftlich bestätigen.

Gleichfalls kritisch nähert sich Michael Oloffson Eneman 1711 dem Heiligen Land – als erster protestantischer Schwede und Pfarrer. Eneman hatte an der Universität von Uppsala zwei Dissertationen verfasst und war zum Hauptkaplan des Botschafters in Konstantinopel bestimmt worden. Noch in Smyrna bezieht er klar gegen die Entfernung von Altertümern Stellung: »heutzutage befindet sich mehr vom alten Smyrna in Oxford als hier vor Ort«, bemängelt er, alte Objekte sollten stets dort bleiben, wo sie gefunden wurden, um sie in ihrem ursprünglichen Zusammenhang untersuchen zu können.

In Jerusalem zeigt er sich als Skeptiker, will sich bezüglich der Authentizität des Heiligen Grabes aber nicht festlegen: »Ich kann ihren [denen der Mönche] Informationen weder zustimmen noch widersprechen. Außerdem geht es mir nicht um die Erde oder den Stein, sondern um die Sache und den Segen, den uns derjenige gegeben hat, der einst im Grab lag.« Wenn er das Klappern der Mönche mit den Rosenkränzen vernimmt, bringt ihn das zuweilen zum Schmunzeln, manchmal ärgert er sich über den Lärm und den »Aberglauben«. Es will ihm nicht einleuchten, auf welche Weise Gnade und Sündenvergebung mit heiligen Stätten verbunden sein sollen und wie es möglich sein soll, Segnungen auf Felsen oder Bäume zu übertragen. Das Küssen von Kreuzen und Steinen lehnt er dementsprechend ab, womit er den Argwohn der Mönche auf sich zieht – seine Erklärungen treffen auf taube Ohren. Und auch mit den vielerorts feilgebotenen Souvenirs kann Eneman wenig anfangen. Dennoch bleibt er stets um diplomatisches Auftreten bemüht. Lorenzo Cozza, den höchsten Repräsentanten der Franziskaner, charakterisiert er als »sehr eindrucksvolle Person«, die verstehe, »mit Fremden zu leben und umzugehen«.

Auch weiß Eneman von den Schwierigkeiten, mit denen sich die Franziskaner auseinanderzusetzen haben: Konflikte mit den orthodoxen Griechen über die Verfügungsgewalt bezüglich bestimmter Örtlichkeiten, Erpressungsversuche von Seiten der Türken und Araber. Mit Griechen steht der Schwede ebenfalls in Verbindung, schon in Konstantinopel hatte er den Patriarchen getroffen, der ihm für Jerusalem ein Empfehlungsschreiben mitgab. Außerdem geht er auf die Juden Jerusalems ein, die regelmäßig von den Türken belästigt würden, aber dennoch die Stadt wegen der Klagemauer nicht verlassen wollen und weil sie, wie er hinzufügt, »glauben, ihr Paradies in der Hölle zu haben«. Bei all den negativen Dingen, die er über die Türken hört, hatte er dennoch so manches gutes Wort für sie übrig. Im Gegensatz zu anderen Ausländern erlaubten sie den Schweden nämlich den Zugang zu Moscheen. Und ein Muezzin habe ihm sogar gestattet, mittags ein Minarett zu erklimmen, um sich von dort das Umfeld beschauen zu können.

Die privilegierte Rolle der Franziskaner blieb nicht unangetastet. Schon seit der Mitte des 16. Jahrhunderts wechselte die Kontrolle über die Grabeskirche zwischen Franziskanern und Griechisch-Orthodoxen, abhängig davon, wer gerade im Besitz der Erlaubnis von den Osmanen war. »Die Christen hassten einander mehr, als sie die Ungläubigen verabscheuten«, schreibt der britische Historiker Simon Sebag Montefiore und erwähnt den Franziskanerpater Elzear Horn, der die Griechen im 18. Jahrhundert einmal als »Auswurf« bezeichnete. 1757, am Abend vor dem Palmsonntag, kam es zu gewalttätigen Auseinandersetzungen, als die Griechen die Franziskaner aus einem Hinterhalt überwältigten und die Macht über die Grabeskirche an sich rissen (was vom Sultan anerkannt wurde). Mit dem Ziel, die Streitigkeiten zu beenden, ließ der Sultan 1767 die Kirche zwischen den Parteien aufteilen. Dieser Beschluss wurde 1852 erneut bestätigt – in der Gegenwart teilen sich sechs christliche Konfessionen die Kirche.

Ferdinand de Géramb, ein bekannter reformierter Zisterzienser (Trappist), der 1831 zu einer langen Pilgerreise ins Heilige Land aufbricht, kommt im Jerusalemer Franziskanerkloster zum heiligen Erlöser unter. Mit mehreren Empfehlungsschreiben ausgestattet, unter anderem einem vom Vatikan, bekommt er ein Zimmer im Kloster selbst zugeteilt und nicht, wie für die meisten Besucher üblich, in einem separaten Gebäude. Die Ausstattung ist überaus spartanisch beschaffen, so muss de Géramb sich das Wasser selbst schöpfen und sich einen Besen ausleihen, um das Zimmer zu kehren. Auch die Wohnung des Pater Guardian vom Heiligen Land ist bescheiden: »der geringste Bürger in Italien würde sich gewiß nicht damit begnügen.«

In seinem Buch *Wallfahrt nach Jerusalem und dem Berge Sinai in den Jahren 1831, 1832 und 1833* (1837) gibt de Géramb ein denkwürdiges Schreiben wieder, das die Obern des Klosters im Jahre 1805 an Horaz Sebastiani, der seinerzeit französischer Gesandter in Konstantinopel war, gesandt hatten: »Die unerhörten Grausamkeiten, die Erpressungen, die willkürlichen Auflagen, welche seit einigen Jahren von Seiten der Paschas, der Statthalter und ihrer Unterbeamten, schnell aufeinander folgen, haben uns in eine solche Lage versetzt, dass wir, bei der Unmöglichkeit länger bestehen zu können, in Kurzem gezwungen sein werden, das heilige Land zu verlassen, wenn wir nicht in Stand gesetzt werden, die Türken zu hindern uns immerfort ungeheure Geldsummen, unter Drohungen, Beschimpfungen, ja sogar durch Stockprügel, auszupressen.«

Wissenschaftler entdecken Palästina

Der Schwede Fredrik Hasselquist zählt zu den ersten europäischen Wissenschaftlern im Heiligen Land. Wie sein Lehrer und Herausgeber Carl von Linné anmerkt, waren »noch niemals die Gewächse und Naturalien, die es im heiligen Lande gibt, beschrieben worden«. Hasselquist setzt sich das zum Ziel, zur Vorbereitung lernt er »die arabische und andere morgenländische Sprachen«.

Von Smyrna, wo er den Winter 1749/50 verbringt, segelt er zunächst nach Ägypten und wendet sich dort der Pflanzen- und der Tierwelt zu, den Heuschrecken, Krokodilen, Eidechsen und Skorpionen. Er bleibt den ganzen Winter. Mit dem Kommen des Frühlings bricht er dann nach Jaffa, Jerusalem und Bethlehem auf. Als Protagonist einer neuen Art von Reisenden ist er dort meist in Begleitung von Pilgern unterwegs, die noch den althergebrachten Blick auf diesen Teil der Welt haben. In Jerusalem trifft er den armenischen Patriarchen wieder, dessen Bekanntschaft er schon in Smyrna gemacht hatte, und besichtigt die schöne Kirche und das große Kloster, das über tausend Zimmer zählt. Über das Kloster St. Salvator gibt er einige genauere Informationen:

»Franziskanermönche aus allen katholischen Nationen in Europa haben es im Besitze. Ihre Anzahl ist groß, aber nicht allemal gleich. Man kann im Durchschnitte allemal hundert Personen rechnen. Sie bleiben hier drei Jahre, und die Spanier haben Freiheit, sechs Jahre zu bleiben. ... Die erste Stelle bekleidet allezeit ein Italiener, die zweite ein Franzose, und die dritte ein Spanier. Die Arbeit des letztern ist die wichtigste, weil er die ganze Haushaltung sowohl des Convents, als des heiligen Grabes, zu besorgen hat, und also gewiss eine halbe Million Livres jährlich durch seine Hände gehen.«

Die jüdische Bevölkerung betreffend, erwähnt er, dass die Frauen ihr Gesicht im Unterschied zu den Türkinnen nicht verhüllen müssten. Und er fährt fort: »Die Juden allhier sind größtenteils arm, weil sie nicht Gelegenheit haben Handlung zu treiben, ohne welche diese Nation an keinem Orte in der Welt fortkömmt.«

Von Mönchen begleitet, besucht er eine Vielzahl von Orten und Örtlichkeiten und wird sich dabei durchaus gewisser Widersprüche bewusst, etwa auf der Reise nach Jericho bei einem alten Haus, das als »merkwürdig« ausgegeben wird: »Allein das Sonderbarste dabei war, dass sie den Ort wussten, wo eine Sache sich sollte zugetragen haben, von der niemand weiß, ob sie sich jemals zugetragen hat.«

Hasselquist verstirbt auf seiner Rückreise in Smyrna an Tuberkulose.

Zu Beginn des Jahres 1761 begeben sich sechs junge Männer in Kopenhagen an Bord des Kriegsschiffes »Grønland«, um ihre von dem dänischen König Friedrich V. finanzierte Forschungsreise in den Nahen Osten anzutreten. Sie wollen Erkenntnisse auf den Gebieten der orientalischen Philologie, der Geographie und der Botanik gewinnen. Die Initiative dazu kam von dem Göttinger Orientalisten Johann David Michaelis, der sich zwar brennend für die *Antiquitäten* des Orients interessierte, aber selbst nie Gelegenheit zu einer Reise nach *Arabia felix* hatte – gemeint war der südliche Teil der Arabischen Halbinsel, also Jemen, auf dem der Schwerpunkt der Reise liegen sollte. Dort, so vermutete man, könnten sich alte Kulturformen erhalten haben, die nicht nur für die Wissenschaften von Bedeutung sein dürften, sondern auch Hinweise für die Erklärung der Bibel liefern würden.

Michaelis wusste, dass er mit seinem Vorschlag beim dänischen Königshaus auf offene Ohren stoßen würde, und benannte die Teilnehmer: den dänischen Orientalisten Frederik Christian von Haven, den aus einer Bauernfamilie entstammenden Geographen und Kartographen Carsten Niebuhr aus dem Lande Hadeln an der Nordseeküste (Untertan des englischen Königs, der auch Kurfürst von Hannover war) sowie den schwedischen Naturwissenschaftler Petrus Forsskål, der bei Carl von Linné studiert hatte. Etwas später gesellen sich der »gelehrten Gesellschaft« noch der dänische Mediziner Christian Carl Kramer und der aus Nürnberg stammende, aber inzwischen in Kopenhagen tätige Zeichner und Kupferstecher Georg Wilhelm Baurenfeind hinzu.

In Konstantinopel kommen sie im Palais von Sigismund Wilhelm von Gähler, dem Gesandten Dänemarks bei der Hohen Pforte, unter. »Auf die ungestörte Erhaltung der Eintracht und des Friedens unter ihnen soll ihr vorzügliches Augenmerk stets gerichtet sein«, war als Direktive zwar schriftlich fixiert worden, aber es gibt etliche Gründe, über die man in Streit miteinander gerät. Niebuhr als jüngstem Mitglied obliegt die Führung der Reisekasse, was bei von Haven für Verdruss sorgt. Von Haven und Kramer stehen als Partei Forsskål, Niebuhr und Baurenfeind gegenüber. Für erhebliche Verstimmung sorgt die Tatsache, dass sich von Haven noch in Konstantinopel eine beträchtliche Menge Arsen beschafft und dies offenkundig wird. »Die Portion ist so groß, dass sie für 2 Regimenter die letzte Mahlzeit geben könnte«, halten Forsskål, Niebuhr und Baurenfeind fest. Von Gähler meldet den Vorgang unverzüglich nach Kopenhagen. Welchen Plan von Haven mit dem Gift hatte, bleibt unklar, seine weitere Teilnahme an der Reise wird auf jeden Fall von höherer Seite nicht in Frage gestellt. Die Reibungen setzen sich fort. Zwar war von Haven vor der Arabienreise nach Rom geschickt worden, um dort die arabische Sprache zu lernen, seine Kenntnisse erweisen sich aber als für die Verständigung mit den Einheimischen unzureichend.

Eine Nebenreise führt Niebuhr und von Haven dann auf den Sinai. Baurenfeind, Kramer und Forsskål bleiben wegen einer Erkrankung Baurenfeinds in Suez zurück. Sind in Gebel el Mokatah geheimnisumwitterte Inschriften zu finden? Der »Berg der Inschriften« wird nicht gefunden und die Bezwingung des Bergs Mose scheitert, weil die Träger sich dem Aufstieg widersetzen, auch wird der Reisegruppe der Zugang zum Katharinenkloster verwehrt. Die Reise nimmt einen tragischen Verlauf, die meisten erliegen Krankheiten und Niebuhr bleibt als Einziger übrig, so dass er allein zur Westküste Indiens reist und den weiten Weg durch Persien und Mesopotamien ins syrische Aleppo und weiter nach Zypern zurücklegt. Von dort setzt er schließlich nach Jaffa über. Er ist in Gesellschaft von sieben Franziskanermönchen, darunter »zwei, die den Auftrag hatten, die jährlichen Weihegaben Maltas und des Königreichs Neapel nach Jerusalem zu bringen«. Da Niebuhr morgenländische Kleidung trägt, wird er von den Mönchen für einen Untertan des Sultans gehalten und sie fragen ihn, ob sich Dänemark hinter Anatolien befände. »Als ich ihnen antwortete, dass ich ein Europäer sei, beschimpften sie mich und nannten mich einen Ketzer. Niemals zuvor war ich auf einer Pilgerreise auf römisch-katholische Geistliche gestoßen, die so überheblich und mürrisch waren wie diese Franziskaner.« Zudem bezeichnen sie mitreisende Franzosen als »schlechte Christen« und behaupten, sie »seien schlechter als Ketzer oder Mohammedaner«.

Niebuhr wird als Kontaktperson ein morgenländischer Christ namens »Damiân« empfohlen, der in Jaffa als Vizekonsul für verschiedene Länder tätig ist. Wie sich bei einem Treffen mit diesem herausstellt, benötigte der Protestant Niebuhr für die Weiterreise nach Jerusalem unbedingt die Erlaubnis vom dortigen Reverendissimo der Franziskaner. Einem armen schwedischen Prediger aus Åbo war, wie Niebuhr erfährt, die Reise dorthin verweigert worden, woraufhin sich dieser zu Fuß auf den Weg gemacht habe, aber dann von den Franziskanern aufgehalten und zurückgeschickt wurde. Niebuhr traf den sich gedemütigt fühlenden Mann später im Haus des französischen Konsuls in Aleppo. Der Schwede war hartnäckig, freundete sich offenbar ganz gezielt mit Mohammedanern, morgenländischen Christen und Juden an; fest entschlossen, über Damaskus nach Jerusalem zu gehen, doch er fand nicht die Unterstützung der Katholiken. Tragischerweise starb er auf dem Weg, ohne die Stadt je gesehen zu haben.

Niebuhr gelangt von Jaffa nach Ramla und wird von den Franziskanern freundlich aufgenommen, darf dann aber das Haus nicht verlassen. Die Mönche warnen ihn vor den Arabern, die »Räuber und Barbaren seien, die Pilger überfielen und schlugen, wo immer dies möglich war«, und erzählen ihm, dass Araber einen Mönch, der auf dem Weg nach Jerusalem gewesen sei, in einem Backofen verbrannt hätten, was Niebuhr nach seinen nun schon mehrjährigen Erfahrungen im weiteren Orient jedoch nicht so recht glauben mag: »Später erfuhr ich, dass die Mönche solche Greuelmärchen in die Welt setzten, um möglichst reiche Spenden zu erhalten.«

Überhaupt lässt sich Niebuhr nicht so leicht aus der Ruhe bringen: »Nach allem, was ich bisher gehört hatte, glaubte ich anfangs, dass in Palästina die allerschlechteste Menschenrasse wohnte. Später stellte ich fest, dass die Bewohner diesen Landes nicht bösartiger waren als die in anderen Gegenden. So hörte ich, dass in einigen Dörfern zwischen Ramle und Jerusalem ein kleines Weggeld erhoben wurde. Wer es bezahlte, konnte unbehelligt weiterreisen. Die Mönche jedoch bezahlten diese Bagatelle nicht. Da sie nichts besaßen außer ihrer härenen Kutte, so dass man ihnen nichts wegnehmen konnte, wurden sie häufig verprügelt oder auch mit Steinen beworfen.«

Schließlich kommt Niebuhr nach Jerusalem, der, wie er schreibt, »sowohl für die Juden als auch für die Christen denkwürdigsten Stadt der Welt«. Sein erster Besuch gilt einer Kirche: »Ich ging also zur Messe und bereute dieses nicht. Denn ich sah hier, mitten in einem muhammedanischen Land, zu meiner großen Verwunderung nicht nur eine prächtige Orgel, sondern hörte auch gute Instrumental- und Vokalmusik. Die Musiker waren ohne Ausnahme Franziskaner und, wie ich später hörte, größtenteils Deutsche.« Doch sosehr ihm die Musik gefällt, meint er, die Europäer wären klug beraten, auf die von den Muhammedanern verachtete Musik zu verzichten. Und ebenso auf die Glocken, mit denen die Kirchen zur Messe läuten, denn in dieser Gewohnheit würden die Muslime nur den Beweis für einen Irrglauben erkennen, den sie den Christen unterstellen. So legt er den Muslimen in den Mund: »Bei uns werden nur dem Vieh Glocken umgehängt.«

Da sind die Gebühren, welche die christlichen Besucher an den Statthalter zahlen mussten. »Dass die Mohammedaner aus der Verehrung, welche die Christen den heiligen Stätten erweisen, Nutzen ziehen, beweist nur ihre Klugheit. Im übrigen erheitert es die Mohammedaner, wenn die Christen behaupten, dass es zu diesem oder jenem bedeutsamen Ereignis an einer bestimmten Stelle und nicht hundert Schritte weiter südlich oder nördlich gekommen ist.«

Niebuhr entgehen nicht die Streitigkeiten unter den Angehörigen der verschiedenen Kirchen, auch nicht das Gefälle zwischen den vergleichsweise wohlhabenden Franziskanern und den ärmeren Griechen: »Das erregt Hass, und häufig genug prügeln sich die Mönche in der Kirche oder sogar vor dem Heiligen Grab. Treiben sie es so arg, dass ihr Geschrei bis zu der Janitscharenwache hinausdringt, wird die Kirche geöffnet und die Janitscharen bringen mit großen Knüppeln beide Parteien zur Räson. Außerdem müssen die Mönche dann eine ansehnliche Geldstrafe bezahlen.«

Die Gräber der Propheten auf dem Ölberg beeindrucken ihn weniger. Gerne hätte er sich die von den Juden für heilig gehaltenen Stätten zeigen lassen und auch ihre Meinung »über die Größe und Lage des alten Jerusalem hören wollen«, doch die gastgebenden Franziskaner wollen nicht, dass er ihre Gesellschaft suche. Der Weg führt ihn weiter nach Akkon, Damaskus und Aleppo. Mit einer vorwiegend aus griechischen Kaufleuten bestehenden Karawane bricht Niebuhr im November 1766 von dort nach Anatolien auf. Im Gepäck hat er einige der in Bethlehem »tonnenweise« gekauften Andenken, mit denen er Katholiken in Europa eine Freude machen möchte.

Als Niebuhr 1767, also ganze sieben Jahre später, allein nach Kopenhagen zurückkehrt, hat Christian VII. von Dänemark gerade seinen Vater auf dem Thron abgelöst. Bald weht ein ganz neuer Wind am Hof, unter dem ein Etat für eine vergleichbare Reise kaum noch freigegeben worden wäre. Niebuhr wird zum Ingenieur-Hauptmann befördert und erhält für zehn Jahre einen Sold aus dem Militäretat. 1778 zieht Niebuhr schließlich nach Meldorf in Dithmarschen an der Nordseeküste, wo er als Steuerbeamter arbeitet. Ein Ort, »gleichsam am äußersten Rande der Welt« gelegen, wie er schreibt. Aufmerksam verfolgt er die Geschicke anderer Reisender in der Region. Sein Sohn Barthold Georg wird zitiert:

»Er sagte uns, wenn er so blind in seinem Bette liege, so träten ihm die Bilder seiner Anschauungen des Orients vor der Seele; also sei es ja kein Wunder, dass er davon wie von Geistern reden könne. Eben so spiegelte sich der sternenwimmelnde tiefe Nachthimmel Asiens, in den er so oft geschaut hatte, oder seine hohe Tageswölbung und Bläue in den Stunden der Stille ab, und dies war sein süßester Genuss.«

Unter muselmanischen Fatalisten – Constantin-François Volney im Heiligen Land

Der anglikanische Bischof Richard Pococke bereist Ägypten und den Nahen Osten in den Jahren 1739 bis 1743. Im ersten Teil seines zweiten Bandes von *Description of the East and some other countries* widmet er sich auch dem Heiligen Land. Ebenfalls nicht dem Genre des Pilgerberichts folgend und in nüchternem Ton verfasst, sind vor allem auch die Karten von Palästina und Jerusalem sowie verschiedene Skizzen von Bauwerken erwähnenswert, darunter der Felsendom und das Grab Absaloms. Er geht auch auf den Handel mit Produkten ein, etwa der Seife in Jaffa, die aus Olivenöl und Asche gemacht wird, und der Baumwolle, die von dort verschifft wird. Begegnungen mit Menschen werden von ihm kaum ausführlicher geschildert, man gewinnt bei der Lektüre den Eindruck, es handele sich um ein dünnbesiedeltes Land mit einigen herausragenden architektonischen Denkmälern.

Ganz anders bei Constantin-François Volney vier Jahrzehnte später. Nachdem dieser ein stattliches Erbe angetreten hatte, beschließt er, als Privatgelehrter Ägypten und das Osmanische Reich zu besuchen. Da er sich im Klaren war, wie sehr ihn solch eine Reise körperlich fordern würde, bereitet er sich ein Jahr darauf vor: Er übt sich im Marschieren und härtet sich gegen Müdigkeit und langes Fasten ab. Parallel beginnt er am Collège de France mit dem Studium des Arabischen. Er bereist den Nahen Osten drei lange Jahre lang.

Volney hält sich im ersten Band seiner *Reise nach Syrien und*

Aegypten in den Jahren 1783, 1784, 1785 lange mit meteorologischen Erwägungen auf, widmet sich »Beobachtungen über die Phänomene der Winde, der Wolken, der Regen, der Nebel und des Donners«, wendet sich aber bald den Menschen zu: »Syrien hat nie, wie Aegypten, ausländischen Menschen Racen Gedeihen und Fortpflanzung versagt. Alle naturalisiren sich hier ohne Unterschied. Der Mensch ist unter diesem Himmelsstriche beinahe den nämlichen Gesetzen, wie in dem südlichen Theile von Europa, und man kann an ihnen keine andern Verschiedenheiten entdecken, als die, die Natur des Klima hervorbringt.«

Wie wenige andere äußert sich Volney zum Miteinander der Völker unter dem Aspekt der Sprache, wobei er sich auf den größeren Raum Syriens bezieht. Mehrere Monate verbringt er in einem syrischen Kloster, wo ihm drusische Lehrer Arabisch beibringen. Die Landessprache sei Arabisch, wobei sich »die Dialekte mit jedem Orte verändern und abwechseln«. Das Türkische dagegen sei vorwiegend bei denen im Gebrauch, die zum Militär oder zur Regierung gehören, sowie bei den »Turkmanischen Horden«. Da die Sprache für Geschäfte hilfreich sei, lernten sie aber auch »einige Eingeborne« so wie umgekehrt die Osmanen das Arabische, »aber die Aussprache und der Accent dieser beiden Sprachen haben so wenig Ähnlichkeit, dass man es gleich bei dem ersten Worte hört, ob sie von einem Ausländer gesprochen werden oder nicht«. Und er merkt zur Aussprache des Arabischen weiter an: »Die Türkischen Sprachorgane, die an eine volltönende und prächtigklingende Pronunciation durch die Nase gewöhnt sind, können selten die scharfen und kreischenden Töne und die Aspiration der Araber nachahmen. Diese Sprache macht einen so häufigen Gebrauch von den Vokalen und Gutturalkonsonanten, dass man bei dem erstenmal Hören nicht anders meint, die Leute gurgelten sich.« Volney erwähnt noch die syrische Sprache [Anm.: Er meint vermutlich Aramäisch], die in der Messe und Liturgie von den Maroniten verwendet werde. Griechisch werde selbst von den arabischen Christen und auch den katholischen Christen nur sehr selten verstanden.

Den »Unterschied im Gottesdienste« bei Muslimen und Christen korreliert er mit grundsätzlich anderen Charaktereigenschaften, »als wenn es zwei Völker wären, die unter zwei verschiedenen Himmelstrichen lebten«. So habe er sich sagen lassen: »Die Reisenden und noch mehr, unsere Kaufleute, die stets mit beiden zu tun haben, bezeugen einstimmig, dass die griechischen Christen im Durchschnitte Betrüger, Bösewichte und Lügner sind, kriechend im Unglücke und übermütig im Glücke, und endlich einen leichtsinnigen und unbeständigen Karakter haben: dass die Musulmanen hingegen, ob sie gleich trotzig und stolz im höchsten Grade sind, demungeachtet in ihren Handlungen eine gewisse Art Güte, Menschlichkeit, Gerechtigkeit, und vorzüglich im Unglücke eine große Festigkeit und bestimmten Charakter blicken lassen, auf den man sich verlassen kann.«

Von einem »verständigen Mönch« habe sich Volney erklären lassen, dass die Christen »das Ruder der Regierung« nicht führen könnten, »weil sie in ihrer Jugend an weiter nichts gewöhnt werden, als Baumwolle zu klopfen«. Sie würden denjenigen gleichen, »die sich zum erstenmal auf einem Altane [Austritt an einem Gebäude, ein größerer Balkon] befinden, die Höhe verursacht ihnen Schwindel; da sie fürchten zu den Oliven und Käse wieder zurückkehren zu müssen, eilen sie, sich auf die Zukunft zu versorgen«.

Wichtig sei zudem, wie Volney festhält, dass »Musulmane mit dem Vorurtheile des Fatalismus aufwachsen, und stets überzeugt sind, dass alles vorher bestimmt sei. Dies gibt ihnen eine Ruhe, welche ihre Begierden und Furcht mässigt; eine Resignation, die sie Freude und Leid ertragen lehrt; eine Unempfindlichkeit die ihr Herz sowohl von der gegenwärtigen Betrübnis, als Sorge für die Zukunft befreit.« Ganz anders bei den Griechen: »die glauben dass sich Gott erbitten lasse, dass ihn Gelübde, Fasten, Wallfahrten bewegen könne, seine Ratschlüsse zu ändern, werden unaufhörlich von der Begierde zu erlangen, von der Furcht zu verlieren, und von dem Kummer über einen erlittenen Verlust beunruhigt.« Dennoch relativiert Volney seine Aussage zur Rechtschaffenheit der Angehörigen beider Religionen: So bewiesen die Einwohner des Landesinneren grundsätzlich eine bessere Moral als die der an der Küste gelegenen Städte.

Sein Kapitel über Palästina gerät kurz, ein Schwerpunkt liegt auf den Pilgern. »Vorzüglich versichern die Griechen, dass die Wallfahrt vollkommene Vergebung nicht allein der begangenen sondern auch der zukünftigen Sünden verschafft; und dass sie nicht allein von Mord, Blutschande, Päderastie losspricht; sondern so gar von der Verletzung der Fasten und Feiertage, welches nach ihrer Meinung weit schwerere Verbrechen als jene sind.« Über die Pilger, die sich am Palmsonntag Richtung Jordan in Bewegung setzen, notiert er: »Aus besondern Beschreibungen von dieser Wallfahrt, kann man sich von dem geräuschvollen Zuge dieses andächtigen Haufens nach der Ebne von Jericho; dem unanständigen und abergläubigen Eifer mit dem sich Männer, Weiber und Kinder nackend in das Wasser des Jordan stürzen; den Beschwerlichkeiten auf der Reise nach dem Ufer des toten Meers; der Langeweile und

Überdrusse bei dem Anblick der Felsen dieser Landschaft, der fürchterlichsten und rauhesten in der ganzen Natur; endlich von der Rückreise und Besuche der heiligen Örter und der Zeremonie des neuen Feuers, das am heiligen Sonnabend durch einen Engel, vom Himmel herunter gebracht wird, näher unterrichten.« Volney zog es vor, das Spektakel selbst nicht zu beschauen.

Mit seiner Auffassung, dass Jesus nicht existiert habe, stößt er vielen seiner Zeitgenossen vor den Kopf. Er versteht das Christentum als eine Verschmelzung verschiedener Mythologien und hält Jesus für eine mythische Figur, stellt sich ihn sogar als einen Sonnengott vor – eine Theorie, die zuerst um 1750 aufkam und als »Jesus-Mythos« bezeichnet wurde. Der Hinweis auf den berüchtigten Ahmad al-Dschazzar Pascha, der Menschen nach Gutdünken verstümmelte und ermordete, darf bei ihm nicht fehlen. Bei dem »Schlächter«, wie er auch genannt wurde, handelte es sich um einen bosnischen Mamluken, der 1768 nach einer Auseinandersetzung mit dem Mamluken-Oberhaupt aus Ägypten flüchten musste und nach Syrien gegangen war. Er blieb der Hohen Pforte gegenüber stets loyal, konnte sich dennoch eine gewisse Unabhängigkeit von der osmanischen Gesetzgebung bewahren. al-Dschazzar steht in Volneys Erörterung der osmanischen Verwaltung beispielhaft für Paschas, die ein System von Spionen und »Spitzbuben« aufgebaut hätten, das dafür sorge, dass in Städten wie Kairo, Aleppo und Damaskus mehr Sicherheit herrsche als in Genua, Rom und Neapel. Aber, so gibt er zu bedenken: »Welche Missbräuche müssen sich aber auch nicht die Bewohner wegen dieser Sicherheit gefallen lassen! und wie vielen Unschuldigen kostet nicht die Parteilichkeit des Ouali und seiner Spions das Leben!« Syrien (und

Ägypten) attestiert er »Barbarentum« und plädiert für eine Auflösung des Osmanischen Reiches – eine Haltung, mit der er sich im Widerspruch zur Doktrin der französischen Außenpolitik befindet.

In den Fußstapfen der Pilger früherer Zeiten – Napoleon und de Chateaubriand

Im März 1799 fällt Napoleon mit seiner rund 13.000 Männern zählenden Truppe von Ägypten, Sinai, Al-Arisch, Gaza, Aschdod und Ramla kommend in Jaffa ein, belagert es und lässt mehrere Tausend gefangene osmanische Soldaten massakrieren. Napoleon ist fest davon überzeugt, innerhalb weniger Wochen Jerusalem einnehmen zu können, doch es kommt anders: Die Allianz zwischen Großbritannien und dem Osmanischen Reich, die erste zwischen einem westlichen und einem islamischen Land, ist stärker und verhindert Frankreichs Vorstoß nach Osten. Der etwa zwei Wochen später erfolgte Versuch, Akkon zu belagern, scheitert. Schließlich ist er gezwungen, sich zurückzuziehen. Die Bilanz ist vernichtend: Etwa eintausend Soldaten sind in Kämpfen getötet oder verwundet worden. Im französischen Lager von Jaffa fordert die Pest Hunderte von Opfern unter den Soldaten. Napoleons Truppe zerstörte Befestigungen und Dörfer, verbrannte Ernten. Der Kaiser hinterlässt nichts als eine Spur der Verwüstung.

Am 22. März 1799, einen Tag vor Napoleons überstürztem Rückzug, veröffentlicht die französische Revolutionszeitung *Le Moniteur Universel* eine Meldung, in der behauptet wird, Napoleon wolle mit seinem Feldzug die jüdische Unabhängigkeit wiederherstellen, indem er die Juden als rechtmäßige Erben des Landes bezeichnet habe. Das revolutionäre Frankreich hatte seinen jüdischen Bürgern wenige Jahre zuvor, 1791, die volle Staatsbürgerschaft gewährt und »die jüdische

Frage« trieb ihn definitiv um. Möglicherweise ist diese Ankündigung als Versuch Napoleons zu verstehen, Haim Farhi, den jüdischen Berater von al-Dschazzar Pascha, für sich zu gewinnen. Später drohte der »Schlächter« damit, die einheimischen Christen zu ermorden, weil diese Napoleon unterstützt hätten.

Napoleon erwähnt in seinen Memoiren die Begegnung mit Christen im Heiligen Land. Er legt dar, wie »die Massen von Nazareth ... die christlichen Bewohner von Shfaram, Safed und mehr [ihre] Freude zum Ausdruck brachten ... nach Hunderten von Jahren der Unterdrückung können sie endlich Menschen ihrer eigenen Religion sehen«. Eine Nacht verbringt er in Nazareth und besucht die Verkündigungsbasilika für ein Dankgebet. Jerusalem soll er bei seinem Feldzug ganz bewusst ausgespart haben. »Jerusalem liegt außerhalb meiner Operationslinie«, soll er gesagt haben.

Pierre Jacotin begleitet die Truppe Napoleons als Kartograf. Unter den 47 Seiten Landkarten, die er schafft, sind auch einige von Palästina; es fällt darin unter die »benachbarten Länder« Ägyptens. Sie gelten als die ersten trigonometrischen Karten, die von Ägypten, Syrien und Palästina erstellt werden. Jacotins Erfassung Palästinas erfolgt in den Monaten von Februar bis Mai 1799 und bleibt notwendigerweise auf die von den Franzosen besetzten und bereisten Gebiete beschränkt, also die Küstenebene und Untergaliläa, sowie auf Abstecher nach Safed und zum Jordan unterhalb des Sees Genezareth. Wie geht Jacotin mit den nicht erfassbaren Gebieten um? Teilweise lässt er sie weiß, teilweise füllt er sie mit Angaben von Hörensagen aus, macht dabei aber nicht deutlich, dass sie gar nicht von ihm vermessen wurden.

Nach seiner Rückkehr aus Ägypten beginnt Jacotin, die Tafeln für die Veröffentlichung vorzubereiten. Allerdings erklärt Napoleon diese 1808 zum Staatsgeheimnis, offenbar begründet in seinen Bemühungen, ein Bündnis mit dem Osmanischen Reich zu schließen. Die Tafeln wurden erst zwanzig Jahre später veröffentlicht, beschriftet mit Erklärungen in französischer und arabischer Sprache. Trotz ihrer Mängel – viele Namen von Orten und Flüssen fehlten oder waren nicht korrekt – waren sie die bis dahin vollständigste Aufnahme der Topografie des Landes.

Mit Napoleons Auftreten war das Interesse der europäischen Mächte am Heiligen Land geweckt, bis dahin war nur Frankreich als Schutzmacht der römischen Christen und Russland als Schutzmacht der orthodoxen Christen mit den Geistlichen als Stellvertretern vor Ort. Die Türken hatten schon seit geraumer Zeit an politischer Macht eingebüßt – Konstantinopel ist weit weg und die Befehlshaber vor Ort machten am liebsten alles unter sich aus, entzogen sich häufig der Abgabe von Steuern an die Hauptstadt mit der Folge, dass türkische Strafexpeditionen entsandt wurden, um die Gelder einzutreiben. Der Pilgerstrom aus Europa hatte während der Jahrhunderte osmanischer Herrschaft deutlich an Dynamik verloren; Rom oder Santiago de Compostela waren für die allermeisten schon lange die bevorzugten, da viel leichter erreichbaren Ziele, aber allmählich trafen wieder mehr Besucher aus dem Westen ein.

François-René de Chateaubriand, Begründer der französischen Romantik, bricht im Juli 1806 zu seiner Orientreise auf, seine Reise nach Nordamerika liegt zu diesem Zeitpunkt bereits 15 Jahre zurück. Bonaparte gilt ihm als der letzte Kreuzritter, er selbst bezeichnet sich als letzten Franzosen, »der seine Heimat verließ, um mit den Ideen, Absichten und Gefühlen eines

Pilgers früherer Zeiten durch das Heilige Land zu reisen«. Er hat die Pilgerbewegung des 18. Jahrhunderts abgeschrieben und möchte nun zu neuen Ufern aufbrechen. Der Orient ist für ihn eine der Erinnerungen an eine glorreiche Zeit.

Konstantinopel macht auf ihn zunächst noch einen erbaulichen Eindruck, gewähre es doch »den schönsten Anblick aus allen Städten der Welt«, doch die angespannten Verhältnisse – er erwähnt Kanonendonner und eine Revolution, die im Gange ist – erleichtern ihm den Abschied. Smyrna gilt ihm immerhin noch als ein »zweites Paris«. Der erste Eindruck vom Heiligen Land dagegen ist ernüchternd: »Jaffa ist nichts als ein kreisförmiger Haufen elender Häuser, die amphitheatralisch auf dem Abhang eines Hügels erbaut sind. Die Unglücksfälle, welche diese Stadt so oft erfahren hatte, vermehrten ihre Ruinen.« Voller Lob ist er dagegen über die Geistlichen und ihre »christliche und liberale Aufnahme in einem Lande, wo das Christentum und die Liebe geboren worden«. Einer der Patres versichert ihm, seit fast 50 Jahren »ein wahres paradiesisches Leben« zu führen. »Will man wissen, was dieses für ein Paradies sei? Täglich neue Erpressungen, Drohungen mit Stockschlägen, Gefängnissen, oder gar mit gewaltsamem Tod.«

Ein Pater warnt ihn davor, seine Reise offiziell erscheinen zu lassen: »Sie kennen ... diese Art Leute nicht. Was Sie für Höflichkeit halten, ist Spionerie. Man ist gekommen, Sie zu begrüßen, um zu erfahren, wer Sie sind, ob Sie Geld haben, ob allenfalls etwas von Ihnen zu erpressen ist. ... Die Araber, überzeugt, dass ein reicher Franke, die Wallfahrt nach Jerusalem mache, werden die Durchzugsgebühren des Caffars erhöhen oder sie angreifen.« De Chateaubriand bewegt sich in Gesellschaft von einem Beduinenscheich, einem Dragomanen, zwei Bediensteten und einem Eselstreiber, einem Beduinen aus Jaffa. Alle Mühe verwenden sie nun darauf, den Eindruck »armer Pilger aus dem Abendlande« zu machen, »aber unter unseren Kleidern trugen wir die Waffen«. Vermittelt de Chateaubriand anfänglich noch den Eindruck relativer Gelassenheit, weicht diese immer mehr dem Gefühl, jederzeit auf alles vorbereitet sein zu müssen.

Den ersten Blick auf Jerusalem erhascht de Chateaubriand durch eine Öffnung zwischen den Bergen. »Die plötzliche Erscheinung dieser Stadt der Verwüstung mitten in einer wilden Einöde hatte etwas Schauerhaftes. Sie erschien als die wahrhafte Königin dieser Wüste.« An anderer Stelle schreibt er von dem »großen Schutt- und Trümmerhaufen ... den man eine Stadt nennt«. Schönheit erschließt sich ihm nur in den Details, etwa in der Grabeskirche. Dort leben die Priester der verschiedenen christlichen Konfessionen:

»Von den hohen Bögen herab, wo sie, wie die Tauben, ihre Wohnung haben, und aus der Tiefe der unterirdischen Kapellen erschallen Tag und Nacht die Lobgesänge Gottes. Die Orgel des abendländischen Geistlichen, die Pauke des abyssinischen Priesters, die Stimme des griechischen Caloyers [Anm.: Mönch, der Basilius von Caesarea folgte], das Gebet der armenischen Eremiten, die Klagstimme des coptischen Mönches erschüttern entweder nach und nach oder auf einmal unser Ohr. Wir hören, aber wissen nicht, woher die Stimmen kommen. Wir atmen den süßdampfenden Weihrauch, aber wir sehen die Hand nicht, die ihn anzündet. Nur den Priester erblickt man bisweilen, der vorübereilend im Schatten des Tempels sich hinter den Säulen verliert, um das Andenken jener erhabenen Mysterien an eben den Orten zu feiern, wo sie einst vollzogen wurden.«

Der Besuch der heiligen Stätten entschädigt ihn für manche Unannehmlichkeiten, die der mit seinen Eigenheiten gerne kokettierende Reisende über sich ergehen lassen muss. Ein Höhepunkt ist die unterirdische Geburtskirche in Bethlehem, »mit Gemälden aus der italienischen und spanischen Schule reichlich versehen«. Im Hintergrund der Grotte der Ort, »wo die seligste Jungfrau den Erlöser der Menschen gebahr«: »Hic de virgine Maria Jesus Christus natus est«, sagt die Inschrift an dieser Stelle. Tief beeindruckt zeigt sich de Chateaubriand von den dort veranstalteten Feierlichkeiten:

»Während der Messse hörte ich die sanftesten und zartesten Melodien der besten italienischen Tonsetzer ganz vortrefflich auf einer Orgel vorgetragen. Diese harmonischen Concerte entzücken den christlichen Araber, der seine Kameele auf der Weide verlässt, und wie vormals jene Hirten von Bethlehem herbeieilet, den König der Könige in seiner Krippe anzubeten. Ich sah jene Bewohner der Wüste bei dem Altare der Weisen sich dem Tische des Herrn mit einem Eifer, mit einer Andacht, mit einem religiösen Gefühle nahen, das den abendländischen Christen fremd ist.«

Im armenischen Kloster trifft de Chateaubriand den sich im Ornat eines reichen Türken zeigenden Patriarchen. »Ich trank da trefflichen Mocca-Kaffee. Man brachte mir Confitüren, frisches Wasser und weiße Servietten. Man zündete Aloe-Holz an, und man parfümierte mich so stark mit Rosen-Essenz, dass mir beinahe wehe geworden wären.« Der Patriarch spricht mit Verachtung von den Türken, versichert de Chateaubriand, dass »ganz Asien ... auf die Ankunft der Franzosen« warte und »allgemeiner Aufruhr entstünde«, wenn nur ein französischer Soldat erscheinen würde.

Es ist ein Auf und Ab der Gefühle, das sich bei dem Franzosen einstellt: »Wenn man in Judäa reist, wird man anfänglich von einer tiefen Schwermut ergriffen; aber wenn man von einer Einöde zur anderen kömmt, und der Blick sich in einer grenzenlosen Wüste verliert, alsdann verschwindet nach und nach die traurige Stimmung; man fühlt einen geheimen Schauer, welcher, anstatt die Seele niederzudrücken, Mut einflößt, und den Geist erhebt. Ungewöhnliche Ansichten entdecken allenthalben ein durch Wunderwerke bearbeitetes Land. Die brennende Sonne, der majestätische Adler, der unfruchtbare Feigenbaum, alle Dichtungen, alle Gemälde der Schrift scheinen über diese furchtbare Wildnis gleichsam ein neues Leben zu verbreiten. Jeder Name schließt ein Geheimnis in sich; jede Grotte verkündet die Zukunft; jeder Berggipfel widerhallt von den Lauten eines Propheten. Gott selbst hat an diesen vertrockneten Waldströmen gesprochen. Gespaltene Felsen, gähnende Gräber bezeugen die Wunder. Die Wüste, stumm vor Schrecken, seit sie die Stimme des Ewigen hörte, wagte es nie, ihr ödes Schweigen zu unterbrechen.«

Muslime, ihre Religion und ihr Verhalten hält er für barbarisch, widerwärtig sogar, »der Araber« gilt ihm als »wieder verwilderter zivilisierter Mensch«. »Nichts verrät an ihnen den Wilden, so lange sie den Mund nicht öffnen, aber so wie sie zu sprechen anfangen, hört man eine lärmende, mit starken Hauchtönen verbundene Sprache, und glänzende weiße Zähne, wie die des Schakal und der Ongen [er meint hier ein dem Luchs ähnliches Tier], kommen zum Vorschein.« Bei aller angeblicher Rohheit gesteht er ihnen »eine gewisse Zartheit der Sitten« zu. »Man sieht, dass sie in jenem Orient geboren sind, woher alle Künste, alle Wissenschaften, alle Religionen kamen ... Der Araber ist, so zu sagen auf der Landstraße der Welt, zwischen Asien und Afrika hingeworfen, schweift in den Strahlen der Morgenröte umher, auf einem Baum- und wasserlosen Boden.« Die arabischen Frauen – er meint vermutlich die muslimischen – kommen bei ihm nur auf den ersten Blick besser weg: »Ihr Anstand ist edel, und durch die Regelmäßigkeit ihrer Züge, durch die Schönheit ihrer Gestalt, und den Faltenwurf ihres Schleiers erinnern sie an die Statuen der Priesterinnen und der Musen.« Ein Eindruck, der allerdings durch die »Lumpen«, das Elend und den Schmutz beeinträchtigt wird, man solle sie besser »nur aus der Ferne betrachten, und sich mit dem Totaleindruck begnügen«.

Immer wieder nimmt er Rekurs auf die Vergangenheit: »Bei den Kreuzzügen ging es nicht bloß um die Befreiung des Heiligen Grabes, sondern auch um die Frage, was sich auf Erden durchsetzen würde: ein zivilisationsfeindlicher und systematisch zur Ignoranz, zum Despotismus und zur Sklaverei neigender Kult oder aber eine Religion, die den neuen Menschen zum Geist und zur Weisheit der Antike wiedererweckt und das Joch der Knechtschaft abgeschafft hat?« Von hier ist es nicht mehr weit, eine Eroberung des Orients zu fordern, die »Freiheit« durchzusetzen: »Von Freiheit wissen sie nichts, und Anstand haben sie keinen: Sie beten die Gewalt an. Wenn sie längere Zeit keine Eroberer sehen, die himmlische Gerechtigkeit üben, so geraten sie außer Rand und Band wie führerlose Soldaten, gesetzlose Bürger oder vaterlose Familien.«

Seine Mission sieht er genau in dieser Tradition, mit dem Christentum will er den von ihm als leblos verstandenen Orient wiederbeleben. De Chateaubriand lässt sich nicht nur – dem althergebrachten Brauch folgend – in Jerusalem zum Ritter schlagen, sondern bald auch noch im Quader einer ägyptischen Pyramide verewigen, »wie es sich für einen frommen Reisenden gehört«, wohlgemerkt von einem Boten;

er ließ es dabei, die Pyramiden aus der Entfernung zu betrachten.

Den Brand der Grabeskirche erlebte de Chateaubriand nicht mehr. Er ereignete sich erst zwei Jahre später. Die Renovierung wurde von der griechisch-orthodoxen Kirche vorgenommen. Zwar blieb die Grabkapelle von dem Feuer verschont, wurde aber im türkischen Rokokostil neu errichtet.

Skeptische Forscher – Clarke, Seetzen, Burckhardt

Mit dem 19. Jahrhundert gibt es mehr Stimmen, die den althergebrachten Vorstellungen nicht mehr unkritisch huldigten. Edward Daniel Clarke, Sohn eines Kaplans und Professor der Mineralogie in Cambridge, mit ausgeprägtem Interesse am ägyptischen und jüdischen Altertum, kommt 1801 als Begleiter eines wohlhabenden Adeligen, der ihm die Reise ermöglichte. Gleich nach der Ankunft machte Clarke die Bekanntschaft von al-Dschazzar Pascha. Im zweiten Band seiner *Travels in Various Countries of Europe, Asia, and Africa* (1814) beschreibt er den Despoten als auf einer Matte sitzend, von durch Peinigungen entstellten Leuten umgeben. »Seine Gestalt war athletisch und sein langer weißer Bart bedeckte seine ganze Brust. Seine Kleidung war die eines gewöhnlichen Arabers, einfach, aber sauber, aus einem weißen Kamelott über einem baumwollenen Kassak bestehend. Sein Turban war ebenfalls weiß. ... In seinem Gürtel trug er einen diamantbesetzten Dolch; aber er entschuldigte sich dafür, dass er ihn zur Schau stellte, er sagte, er sei sein Amtszeichen als Gouverneur von Akka, und deshalb könne er ihn nicht ablegen.«

Clarke geht es um »ein wahres Bild vom Zustand der Gesellschaft in diesem Land«. Nur die heiligen Schriften sollen ihm dabei als Führer dienen, weil im Namen des Christentums »jeder entwürdigende Aberglaube und jeder profane Ritus, der ebenso weit von den aufgeklärten Lehren des Evangeliums und der Würde der menschlichen Natur entfernt ist, bekannt und geduldet werde …« Geradezu vernichtend konstatiert er: »Das reine Evangelium Christi, überall der Vorbote von Zivilisation und von Wissenschaft, ist im Heiligen Land fast so wenig bekannt wie in Kalifornien oder Neuholland … Im Heiligen Land, in Russland und vielleicht auch in Spanien und Portugal ist das Evangelium nur durch Darstellungen bekannt, die seinen Lehren noch fremder sind als die Anbetung von Sonne und Mond.«

Clarkes Einschätzung der biblischen Stätten im Heiligen Land, zu denen die Mönche die Pilger führten, ist ernüchternd. Die Heiligtümer und Gräber sind für ihn Beleg »abergläubischer Trügerei«. Ihm will nicht in den Kopf, dass die Grabeskirche die Erscheinung einer »gewöhnlichen römisch-katholischen Kirche« hatte. Der Klosterkirche von Nazareth, von der es heißt, sie sei über der Grotte errichtet, in der die Jungfrau Maria gewohnt habe, billigt er zwar zu, dass es sich um ein schönes Gebäude handele, »aber es wird als Heiligtum durch Absurditäten entwürdigt, die zu verachtenswert sind, um sie überhaupt zu beachten«. Die Vorgesetzten des franziskanischen Klosters von Nazareth bezeichnet er als »aberwitzige Erscheinung«: »zwei magere kleine Männer in langen schwarzen Soutanen, die Hüte von der Größe eines gewöhnlichen Regenschirms auf dem Kopf trugen … mit den Knien bis zu ihren Kinnen, als sie den Hügel zu uns hinabstiegen.«

Clarke ist überzeugt, dass die wirklichen Zeugnisse des biblischen Altertums noch ihrer Entdeckung in der Landschaft harren. Je nachdem, wie kritisch sich die Pilger mit dem Vorgefundenen auseinandersetzen, »kehren sie entweder ohne die religiösen Überzeugungen, die sie einst hatten, in ihre jeweiligen Länder zurück, oder mehr denn je in die Fesseln des Aberglaubens geschlagen«. Und er wagt eine bissige Spekulation über die heilige Helena, die Mutter des römischen Kaisers Konstantin, die sich wie während ihrer Reise nach Palästina im vierten Jahrhundert wie niemand anders bemüht habe, »jede Spur von dem zu verwischen, was mit angemessener Ehrfurcht betrachtet werden konnte«. So spekuliert er: »Wäre der See Genezareth mit ihren Mitteln zu vernichten gewesen, hätte man ihn trockengelegt, gepflastert, mit Kirchen und Altären bedeckt oder in Klöster und Ablassmärkte umgewandelt, bis nichts mehr vom Original übrig geblieben wäre; und das nur, um ihn noch heiliger zu machen.«

Über die einheimische Bevölkerung meint er verallgemeinernde Aussagen machen zu können: »Der wahre Araber ist immer ein Bewohner der Wüste, eine Bezeichnung für einsame Gegenden, ob unfruchtbar oder fruchtbar. ... Obwohl sie von Natur aus ernst und schweigsam sind, sind sie sehr liebenswürdig; sie betrachten Gastfreundschaft als religiöse Pflicht und verhalten sich stets freundlich gegenüber ihren Sklaven und Untergebenen.« Ihre »bemerkenswerte Würde« sieht er in einem Zusammenhang mit dem »ernsten Benehmen«, das sie an den Tag legen und das wiederum durch ihre »beeindruckenden Bärte« unterstützt werde. Er vergleicht die Araber mit den Roma, die er in England beobachtet hat, die ihre Unterkunft mit ihrem Vieh teilten. Mit den Bewohnern des schottischen Hochlands und denen von Cornwall, den Türken auch, hätten die Araber wiederum den Glauben an das böse oder neidische Auge gemein. Und er zitiert einen italienisch sprechenden Araber, der voller Zorn auf die Tyrannei der osmanischen Gouverneure ist: »Bettler in England sind glücklicher und besser als wir armen Araber ... Glücklicher unter einer guten Regierung und besser, weil sie nicht eine schlechte ertragen werden.«

Ulrich Jasper Seetzen, von Niebuhrs Berichten zu eigenen Untersuchungen inspiriert, kommt kurze Zeit nach Clarke in den Orient. Als Sohn eines Landwirts 1767 in der Nähe von Jever geboren, hatte er unter dem wichtigen Naturforscher, Anatomen und Anthropologen Johann Friedrich Blumenbach in Göttingen Medizin studiert und mit Alexander von Humboldt die »Göttingische physikalische Gesellschaft« gegründet. Er unternimmt eine Reihe von Reisen im europäischen Inund Ausland, bevor er im Dezember 1802 zu seiner Orientreise aufbricht, in der Sprache der Herausgeber seiner unter dem Titel *Ulrich Jasper Seetzen's Reisen durch Syrien, Palästina, Phönicien, die Transjordan-Länder, Arabia Petraea und Unter-Aegypten* veröffentlichten Bände »kühn und feurig, nach Ruhm begierig«.

Als Freimaurer hatte er sich den Idealen Freiheit, Gleichheit, Brüderlichkeit, Toleranz und Humanität verpflichtet, sich im Vorfeld über die Länder gut informiert und einen breit angelegten Forschungsplan erstellt, der neben Geographie und Mineralogie auch Botanik, Zoologie und Astronomie umfasste. Die ersten zwei Jahre verbringt er in Konstantinopel und Aleppo damit, Arabisch zu lernen, denn er wollte seine Reise quasi mit arabischer Identität unternehmen. Er folgt nicht einem europazentrierten Weltbild, nähert sich dem Islam und der osmanischen Vielvölkerkultur mit einer geradezu erstaunlichen Offenheit. Besonders interessiert er sich für die sufistischen Bruderschaften und die Derwische, die er als »die gelehrtesten und aufgeklärtesten Leute in allen Ständen des osmanischen Reiches« begriff.

Von April 1806 an hält sich Seetzen ein ganzes Jahr in Jerusalem auf, das er als weitgehend heruntergekommen und klaustrophobisch wahrnimmt. Nüchtern beschreibt er seine Begegnungen mit christlichen Glaubensträgern: »Es ist sehr selten, dass man einen Mönch antrifft, welcher an Untersuchungen Vergnügen findet. Ihr Ideenkreis ist ungemein beschränkt, und ihr Kloster ist das Centrum desselben. Gewöhnt an einen blinden Glauben, und erschöpft durch die zahlreichen geistlichen Übungen, liegt das Gebiet des Nachdenkens bei ihm gänzlich ohne Kultur. Ohne Welt- und Menschenkenntnis huldigt er den abgeschmacktesten Vorurteilen, und man muss in die Nachrichten, die man bisweilen noch von ihnen erhält, nicht wenig Misstrauen setzen.« Versuche katholischer Mönche, ihn zu bekehren (damals verächtlich als »Proselytenmacherei« bezeichnet), laufen bei ihm ins Leere, wie er überhaupt »Gespräche über Religionsgegenstände«, wo immer es möglich war, vermeidet. Ansonsten verhält er sich diplomatisch: »Ich versicherte dem Geistlichen, dass auch ich nichts sehnlicher wünsche, als das einst die katholische Religion überall anerkannt werden möge. Indessen verstand ich darunter, wie man auch nach dem buchstäblichen Sinn verstehen muss, eine allgemeine Religion, und dies ist in der Tat als Kosmopolit mein sehnlichster Wunsch, obgleich ich auch durch die Erfahrung aller Zeiten aufs festeste überzeugt bin, dass dieser Zeitpunkt nie stattfinden werde und nie stattfinden könne.« Zudem erwähnt Seetzen den schlechten Leumund der Katholiken bei den einheimischen Muslimen: »Ihr seid, sagten die Mohammedaner, weder Christen, noch Juden; Allah mag es wissen, welchen Glauben ihr habt.«

In Nazareth, in der »Klosterkirche, die zwar nicht groß, aber niedlich und mit Gemälden, Vergoldungen und Tapeten, silbernen Lampen und schönem Marmor reich gezieret ist«, missfällt ihm, dass man einem Bild der Madonna eine silberne Krone aufgesetzt hat: »welch eine geschmacklose mönchische Verzierung!« Kritisch nähert er sich den angeblichen Wundern der Grotte; es entgeht ihm nicht, dass eine im unteren Bereich abgebrochene Säule nicht etwa freischwebend in der Luft hängt, sondern am oberen Ende im Gewölbe befestigt ist. Kurz vor ihm hatte Clarke diese Angelegenheit als »Hokuspokus« bezeichnet. Beim Besuch des Basars von Akkon erweist sich Seetzen erneut als aufmerksamer Beobachter: »Ein Méwlewí-Derwisch geht täglich herum, um überall Trinkwasser unentgeldlich und ungefordert an Mohammedaner, Christen und Juden auszuteilen. Bei diesem humanen Geschäft findet er indessen doch seine Rechnung, indem er täglich manche Para dafür als Almosen erhält.«

In dem Wallfahrtsort Nabi Musa hat er eine interessante Begegnung. »Dieser einsamen Lage ungeachtet, trafen wir einen mohammedanischen Derwisch von der Grenze Indiens hier an, woraus man sieht, in welchem Ruf dieser Wallfahrtsort selbst in den entferntesten Ländern steht. Ein solcher Einsiedler hält sich hier gewöhnlich fünf bis sechs Jahre auf, da er alsdann von einem anderen indischen Derwisch abgelöst wird. Diese Derwische stehen bei den Beduinen in großer Achtung und erhalten von ihnen alle Arten von Lebensmitteln, die sie selbst besitzen.«

In Akkon erwähnt Seetzen die »Musik, welche von einem oder ein paar, gewöhnlich egyptischen, Sängern und etlichen Musikanten besorgt wird. Ich brachte des Abends gewöhnlich eine Stunde bei einem stark besuchten Kaffeehause zu, um dieser Musik mit beizuwohnen, und ich muss gestehen, dass ich nach und nach wirklich Geschmack daran fand. Die Sänger wechseln mit Volksliedern (Ganníje), Mauá'ls, die man mit den französischen Quatrains oder italienischen Stanzen vergleichen könnte, und mit Schoggl, einer Art von bessern Liedern, die man Sonetten oder kleine Gedichte nennen könnte, ab. ... Der Gegenstand der Lieder betrifft gewöhnlich die Liebe, bisweilen auch neuere Vorfälle, indem fast jede, etwas merkwürdige historische oder lächerliche Begebenheit Veranlassung zu einem neuen Liede giebt.«

Schließlich entfaltet er eine kleine »Reisephilosophie im Orient«:

> »Mache dir den Schlimmen zum Freunde, damit er dir nicht schade; und den Guten um seiner Güte willen.
> Nicht alle Miltonschen Teufel sind gleich. Auch unter ihnen giebt es Grade der Bosheit.
> Nicht alle Wölfe sind gleich heißhungrig.
> Wer das Gute schätzen lernen will, lerne zuvor das Böse kennen.
> Grobheit schändet nur den, der sie sagt, nicht den, dem er sie sagt.
> Was nur immer für Spaß angenommen werden kann, halte für Spaß; was es nicht ist: stelle dich, als hörtest Du es nicht.
> Eine dir erzeigte Gefälligkeit erzeige doppelt zurück, aber erwarte für das Doppelte keine Bezahlung.«

Man hätte ihm wünschen können, dass ihn diese Ratschläge vor Schlimmerem bewahren, doch das Schicksal wollte es anders. Seetzen kehrte nie mehr in seine Heimat zurück. Nachdem er in Mekka die Kaaba vermessen hat, verschwindet er 1811 plötzlich von der Bildfläche. Es vergehen ein paar Jahre, bis klar wird, was aller Wahrscheinlichkeit nach passiert war. Zunächst kusierte das Gerücht, Seetzen sei in Afrika umgebracht worden. Im vierten Band der *Fundgruben des Orients*, der 1814 erscheint, wird dann der Brief eines gewissen J. Buckingham wiedergegeben, der in Erfahrung gebracht hat, dass Seetzen nach seinem Aufenthalt in Mekka im September 1811 im jemenitischen Taes auf Befehl des Imams von Sanaa vergiftet worden sei. Seine botanische, mineralogische und naturhistorische Sammlung, die er zu diesem Zeitpunkt mitführte, sei offenbar noch in Mekka konfisziert worden. Seetzen habe vom Jemen nach Maskat und Basra weiterreisen wollen.

Seetzens Reise hatte ein langes Nachleben, denn regelmäßig schickte er Briefe und Berichte, auch Objekte, darunter botanische, zoologische und archäologische Funde, nach Gotha, die den Grundstock für das dortige Orientalische Museum bilden sollten, das Seetzen nach seiner Rückkehr aufbauen wollte. Sein Mäzen ist zunächst Herzog Ernst II. von Sachsen-Gotha-Altenburg, später dessen exzentrischer Sohn August. Lange war die Sammlung in Vergessenheit geraten und wurde erst vor wenigen Jahren wiederentdeckt. Zu ihr zählen neben vielen Schriftstücken unter anderem eine Panflöte, ein Koranhalter, ein Modell des Heiligen Grabes sowie eine reich verzierte, als Hutschmuck von einem Janitscharen verwendete Federhülse.

Und noch ein Orientforscher sei erwähnt. Johann Ludwig Burckhardt, der aus einer alteingesessenen Basler Familie stammte, hatte mit Clarke in Cambridge studiert, den Naturforscher Joseph Banks kennengelernt und den Auftrag der African Association angenommen, eine neue Handelsroute von Kairo nach Timbuktu ausfindig zu machen. Zunächst verbringt er zweieinhalb Jahre in Damaskus und Aleppo, nimmt sich einen armenischen Diener, lernt mithilfe eines Maroniten jeden Morgen einige Stunden Arabisch und erkundet von dort aus diverse Ruinen. In Reyhanlı (heute Türkei) verbringt er eine Weile bei turkmenischen Nomaden – er stellt sich ihnen als Arzt vor, der auf der Suche nach medizinisch verwertbaren Pflanzen ist. In der Umgebung des Sees Genezareth besucht Burckhardt flüchtig einige üblicherweise von Pilgern aufgesuchte Orte, setzt seinen Weg durch das Jordantal Richtung Süden fort und entdeckt in einer abgelegenen Schlucht südlich vom Toten Meer die Ruinen von Petra wieder. Burckhardt gibt sich als Scheich Ibrahim ibn Abdallah aus und tritt zum Islam über – vermutlich handelt es sich um eine rein pragmatische Entscheidung, um unbehelligt reisen und die Pilgerreise nach Mekka und Medina unternehmen zu können. Die Tatsache, dass er mehrfach von Beduinen ausgeraubt wird – einmal soll er unbekleidet in der Wüste zurückgelassen worden sein –, tut seiner Sympathie keinen Abbruch. Burckhardt konnte sich auch rühmen, in Abu Simbel die Statuen von Ramses II. entdeckt zu haben. 1817 erlag er in Kairo der Malaria, womit seine auf drei Jahre angelegte Reise nach Timbuktu hinfällig wurde.

Die sentimentale Reise – Morgenlandsehnsucht

Die europäische Vorstellung vom Morgenland war im 18. und 19. Jahrhundert von mehreren Faktoren beeinflusst. Die Bibel war schon lange das wichtigste Dokument. Hier und da spielten Berichte aus der Kreuzfahrerzeit eine gewisse Rolle. Mit der Veröffentlichung der *Geschichten aus Tausendundeiner Nacht* im frühen 18. Jahrhundert legen sich diese wie eine weichzeichnende Folie über den weiteren Orient. Bekannt gemacht wurden sie von dem französischen Orientalisten Antoine Galland, der den Diplomaten Marquis de Nointel 1670 nach Konstantinopel begleitete. Neben Kleinasien bereiste Galland, der sich neben Türkisch auch Arabisch und Persisch aneignete, Syrien und das Heilige Land. Seine eigentliche Aufgabe besteht darin, wertvolle Manuskripte für die Bibliothek von Ludwig XIV. aufzufinden. In Syrien entdeckt er ein Textkonvolut mit Geschichten von 281 Nächten, mit denen er 1688 nach Paris zurückkehrt, nachdem er bei einem Erdbeben in Smyrna (heute Izmir) einen beträchtlichen Teil seiner Unterlagen und beinahe sein Leben verloren hatte. In Paris wird Galland mit Hanna Diab, einem maronitischen Christen aus Aleppo, bekannt gemacht, der ihm die Geschichten von Haroun al-Raschid, von Ali Baba und von Aladin und der Wunderlampe erzählt, woraufhin sie Galland den anderen Geschichten hinzufügt. Er passt dann die Erzählungen, dem damaligen Publikumsgeschmack folgend, frei an.

Der Begriff vom »Morgenland« findet sich zuerst in der Lutherbibel: »Da Jesus geboren war zu Bethlehem im jüdischen

Lande, zur Zeit des Königs Herodes, siehe, da kamen die Weisen vom Morgenlande gen Jerusalem, und sprachen: Wo ist der neugeborene König der Juden? Wir haben seinen Stern gesehen im Morgenlande und sind gekommen ihn anzubeten« (Matthäus, 2:1). Von dort brachten die Weisen dem Jesuskind Gold, Myrrhe und Weihrauch. Hier ist es der östlich von Palästina gelegene Raum, dort, wo die Sonne aufgeht. »Ex oriente lux« – aus dem Osten kommt das Licht. Der Begriff korrespondiert mit dem lateinischen *oriens* und dem griechischen *anatolē̄*.

Zur Unbestimmtheit des Begriffes trug die Tatsache bei, dass keiner der deutschen Denker, die darüber fabulierten, den Orient selbst bereist hat. Johann Gottfried Herder, Moses Mendelssohn, Gotthold Ephraim Lessing, Heinrich Heine und Annette von Droste-Hülshoff bereisten es ebenso wenig wie Novalis, für den das Morgenland geographisch neben Palästina auch Arabien, Persien, Ägypten, selbst Indien und China umfasst, als Idee war es für ihn ein mythisches Ursprungsland, das eine Verbindung mit der Vergangenheit erlaubte. Johann Wolfgang von Goethe, der die Forderung »wir müssen uns orientalisieren, der Orient wird nicht zu uns herüberkommen« formuliert, kommt im Zuge seiner legendären italienischen Reise immerhin bis Sizilien, das in früheren Zeiten in arabischer Hand gewesen war. Der Dichter, der früh Hebräisch gelernt hat, fühlt sich aus der Ferne über die Beschäftigung mit dem Arabischen, Persischen und Türkischen in die Kulturen des Orients ein. Ziel der »Grand Tour«, der klassischen Bildungsreise des Adels und des gehobenen Bürgertums, wird das Heilige Land – im Unterschied zu Italien, Griechenland und Kleinasien – erst im 19. Jahrhundert. Der Begriff vom »Morgenland« fand in der Folge in viele Schriften Eingang, unter anderem in zahlreiche Reiseberichte vom Heiligen Land.

Ein Teil der intellektuellen Begeisterung für den Orient bündelte sich im deutschsprachigen Raum in der Herausgabe der Zeitschrift *Fundgruben des Orients bearbeitet durch eine Gesellschaft von Liebhabern*, die ab 1809, herausgegeben unter anderem von dem eminenten österreichischen Orientalisten Joseph von Hammer-Purgstall, in Wien erschien, andere Herausgeber waren in Konstantinopel zu Hause. »Im Mittelalter, wo Asien in Europa einbrach durch die Eroberung der Araber in Spanien, und Europa in Asien durch die Züge der Kreuzfahrer nach Palästina, erhellte der Genius des Orients zuerst mit seiner Fackel die Finsternisse gothischer Barbarey, und milderte durch seines Odems Wehen den rauhen Anhauch nordischer Sitte« heißt es in der Vorrede der Zeitschrift, die »alles umfassen [soll], was nur immer aus dem Morgenlande kommt, oder auf dasselbe Bezug hat«. Sie verstehen sich als ein lebendiges Forum für den Austausch. »Also Alles, was im Orient auf den Occident, und im Occident auf den Orient hinblickt, soll sich hier begegnen, und hülfreiche Hand bieten, aus den noch unbearbeiteten Fundgruben Schätze der Erkenntnis und des Wissens zu Tage zu fördern.« Das Spektrum war dem Credo entsprechend weit gefasst, die Beiträge kamen aus allen Fachgebieten. »Sie wird das Neue, Wahre, Gute und Schöne des orientalischen Genius zu Tage fördern, als reines Ergiebniss der Fundgruben, geläutert von fremdartigen Stoffen und Schlacken, die oft in den reichhaltigsten Minen, besonders aber in denen des Orients, mit dem Golde vermischt sind … Nicht den Deutschen, Franzosen und Engländer, nicht den Italiäner oder Spanier soll der Leser hier in orientalischem Prunkgewande wiederfinden, sondern den Araber, Perser und Türken in europäischer Tracht. Nur so kann das Licht des Orients, nach dem so viele Augen sehnsuchtsvoll sich wenden, ungetrübt durch Luft und Crystall zu uns herübergeleitet werden, und die Sonne der Erkenntniss aus dem dunklen Schacht noch unergründeter Vorzeit aufgehn.« Die Zeitschrift, die Beiträge in deutscher, französischer, italienischer, griechischer und lateinischer Sprache umfasste, erschien in insgesamt sechs Bänden bis 1818 und war unter anderem für Goethe ein unverzichtbarer Fundus. 1845 wurde in Darmstadt die (bis heute bestehende) Deutsche Morgenländische Gesellschaft ins Leben gerufen, die fortan als Forum für Orientforscher diente.

Erst im weiteren Laufe des 19. Jahrhunderts hielten die Auffassung von der angeblichen kulturellen Überlegenheit des Westens und das starre Denksystem des Orientalismus – der von Herrschafts- und Kolonialinteressen geprägte Blick auf die Kulturen des Nahen Ostens – Einzug. Die Vorstellungen von einem exotischen, romantischen Morgenland hallten lange nach, setzten sich parallel fort. Im weiteren Verlauf des 19. Jahrhunderts mehrten sich die Stimmen, die den Orient als rückständig, in überkommenen Traditionen gefangen und als mehr oder weniger unfähig zu Entwicklung im modernen oder westlichen Sinne wahrnahmen.

Mehr noch als für Deutschland blieb für Großbritannien die nordafrikanische Piraterie bis ins 19. Jahrhundert von Bedeutung für die Vorstellungen vom weiteren Orient. Die Korsaren kamen aus den »Barbareskenstaaten«, also dem unabhängigen, aber mit dem Osmanischen Reich verbundenen Marokko und den halbautonomen osmanischen Regentschaften Tripolis, Tunis und Algier, jagten die Schiffe, beschlagnahmten die Ladung und versklavten Besatzungen. Schon 1625 kaperten marokkanische Korsaren ein Handelsschiff aus den nordamerikanischen Kolonien. Geschätzte 20.000 Briten und Iren gerieten vom 17. bis zur Mitte des 18. Jahrhunderts in Gefangenschaft. Bald bildet sich ein sehr beliebtes Genre von Erzählungen heraus, die auf Berichten von solchen Gefangennahmen basieren, sogenannte »Barbary Captivity Narratives«. Als erste Erzählung dieser Art von einem Einwohner Nordamerikas gilt die eines gewissen Abraham Browne, der 1655 von »Türken« gefangen und nach Algier gebracht wurde, sich dann aber drei Jahre später über ein Lösegeld freikaufen konnte.

Doch noch einmal zurück zur Heiligen Schrift. In England waren die biblischen Texte auf eine Weise wirkmächtig, die sich von anderen europäischen Ländern unterscheidet. Die Identifikation mit dem metaphorischen Heiligen Land war dort besonders stark. Wie der israelische Literaturwissenschaftler Eitan Bar-Yosef in seiner Untersuchung *The Holy Land in English Culture 1799–1917* zeigt, hatte man dort einen klaren Anspruch auf das Heilige Land formuliert, es aus der Ferne vereinnahmt. Tatsächlich war das Gefühl der Verbundenheit bei vielen Viktorianern so stark ausgeprägt, dass man England selbst als Heiliges Land, Neues bzw. Himmlisches Jerusalem und die Engländer selbst als »auserwähltes Volk« verstand. Die Trennung zwischen »Orient« und »Okzident« wurde unterlaufen, es war eine Spielart des Orientalismus, die sich nicht Edward Saids – palästinensischer/amerikanischer Christ – binärer Logik fügt. William Blake beginnt 1804 an seiner in Reime gewandeten Prophezeiung *Jerusalem* zu arbeiten. Darin heißt es:

»Ich lasse nicht vom geist'gen Kampf,
Nicht ruht das Schwert in meiner Hand:
Bis wir Jerusalem erbaut
In Englands grünem und schönem Land.«

Auch wenn Palästina Teil des Orients war, wurde im Bezug darauf weniger vom Getümmel der Basare, dem Sklavenhandel, den Hamams und Harems geschrieben. Städte wie Konstantinopel, Beirut und Aleppo erfüllen das Klischee besser als Jerusalem – de Lamartine etwa erwähnt die »schönen weißen Sklaven« bzw. »Badeknechte« im Dampfbad von Damaskus. Aber auch Alexandria und Kairo, wo nach Napoleons Feldzug zusätzlich auch die Ägyptomanie wichtig wurde, sind zu nennen. Ägypten war allgemein dafür bekannt, dass es dort Haschisch, Prostitution und die Möglichkeit ansonsten illegitimer Beziehungen gab, was einige Reisende dort hingezogen haben dürfte, auch wenn sie das nicht offen zugaben oder etwa das der Gesundheit förderliche Wüstenklima als Reiseanlass vorschoben.

Westliche Heiligland-Reisende halten nach der christlichen Vergangenheit Ausschau, sie sind weniger für das typisch »Orientalische« empfänglich. Dennoch haben hier und da romantische Sichtweisen ihren Platz. Eine markante Darstellung des farbenprächtigen Nebeneinanders der Kulturen bietet der Wiener jüdische Arzt Ludwig August Frankl in *Nach Jerusalem!* (1858):

»Der Mohammedaner schreitet würdevoll in faltenreichen Gewändern, der Beduine im weiß und braun gestreiften Mantel blickt wie nach Beute umher, der polnische Jude in schwarzem seidenem Kaftan hastet ihnen nach. Die dunkelgekleidete preußische Diakonissin geht gesenkten Blickes; weiß und tief verschleiert schluft die Mohammedanerin in gelben Pantoffeln träg und formlos hin, in Begleitung einer schwarzen oder braunen Sklavin, die ihr Kind oder einen Korb mit Früchten nachträgt. Der Franziskaner mit breitem Kremperhute, mit dem Stricke um den Leib, betrachtet ein unverschleiertes

Weib, es ist eine Jüdin. Ein griechischer Priester mit schönem Barte und langem Haupthaare wandelt friedlich, als ob sie einerlei Glaubens wären, neben einem Derwisch mit gelber runder Mütze; ein Muslim mit grünem Turban, dem Zeichen der Prophetenabkunft, verachtet sie beide. In schwarzen faltigen Gewändern, edle Gestalten mit feinen Gesichtszügen, hohen spitzigen Mützen, sind Männer aus Persien. Ein völlig nackter Mensch, vor dem sich mein europäisch gewohntes Auge entsetzt, der hier aber weder Männern noch Weibern ein Ärgernis ist, begegnet uns. Es ist ein sogenannter Heiliger, der, arm, sich in irgendeiner Familie, auch beim Pascha zu Tische bittet und den man nicht abzuweisen wagt. Neben ihm schreitet der reichgeschmückte Scheich, der zierliche Effendi, ein bis an die Zähne bewaffneter Bewohner des Libanons, türkische Soldaten.

Die Sprachen der Erde – darunter nie gehörte – singen, gurgeln, näseln, schreien, zanken durcheinander, und das Ohr ist mehr noch als das Auge erstaunt und verwundert. Die Wirkung ist die eines plötzlich aus Tausendundeiner Nacht auftauchenden Märchens, das nur noch toller und ironischer wird, wenn sich Menschen zwischendrängen in schwarzem Frack und rundem Hute, Frauen in einem Anzuge, mit dem sie auf dem Graben in Wien oder auf den Boulevards in Paris erscheinen könnten. Niemals widerte mich der geschmacklose Anzug unserer Salons so sehr an wie in den Straßen, in den Bergen und in den Tälern des Orients.«

Mit einer halben Bibliothek im Gepäck – Alphonse de Lamartine kommt ins Heilige Land

Neben de Chateaubriand zählt Alphonse de Lamartine, der seine 16-monatige »Pilgerreise« in den Jahren 1832 und 1833 unternimmt, zu den wichtigsten französischen Protagonisten der Romantik. Zunächst geht es ihm darum, seinem Glauben neues Leben einzuhauchen. Er ist guter Dinge: »Glücklicherweise geht das neunzehnte Jahrhundert vorüber, und ich sehe ein besseres kommen, ein wahrhaft religiöses Jahrhundert, wo die Menschen, wenn sie auch Gott nicht in gleicher Sprache und gleichen Symbolen, doch wenigstens überall in Symbolen und in allen Sprachen bekennen werden.« Seine Reise hat aber auch einen politischen Hintergrund: er tritt für die Julimonarchie ein und wird 1831 zum wiederholten Male nicht zum Abgeordneten gewählt. So hilft ihm der längere Abschied von Frankreich, über diese Niederlagen hinwegzukommen.

De Lamartine begibt sich mit seiner Frau Marianne-Elisa Birch, seiner Tochter Julia, etlichen Domestiken und einer viele Bände umfassenden Bibliothek auf die Reise. Sein Reisetagebuch enthält neben seinen sich unmittelbar auf seinen Aufenthalt beziehenden Notizen auch Gedichte, historische Passagen sowie »Bruchstücke arabischer Dichtungen«. Lamartines Reise wird von dem Tod seiner elfjährigen Tochter Julia überschattet, die in Beirut der Tuberkulose erliegt.

Seinen zweiwöchigen Ausflug nach Palästina unternimmt er wegen der Nachrichten über Pestfälle allein. Nach dem Besuch der heiligen Orte Jerusalems durchbricht er die Schablonenhaftigkeit der Reiseberichte: »Hier aber muss ich inne halten und von den innigen Rührungen schweigen, welche diese Orte mir einflößten, da alle zu sehr meine Person betrafen.« Jerusalem verlässt er um fünf Uhr morgens, um in der Grotte in Bethlehem der Messe beiwohnen zu können. Als Führer dient ihm »ein alter Spanischer Mönch mit großem Bart, bedeckt mit einer schwarz und weiß breitgestreiften Machlah [einem für Beduinen typischen Mantel]«, der auf einem kleinen Esel reitet. »Obgleich es schon im April war, wehte ein eisiger Wind mit solcher Heftigkeit, dass er drohte, mich und mein Pferd über den Haufen zu stürzen; es waren die letzten Stöße des Sturmes von Jaffa, welche bis zu uns drangen. Der Staub, welcher in Wirbeln aufflog, blendete mich; ich überließ die Zügel meiner Stute meinem arabischen Stallknecht und zog meine Machlah fester um mich, indem ich mich in die Betrachtungen versenkte, welche die Straße, die ich zog, und die durch die Tradition geheiligten Gegenstände hervorriefen.«

In das lateinische Kloster, das eigentlich noch wegen der Pest geschlossen ist, gewährt man ihnen Einlass, da es schon seit einiger Zeit keine Opfer mehr gegeben hat. Die Väter von Bethlehem bitten de Lamartine dann, ihnen in Europa für ihre Anliegen mehr Gehör zu verschaffen, da die Griechen auf eine der Treppen alleinige Ansprüche erheben würden – »... nur mit Mühe konnten wir sie überzeugen, dass wir, obgleich Franzosen, nicht die Gewalt haben, ihnen Recht zu verschaffen«. Und er notiert weiter: »Die Griechische Kirche im Orient ist viel reicher, als die Römische; bei den Letztern ist Alles bescheiden und unansehnlich, bei der Erstern Alles glanzvoll und prunkend; die Eifersucht, welche aus ihrer gegenseitigen Stellung entspringt, macht einen äußerst peinlichen Eindruck; man seufzt, Ränke und Uneinigkeit an Orten zu sehen, welche nur Liebe und Eintracht einflößen sollten.«

Auf dem Rückweg nach Jaffa nehmen sie aus der Ferne »wilde Musik« wahr; der vorausgeschickte Dragoman bringt in Erfahrung, dass es sich um die Begräbnisfeier für einen »Häuptling« handele, der auf der Jagd den Duft einer giftigen Blume eingeatmet habe. De Lamartine schenkt der Erklärung jedoch wenig Glauben, geht vielmehr davon aus, dass er »Opfer der Eifersucht irgend eines Häuptlings« geworden sei. Noch eine Weile beobachten sie die Prozession: »die Totengesänge ertönen noch durchdringender; diese Trauergeberden, dieser Leichenprunk, diese Hymnen der Verzweiflung in einer für uns fremden Sprache, mit fremdem Ritus, schienen uns ein lebendiges Angedenken an jene Klagegesänge, mit denen Jeremias dieses nämliche Tal erfüllte, und von der die biblische Welt noch das Echo ist.«

Im Unterschied zu de Chateaubriand hebt de Lamartine das hervor, was er als »die religiöse Toleranz der Türken« bezeichnet. Überhaupt sei deren Glaube »auf der Bahn religiöser Vervollkommnung mancher Religion voraus, die ihn verkennt und verspottet. Der Mahomedanismus kann ohne Zwang in ein System religiöser und bürgerlicher Freiheit eintreten und eines der Elemente einer großen Staatenverbindung in Asien bilden; er ist seiner Natur nach moralisch, geduldig, resigniert, barmherzig und tolerant. Alle diese Eigenschaften machen ihn zu einer in dem Lande, wo er herrscht, notwendigen Verschmelzung geeignet, man muss ihn vervollkommnen, nicht ausrotten; er ist gewohnt, in Eintracht und Friede mit den christlichen Cultusen zu leben…«

Das amerikanische Interesse am Heiligen Land ist geweckt

Die erleichterten Reisebedingungen, die den überseeischen Verkehr ins Heilige Land revolutionierten, waren ein Grund, das »Second Great Awakening«, eine religiöse Erweckungsbewegung, der zweite: Beide zusammen lösten bei vielen Amerikanern eine Begeisterung aus, die das Interesse evangelikaler Protestanten am Heiligen Land befeuerte. »Wahre biblische Religion und amerikanische Zivilisation waren im Kern das gleiche; es waren zwei Seiten derselben Sache, und ihr Urheber war Gott: Verbreitung der Bibel bedeutete darum zugleich Verbreitung amerikanischer Einrichtungen und Lebensformen, deren Inbegriff die Freiheit war«, schreibt der Historiker Peter Kawerau in *Amerika und die orientalischen Christen.* Die Rechtfertigung für die Bekehrung mit Hilfe der Mission; die Vereinigten Staaten verstanden als das von Gott geschaffene Werkzeug, um Juden, Muslime und Christen zum »wahren« Christentum zu bekehren.

Unter den amerikanischen Pilgern gab es solche, die der Meinung waren, dass das Millennium oder die tausendjährige Herrschaft Christi dem zweiten Kommen folgen würde *(premillennialism),* und andere, die davon ausgingen, dass das Millennium der Wiederkunft Christi vorausgehen würde und dann ein goldenes Zeitalter anbrechen würde *(postmillenialism).* Amerika selbst galt schon als das neue Kanaan – zahlreiche Ortschaften in den Neuenglandstaaten und darüber hinaus werden »Salem«, »Canaan«, »Hebron«, »Jericho«, »Sinai«, »Sharon«, »Bethel« oder »Goshen« genannt, doch mit Palästina werden besondere Erwartungen verknüpft. Die Menschen hoffen inbrünstig, dort Bestätigung für ihren Glauben zu finden oder sogar den für die Jahrtausendwende vorhergesagten Ereignissen beiwohnen zu können.

Allerdings gab es für die Aktivitäten einige Stolpersteine – davon abgesehen, dass dort niemand auf die Missionare wartete. Muslime vom christlichen Glauben zu überzeugen, war aussichtslos, denn für vom islamischen Glauben Abtrünnige sah das osmanische Gesetz die Todesstrafe vor. Die Religionszugehörigkeit galt als Merkmal einer bestimmten Bevölkerungsgruppe, was Konsequenzen für Rechtsprechung, Anwendung des Steuerrechts und Einbeziehung in den Wehrdienst hatte. Das über weite zeitliche Strecken relativ friedliche Zusammenleben der religiösen bzw. ethnischen Gruppen im Osmanischen Reich beruhte auf klaren Grenzziehungen, die Grundlage für die gegenseitige Achtung waren. Juden zum Christentum zu missionieren, wäre zwar nicht mit Strafen belegt gewesen, dafür hätten die Konvertiten aber den sozialen und wirtschaftlichen Zusammenhalt mit ihrer Gruppe aufs Spiel gesetzt.

Der Versuch, die einheimischen Christen zu beeinflussen, erscheint zunächst am aussichtsreichsten: Schon 1819 verlautbart das American Board im *Panoplist*: »Es ist zu hoffen, dass unter den dortigen Christen verschiedener Denominationen einige gefunden werden, die in Christus Jesus lebendig sind und die, wenn man die rechten … Mittel anwendet, aus ihrem Schlummer erweckt und zum Dienst des Guten aktiviert werden können.« Das Auftreten der Missionare ähnelten dem westlicher Kolonialherren in anderen Ländern und Kontinenten – auch wenn es hier nicht um eine gezielte politisch gesteuerte Aneignung von Territorien ging, sondern »nur« um die Bekehrung zu einem anderen Glaubenssystem.

Den Anfang machen Pliny Fisk und Levi Parsons mit ihrer Palästina-Mission von 1819 bis 1828. Von Boston kommen sie über Malta nach Smyrna. Der Fahrt Parsons' nach Judäa geht das Studium des Neugriechischen auf der Ägäisinsel Chios voraus. Parsons hat die Bibel in neun verschiedenen Sprachen dabei. Man stellt sich, wie Peter Kawerau schreibt, Jerusalem als »Zentrum christlicher Benevolence« vor, »von dem aus man die Bibel an Völker jeder Sprache und Nation werde senden können«. Der armenische Patriarch von Jerusalem erlaubt Parsons, Bibeln in dessen Sprache zu verkaufen. Hitze und Auseinandersetzungen zwischen den Paschas von Akkon und Damaskus veranlassen ihn dann aber, das Land zu verlassen. Auf der griechischen Insel Syros legt ihn eine Erkrankung lahm, bis er schließlich nach Smyrna zurückkehrt. Während der gemeinsamen Reise nach Alexandria verstirbt Parsons, Fisk bleibt allein zurück. Nun schließen sich noch einige andere der Mission an, unter ihnen Fisks Studienfreund Jonas King, der bei Antoine-Isaac Silvestre de Sacy in Paris Arabisch studierte. Gegenwind kommt im Januar 1823 vom katholischen Kloster in Alexandria, das die »Exkommunikation« von King und Fisk ausspricht, die allerdings den Kongregationlisten und damit im weiteren Sinne den Protestanten angehörten.

Jerusalem sollte nun ständige Missionsstation werden. Den Sommer verbringen Fisk und King allerdings im Libanon, besuchen diverse Klöster und Patriarchen, sammeln Informationen über Jakobiten und Nestorianer. Die Sprachhürden erweisen sich als erheblich, so dass im darauffolgenden Jahr das Studium des Arabischen und Armenischen folgt. Im Februar 1824 wird Fisk mit einem anderen Missionar beim Verkauf der Bibel an armenische Pilger in Jerusalem von der türkischen Polizei verhaftet. Der britische Konsul von Jaffa kann aber nach wenigen Tagen die Freilassung erwirken.

Kurz: Mit der geplanten Missionstätigkeit geht es nicht so recht voran. 1825 laufen die drei Jahre Missionsdienst, zu denen sich King verpflichtet hat, aus und er geht nach Smyrna. Kurz später erkrankt Pliny Fisk und stirbt in Beirut. Es gibt erhebliche Angriffe der griechischen Flotte auf Beirut. Sogar ein Krieg zwischen der Türkei und den europäischen Mächten wird befürchtet. Die wenigen dort noch verbliebenen amerikanischen Missionare treffen den Entschluss, sich im Sinne ihrer Sicherheit zunächst aus dem Osmanischen Reich zurückzuziehen. Sie setzen sich nach Malta ab.

1831 kommt es zu entscheidenden politischen Veränderungen: Muhammad Ali, der osmanische Gouverneur von Ägypten (und Vizekönig der Hohen Pforte), bringt Palästina und Teile Syriens unter seine Kontrolle. Hintergrund ist, dass Ägypten dem Sultan von Konstantinopel während des griechischen Unabhängigkeitskrieges zur Hilfe gekommen war, Letzterer aber eine Honorierung für die Unterstützung schuldig blieb. Schon seit einigen Jahrzehnten ist Ägypten aus seinem Dämmerschlaf an der Peripherie des Osmanischen Reiches erwacht und geriert sich als eigenständiger Akteur. Es spielt schon für die Briten eine Rolle als Umschlagpunkt nach Indien, und zwar noch bevor der Suez-Kanal 1869 eingeweiht wird, der dem Handel zwischen Europa und dem Nahen Osten einen neuen Weg eröffnet und im Vergleich zu dem langen Seeweg um die Südspitze Afrikas eine große Zeitersparnis beinhaltet.

Die Besetzung hat weitreichende Folgen. Muhammad Alis Sohn Ibrahim Pascha, der von Damaskus aus die Veränderungen steuerte, lässt das osmanische Verwaltungssystem in einigen wichtigen Punkten verändern. Das gesamte Gebiet wird zu einer Provinz erklärt, die kleineren Einheiten werden abgeschafft und die lokalen Feudalherren verlieren an Einfluss. Kopfsteuern, die bis dahin nur von Christen und Juden zu entrichten waren, werden nun auch bei Muslimen erhoben. Außerdem erlaubt Ibrahim Pascha den jüdischen und christlichen Bewohnern, ihre Synagogen und Kirchen instand zu setzen. Dieser Entscheidung ging ein Erdbeben im weiteren Umfeld des Felsendoms voraus, das von manchen Juden als göttliches Zeichen interpretiert wurde.

Mit den Veränderungen kann Ibrahim Pascha Großbritannien und Frankreich noch weiter für sich einnehmen. Überhaupt bekommen die westlichen Mächte in Palästina während dieser Jahre gewissermaßen einen Fuß in die Tür. Reibungslos gehen die Veränderungen jedoch nicht vonstatten: 1834 lehnen sich vorwiegend arabische Landbewohner wegen der Steuerregelungen und Einberufungen in die ägyptische Armee gewaltsam gegen die Besetzung auf. Für kurze Zeit gerät sogar Jerusalem in ihre Hand, bevor der Aufstand niedergeschlagen wird.

In diesem Jahr kommt der New Yorker Jurist John Lloyd Stephens nach Europa und in den Orient. Während seines Aufenthaltes in Jerusalem sucht er fast jeden Tag die Grabeskirche auf, um das Verhalten der Pilger zu beobachten, die immer wieder »wie eine Herde wilder Tiere« in den Innenraum drängen. Seiner Beobachtung zufolge sind es oft zehn- bis zwanzigtausend Pilger, die sich innerhalb der Mauern der Stadt tummeln, um die Grabeskirche zu besichtigen. Er ist dort durchaus um seine Versehrtheit besorgt, als er sich unter die Menschen mischt, um sich das Ganze aus der Nähe anzuschauen. Nach der Beschreibung der Gegebenheiten in der Nähe des marmornen Sarkophags fährt er fort: »Wenn ich mir aus meinen eigenen Gefühlen heraus ein Urteil bilden kann, wird jeder Mann, der nicht ein blinder und entschlossener Enthusiast ist, wenn er an der Seite dieses Marmorsarkophags steht, geneigt sein auszurufen: ›Dies ist nicht der Ort, an dem der Herr lag.‹ « Und er macht die folgende erstaunliche Bemerkung: »Das Grab Christi ist zu heilig, um Gegenstand von Tricks und Täuschung zu sein; und ich bin überzeugt, dass es viel besser für das Anliegen des Christentums wäre, wenn es in den Händen der Türken und hinter Riegeln verschlossen geblieben und der Zugang christlichen Füßen verweigert worden wäre.« In literarischen Kreisen hatten Stephens' kritische Beobachtungen, die er in *Incidents of Travel in Egypt, Arabia Petraea, and the Holy Land* (1837) niederlegte, ein großes und positives Echo. Edgar Allan Poe widmete seinem Bericht eine lange und wohlwollende Besprechung in der *New-York Review*.

Unterdessen setzen vom American Board entsandte Missionare ihre Arbeit in Jerusalem fort: es werden Bibeln und Traktate in griechischer, armenischer, türkischer und arabischer Sprache verkauft und Gespräche mit Pilgern geführt. Zumindest hinter den Kulissen hat sich der Ton der Amerikaner gegenüber den orientalischen Christen verschärft. Pliny Fisk beklagt nach dem Besuch der syrischen Kirche 1824 deren Erniedrigung und Unwissenheit, der Missionar William Goodell meint, dass die Angehörigen der orientalischen Kirchen von den liturgischen Sprachen so viel wüssten »wie die Amerikaner von der altsächsischen Sprache«. Und Jonas King ruft nach dem Besuch des Gottesdienstes am Karfreitag in der Grabeskirche aus: »Noch niemals habe ich mich so des Christennamens geschämt. Ich kenne kein Schauspiel auf Erden, das so darauf berechnet ist, einen Menschen zum Ungläubigen zu machen. Heidnische Christen! Götzendienerische Anbeter Christi! Wer könnte in Jerusalem einen Juden oder einen Muselmanen auffordern, die christliche Religion anzunehmen? Ihr habt das Heiligtum des Herrn geschändet und den Sohn Gottes der Schande preisgegeben!«

Wortgewaltig dreht William McClure Thomson, der 1834 nach Jerusalem kommt, die Schraube noch eine Drehung weiter: »Vor dem gleichen Altar eines götzendienerischen Aberglaubens neigt sich der exklusive und schlaue Jesuit, der prunkvolle Grieche, der düsternde und eifernde Armenier, der arme Kopte und der schüchterne dunkelhäutige Abessinier. Ihr Gottesdienst gleicht sehr der Hitze ohne Licht, dem Klang ohne Sinn, der Form ohne Kraft und dem Körper ohne Seele. Was mich betrifft, so würde ich meine Andacht genau so in einer Pagode oder in dem scheußlichen Tempel eines Götzen verrichten wie in dieser ›Kirche des heiligen Grabes‹«. Derartige Beschreibungen werden dann auch noch für die verschiedenen Kirchen durchdekliniert, ohne freilich über die Hintergründe der fremd wirkenden Rituale im Bilde zu sein.

Wortführer dieser Art von Polemik wird in den folgenden Jahren Eli Smith, Absolvent des Yale College und des Andover Theological Seminary. Der »Aberglaube« der orientalischen Christen habe, so ist er überzeugt, den Anhängern des falschen Propheten [Mohammed] Abscheu und Verachtung eingeflößt. Er schiebt der orientalischen Christenheit sogar die Schuld daran zu, dass sich der Islam behaupten könne: »Wie konnte diese absurde und unreine Religion entstehen und sich so weit über die Gebiete ausbreiten, in denen Apostel gepredigt, Märtyrer geblutet und wo man das Christentum so lange bekannt hatte?« Sein Vorwurf an die Orientchristen ist, dass sie die Bibel vernachlässigt, ihre Frömmigkeit verloren haben und in der Folge von den »Ungläubigen« unterjocht wurden. Umgekehrt berge die Reformierung der einheimischen Christen die

Möglichkeit in sich, den Islam zum Verschwinden zu bringen. »Diese Wiederbelebung der Religion muss durch ausländische Hilfe bewirkt werden. Das Salz ist dort dumm geworden, es kann sich nicht selbst salzen. … Sich selbst überlassen, wird eine Generation nach der anderen in den Abgrund stürzen«, meinte Smith. Diese Haltung blieb nicht seine persönliche, sie wurde zu der des American Board. Smith, der Arabisch, Türkisch, Italienisch und Griechisch beherrscht haben soll, ist zunächst in Malta tätig, bereist Armenien, Georgien und Persien, bevor er sich 1833 in Beirut niederlässt und die Bibeldruckerei von Malta dorthin transferiert. Später unterstützt er den protestantischen Theologen und Forscher Edward Robinson aus New York bei seinen Arbeiten in Jerusalem. Mit arabischen, zum reformierten Glauben bekehrten Muttersprachlern arbeitet er zudem an der Übersetzung der Bibel aus dem Hebräischen und Griechischen ins Arabische, fertiggestellt wurde sie allerdings erst nach seinem Tod.

Die Verbreitung der Schriften ist schon seit 1824 von einem an alle Paschas Westasiens gerichteten Erlass der Hohen Pforte überschattet, in dem der Verkauf von Bibeln und anderen Schriften für das gesamte Osmanische Reich untersagt wurde. Jesuiten gingen so weit, Streitschriften gegen die amerikanischen Missionare im Orient in Umlauf zu bringen. Auch der griechisch-orthodoxen Kirche waren die »Luthero-Calvinisten« ein Stein des Anstoßes. In einem von den Patriarchen Konstantinopels und Antiochia sowie etlichen Metropoliten und Bischöfen unterzeichneten Rundschreiben wurde den Missionaren 1837 vorgeworfen, sie würden die Verbreitung des Lichts verkünden und Menschenliebe nur heucheln. Mehr noch, die amerikanischen Missionare werden als »satanische Häresiarchen« bezeichnet, »die in diesen letzten Tagen aus den Abgründen der Hölle und aus den Tiefen des Nördlichen Ozeans wieder aufgetaucht sind«. Bei einigen Armeniern, von denen ein Teil ab 1830 mit Rom uniert war, regte sich Protest erst, als die Missionare in ihren Predigten ausdrücklich gegen Fasten, Heiligenverehrung, Wesensverwandlung (Transsubstantiation), Marienverehrung und Fürbitte der Heiligen Stellung bezogen. Sultan Mahmud II. wies kurz vor seinem Tod 1839 alle Patriarchen an, Häresien und das mögliche Eindringen ausländischer Einflüsse – gemeint waren die amerikanischen Missionare – im Auge zu behalten.

Ein knappes Jahrzehnt später hatte sich der Idealismus der Amerikaner, zumindest was ihren Einfluss in Jerusalem angeht, erschöpft. Ein gewisser Joel Hawes, der den Missionar Rufus Anderson begleitete, berichtete 1844 an die Aufsichtsbehörde des *American Board* in Amerika: »Hinsichtlich dieser Stadt sah ich nichts, was ihr einen besonderen Anspruch auf unsere Aufmerksamkeit geben könnte. Was die Pilgerscharen betrifft, welche jährlich die Heilige Stadt – nebenbei eine ganz falsche Bezeichnung, so wie sie heute ist – besuchen, so sind sie bestimmt kein sehr hoffnungsvoller Gegenstand für missionarische Bemühungen, denn sie werden hauptsächlich durch ihren Aberglauben dorthin gelockt.« Sie schlossen die dortige Niederlassung und verlagerten ihre Aktivitäten nach Beirut, um von dort die Bemühungen um das anspruchsvoll formulierte und letztlich utopisch bleibende Ziel, die »Union aller wahren Christen« herbeizuführen, fortzusetzen.

Die Schriften und Briefe der Missionare, die nach Amerika gelangten, trugen in jedem Fall dazu bei, das Interesse an den Kulturen des Nahen Ostens zu befördern. Für Edward E. Salisbury, der auch in Berlin und Paris studierte, sind die Kontakte zu Missionaren wichtig, um an arabischsprachige Dokumente zu gelangen. Er wird 1841 der erste Professor für Arabisch (und Sanskrit) in den Vereinigten Staaten, an der Yale University, und spielt in der kurz darauf gegründeten American Oriental Society eine wichtige Rolle. Salisbury ist zudem korrespondierendes Mitglied der 1845 gegründeten Deutschen Morgenländischen Gesellschaft, tritt für Bildungsinitiativen in Syrien ein und unterstützt die Missionare in seiner paternalistischen Haltung: »Die Länder des Westens, einschließlich unseres eigenen, verdanken dem Osten ihre verschiedenen Kulturen, nun aber ist die Zeit gekommen, in der diese Schuld beglichen werden sollte.« Er selbst besucht die Region aber nie.

Die Rituale, welche die Amerikaner bei den einheimischen Christen beobachten, vertragen sich nicht mit ihren Vorstellungen. Manche gehen so weit, Armenier, Nestorianer oder Kopten als »Heiden« zu bezeichnen, die der Rettung bedürfen. Und vielfach gelingt es den Reisenden nicht, muslimische Araber von christlichen bzw. palästinensischen Arabern zu unterscheiden. Der amerikanische Theologe Edward Robinson betont, wie »durch und durch orientalisch« die einheimischen Christen seien. Viele können sich nicht mit ihnen identifizieren und wünschen den ihnen zivilisierter erscheinenden Juden, denen gegenüber sie auch erhebliche Vorbehalte, zum Teil sogar antisemitische Haltungen pflegen, eine wichtigere Rolle im Lande.

Viele, wenn nicht die meisten dieser amerikanischen Protestanten machen einen Bogen um die normalerweise besuchten Pilgerstätten. Unmittelbare Gotteserkenntnis, so sind sie überzeugt, könne nur in der Natur Palästinas erlangt werden. Idealtypisch für dieses Verständnis ist der Garten Gethsemane mit seinen uralten Olivenbäumen, in dem Jesus seine letzte Nacht in Freiheit verbracht hatte; dies ist der romantische Ort, in dem sich die Natur mit dem Gott der Natur in Zwiesprache befunden hat. Henry Van Dyke, Pfarrer der Brick Presbyterian Church in New York City und später Professor an der Princeton University, erhob das Christentum gar zu einer »Freiluftreligion«, sein Buch erschien 1908 unter dem passenden Titel *Out-of-Doors in the Holy Land* (1908): »Wie sollen wir das Christentum verstehen, wenn wir es nicht unter den freien Himmel tragen und in der Gemeinschaft mit der Natur interpretieren?« Als kleiner Junge habe Jesus, so stellte sich Van Dyke vor, auf den Hügeln des Heiligen Landes Blumen gesammelt. Hatte Christus' Kreuzigung nicht draußen in der Natur stattgefunden? Da ist es nur konsequent, dass Van Dyke nicht einmal unter einem Dach schlafen möchte, ein flugs neben einer Quelle errichtetes Zelt soll ihm als Nachtstatt genügen. Auch wollte er sich den ersten Blick auf Jerusalem nicht »auf mechanische Weise« durch den Blick aus einem Eisenbahnabteil korrumpieren lassen, sondern den Weg wie in alten Zeiten zurücklegen. Van Dyke wollte mit moderner Zivilisation nichts zu tun haben. Mangel an Komfort und der Schmutz, den viele Reisende beklagten, galten ihm als Beweis, auf der richtigen Spur zu sein: »Ich will weg von hier, zurück in die lange Vergangenheit, die auch die verborgene Gegenwart war, und mich dort ein wenig verlieren, damit ich mich wiederfinde.«

Die Araber galten ihm nicht nur als das exotische Andere, in einer nicht genauer definierten Vergangenheit verortet gaben sie seiner Auffassung folgend ein anschauliches Zeugnis davon, wie man sich die aus der Bibel vertraute Welt vorstellen müsste; in ihnen offenbare sich das »wahre« Heilige Land. Dass er sie für unwissend und ungebildet hielt und sie sich angeblich jeglichem Fortschritt widersetzten, tat der romantischen Verehrung keinen Abbruch, im Gegenteil.

Auch unter den europäischen Reisenden finden sich Stimmen, die dem numinosen Erlebnis in der Natur Palästinas den Vorzug vor dunklen, oft übervollen Gewölben geben. Ein Beispiel ist der Schweizer evangelische Geistliche und Professor Konrad Furrer, der in *Wanderungen durch Palästina* (1865) bemängelt, dass es immer mehr Bücher über das Land gäbe, es aber darin überhaupt nicht erschöpfend dargestellt sei. »Die große Masse der Pilger zieht seit Jahrhunderten immer dieselben Straßen und lässt die übrigen Landesteile unberührt.« Er selbst schließt diese althergebrachte Art des Reisens für sich aus. »Mich trieb nach dem heiligen Land nicht die Sehnsucht des frommen Pilgers, der hofft, am Grabe des Erlösers von seligen Gefühlen bewegt zu werden, wie sie ihm in der Heimat niemals kommen. Mich verlangte das Land der Bibel zu sehen, wo möglich das ganze Land, seine Berge und Täler, Flüsse und Seen, sein Gestein, seine Pflanzen und Tiere, seinen Himmel, seine Menschen, ihre Sitten und Gebräuche.«

Der undoktrinäre Liberale Furrer beklagt, dass »falsche Frömmigkeit« die Bibel »zu einer Reliquie gemacht hat, wie man sie uns auf katholischen Altären zeigt«, und möchte sie »aus einer künstlichen Erstarrung erwecken«. Und er zeigt sich angesichts des Streits über die Heilige Schrift überzeugt, dass sie »aus all dem Streit nur glänzender hervorgehen wird«. In seinem Buch *Die Bedeutung der biblischen Geographie für die biblische Exegese* (1870) führt Furrer die gedachten Zusammenhänge genauer aus. Auf der Halbinsel Sinai, auf der Jesus – der Überlieferung folgend – viele Jahre gelebt hatte, erkennt Furrer den geradezu idealen Boden für dessen Offenbarung. Warum ausgerechnet dort, in der wüstenartigen Landschaft? »Das Naturleben ist dortzulande bei der Armut an Wasser und der spärlichen Vegetation äußerst einfach, wirkt nicht durch einen bunten

Wechsel der Erscheinungen zerstreuend und sinnverwirrend auf den Geist; aber der großartigen majestätischschweigenden Gebirgswelt im Herzen der Halbinsel, mit ihren kühnen, schroffen Granit-, Diorit- und Porphyrmassen wohnt etwas überaus feierlich Ernstes inne, gehoben noch durch den weiten Horizont der meisten Gipfel und die wunderbar reine Atmosphäre.« Doch letztendlich, so viel sei hier vorweggenommen, konnte Furrer sein heftig verspürtes Verlangen nach all diesen numinosen Erfahrungen »nur in ganz bescheidenem Maße stillen«.

Ankunft in Jaffa und Ostern in Jerusalem

»In die großen Pflastersteine der Gassen von Jaffa sind die Muscheln des Meeres hineingebacken. Die Menschen in Palästina gleichen diesen Steinen. Die Geister des Landes wandeln über ihnen. Die Muscheln sind die Merkwürdigkeiten der Vergangenheit, alle die tausend kleinen Dinge des Glaubens wie des Unglaubens, die Hoffnungen und die Hoffnungslosigkeit einer Welt.« Alfons Paquet. *In Palästina.* 1915

Die meisten aus Europa kommenden Pilger gelangten in Jaffa an Land. Allerdings waren dafür zunächst Hindernisse zu überwinden, denn zwischen der Küste und dem offenen Meer gab es eine Barriere aus Felsen, die das direkte Anlanden unmöglich machte. Da es keine Mole gab, mussten ankommende Schiffe in einigem Abstand zur Küste ankern, von wo aus die Passagiere über eine herablassbare Treppe oder einen Korb zunächst in kleine, nicht besonders stabile Boote verbracht werden mussten, bevor sie zum Ufer gerudert werden. Hochdramatisch gestaltete sich das: »Unter für einen Abendländer völlig sinnverwirrendem Geschrei, Gedränge und Wirrwarr ging im tiefesten Dunkel das Ausbooten vor sich«, notiert Hermann von Soden, Professor an der Berliner Theologischen Fakultät, noch 1898 in seinen *Reisebriefen aus Palästina.*

Jaffas Klippen waren legendär. »Es ist fast, als wollte die Küste sich hartnäckig dem widersetzen, dass neugierige Fremde ihren Fuß hier auf das Land setzen«, schreibt Georg Ebers. Beim Queren der Felsbarriere kam es vor allem bei stärkerem Wellengang oder Windböen häufig zu Unfällen und es spielten sich dramatische Szenen ab, immer wieder ertranken Passagiere.

Wenn die Anlandung im Winter aussichtslos schien, steuerten die Schiffe Beirut an. Hinzu kam, dass die Passagiere unter diesen schwierigen Bedingungen gleich in ihrem Verhandlungsgeschick gefragt waren, wie der amerikanische katholische Priester Arnold Edward Breen in *A Diary of My Life in the Holy Land* 1906 schreibt: »Für die Dienste der Schiffer gibt es keinen festen Preis. Eigentlich genügen ein oder zwei Franken, aber die Araber verlangen immer viel mehr. Die richtige Art, mit ihnen umzugehen, besteht darin, sich bei der Anlandung gleichgültig zu verhalten. Sie verstehen ihr Geschäft sehr gut und unterscheiden schnell zwischen dem kühlen, besonnenen Reisenden und dem nervösen, ängstlichen: Letzterer ist ihre Beute. Sie schreien und zappeln oft aus keinem anderen Grund als mit der Absicht, die Reisenden zu erschrecken, in der Hoffnung, dadurch mehr zu bekommen.«

Die weitgehend gepflasterte Straße von Jaffa nach Jerusalem (Entfernung Luftlinie: gut 50 Kilometer) führte durch die Obstgärten der Scharon-Ebene weiter an den Städten Lod, Ramla, dem Ajalon-Tal, Bab El Wad/Scha'ar HaGai und Abu Gosch im Judäischen Bergland bis zum Stadtrand von Jerusalem und zum Jaffa-Tor. Die Reise wurde in der Regel auf einem Maultier reitend zurückgelegt und dauert bis zu zwei Tage. Die Eisenbahnverbindung wurde 1892 eingeweiht und verkürzte die Fahrzeit auf etwa fünf Stunden.

Während der Osterzeit schwoll die Zahl der Pilger in Jerusalem auf etliche Tausend an. Sie konnten dort Schritt für Schritt die »Imitatio Christi« von der Festnahme über die Verurteilung bis zur Kreuzigung verfolgen und sich auf die Spuren seiner letzten Tage begeben. Ferdinand de Géramb kam 1832 rechtzeitig nach Jerusalem, um den Strom der Pilger aus vielen Ländern zu beobachten. In diesem Jahr fiel das Ostern der

Ostchristen mit dem der römischen Christen zusammen. Er schreibt: »Ich bin nicht mehr jung, ich bin viel gereist, und habe in meinem Leben schöne Sachen gesehen; allein ich erinnere mich nicht, je von einem prachtvollern, von einem imposanteren Anblick Zeuge gewesen zu sein, als es jener war, welchen mir die Kirche des heiligen Grabes in dieser Nacht vom Samstage auf den Ostersonntag gewährte. Stellen Sie sich, mein teurer Freund, stellen Sie sich ein unermeßlich großes, in allen seinen Teilen mit außerordentlichem Geschmacke und Reichtum beleuchtetes Schiff vor, zehn tausend Pilger in ihrer schönsten Kleidung, eine Fackel in der Hand; Weiber und Kinder, welche die geräumigen Gallerien einnehmen, ebenfalls eine Fackel in der Hand, die alle um die Wette die heiligen Hallen von dem glorreichen Hallelujah ertönen lassen, währenddem Bischöfe, mit Gold und Edelsteinen bedeckt, vor ihnen Rauchfaßträger, welche auf dem Durchgang Wohlgerüche aufduften lassen, hinter ihnen eine ansehnliche Anzahl Priester, in weißen, reich mit Gold gestickten Chormänteln, die processionsweise um das heilige Grab gehen, in aller Ordnung und nach der Reihe, welche jeder Nation angewiesen ist, Hymnen und Lobgesänge anstimmend, zur Ehre Dessen, der durch seine Auferstehung den Tod besiegt hat ...« Er berichtet von »dem ungeheuern Zusammenlaufe von Fremden aus der Morea, dem Archipel, von Konstantinopel, aus Russland, Armenien, Natolien, Egypten, Syrien«. Nicht überprüfen lässt sich freilich seine folgende Anmerkung: »Für die Muselmänner selbst ist es so auffallend, dass schon mehrere aus ihnen gesagt haben, dass, wenn sie glauben könnten ihre Religion sei nicht die wahre, sie gar kein Bedenken tragen würden, katholisch zu werden. Von dem Gottesdienst der Griechen und der Armenier, reden sie nur mit Verachtung.«

Dennoch ist seine Freude über die Feierlichkeiten nicht ungetrübt, denn die meisten Pilger kommen aus von Krankheiten verseuchten Ländern. Nur durch ein Wunder könne er der Pest entgehen, ist sich de Géramb sicher: »Der bloße Gedanke an die Gefahren denen wir ausgesetzt sind, jagt Schrecken ein; und ich bemerke, dass, wer denken kann, sich von Furcht einnehmen lässt. Ich ergebe mich in den göttlichen Willen, und nicht nur erhält mich mein Glaube aufrecht, sondern er lehrt mich auch, dass es ein wahres Glück ist, in den Orten zu sterben wo Jesus, mein Erlöser, starb.«

Eine Katastrophe anderer Art ereignete sich dort zwei Jahre später, 1834. Massenhafte Ohnmachtsanfälle und Auseinandersetzungen zwischen Gläubigen hatte es immer wieder einmal gegeben, aber in diesem Jahr musste die Polizei am Ostersonntag Leichen einsammeln, die am Eingang der Grabeskirche aufgestapelt waren. Tausende Menschen, darunter viele Familien, hatten sich in Erwartung des Osterfeuers, das der Legende nach aus dem Himmel kommt, dort eingefunden. Aus irgendeinem Grund verzögerte sich das Entfachen des Feuers, wodurch die Menschen in Panik gerieten, was von den Osmanen irrtümlicherweise als christlicher Aufstand interpretiert wurde. Einige hundert Gläubige sollen zu Tode gekommen sein.

Der Theologe Friedrich Adolph Strauß kommt 1844 zur Zeit des Osterfestes nach Jerusalem, um die Aussichten für ein Bruderhaus der Pilgermission zu sondieren. Er ist überzeugt davon, der erste deutsch-evangelische Geistliche dort zu sein, und lobt die Protestanten der neuen Welt, die »zur Beschämung aller Europäer« zuerst eine Mission in Jerusalem aufgebaut hatten und denen es endlich 1838 »durch Gottes Gnade« gelungen sei, »die erste jüdische Familie durch die heilige Taufe in die christliche Kirche aufzunehmen«. »Wem nun nicht das Auge des Glaubens geöffnet ist ... der sieht in Jerusalem nur eine kleine Stadt des Morgenlandes, bedeckt mit Trümmern der Verwüstung, leidend unter Mangel und Drangsal, aus welcher der flüchtig Reisende schnell und unbefriedigt hingeweilt«, schreibt er in *Sinai und Golgatha: Reise in das Morgenland (1848)*. Aber, so fügt er hinzu: »Dem gläubigen Christen dagegen wecken die wenigen gebliebenen Steine des Tempels begeisternde Erinnerungen; auf den Bergen, auf den Pfaden umher folgt er den Fußstapfen seines Erlösers; und eine Stunde auf Golgatha verklärt sein Auge so, dass er Alles im Glanze eines neuen Lichtes schaut.«

Beim Betreten der Kirche werden die Besucher nach ihrer Religion befragt, ob sie »Turco«, »Greco«, »Armenico« oder »Frandji« (Franken, also westliche Christen) sind. Nach Sonnenuntergang wohnt Strauß der Feier der römischen-katholischen Christen in der Grabeskirche bei und verfolgt die Predigten, die dort in italienischer, spanischer, deutscher, englischer, französischer, griechischer und arabischer Sprache gehalten werden. Mit dem Entzünden einer Kerze am Heiligen Feuer, dessen Zeuge er bei einer der morgenländischen Kirchen wird, kann er nichts anfangen; »eine schöne alte Sitte« sei hier zu dem »Aberglauben entstellt«, dass das Feuer in der Grabeskapelle »durch ein göttliches Wunder« direkt aus dem Fels herausströme. »Je mehr Abstoßendes solche Feiern für uns haben und je schwerer es wird, uns auf den weniger gebildeten und mehr kindlichen Standpunkt der Morgenländer zu versetzen, auf dem sich vieles von dem Anstößigen verliert, um so mehr werden wir geneigt, unsere örtliche und geschichtliche Verwandtschaft mit den abendländischen, den römischen Christen anzuerkennen.«

Das ist mitnichten eine Ausnahme; es kennzeichnet eine im 19. Jahrhundert und darüber hinaus weit verbreitete Sichtweise. Wie Maibritt Gustrau in ihrer Untersuchung *Orientalen oder Christen?* anmerkt, machten sich die Reisenden kaum »die Mühe, auch nur annähernd die Vielfalt und das geschichtliche Werden der Kirchen rund um das Mittelmeer zu beschreiben ... Da, wo außer den Griechen, Armeniern, Kopten und Maroniten auch Jakobiten, Äthiopier, Syrer, Nestorianer oder Chaldäer Erwähnung fanden, wurden die Leser über die Konfessionen nicht aufgeklärt. Welche davon mit Rom unierte Kirchen waren, welche altorientalisch und welche (im heutigen Sprachgebrauch) zu den östlich-orthodoxen zählten, wurde kaum unterschieden. Die ›griechische Kirche‹ und die ›morgenländische Kirche‹ wurde manchmal als Sammelbezeichnung verwendet und die im heutigen Sprachgebrauch altorientalischen Kirchen als ›Sekten‹ davon unterschieden.«

Seine Beobachtungen bestärken Strauß in dem Gefühl, der richtigen Fraktion unter den Christen anzugehören. Ablehnend verhält er sich gegenüber den archäologischen Forschungen: »Man hat neuerlich sehr eifrig darüber gestritten, ob die Stelle, welche als das heilige Grab bezeichnet wird, wirklich das Grab Christi gewesen sei und ob die Stätte, welche man als die der Kreuzigung zeigt, Golgatha sei. Mag indeß die geschichtliche und örtliche Nachweisung der Echtheit des heiligen Grabes und Golgatha's Manchem noch nicht hinreichend erscheinen; so ist es doch viel weniger gelungen, einen nur irgend haltbaren Grund gegen die Echtheit geltend zu machen.« Daraus zieht er kurzerhand den Schluss, dass »die Wahrscheinlichkeit der Echtheit auch nach der strengsten wissenschaftlichen Untersuchung« bleibe, und rekurriert auf den Kunstgriff, sich auf die seit Christus' Tod ununterbrochen fortgepflanzte Tradition zu berufen und auf diese Weise »mit den Millionen beseligter Pilger in den genannten heiligen Stellen Golgatha und das Grab Christi« zu sehen.

Strauß weiß von Deutschen, die im Heiligen Land als Handwerker sehr gefragt sind. »Aber diese Leichtigkeit des Erwerbs verleitet sie auch, sich allen Lastern hinzugeben, und es ist leider allzu bekannt, wie schnell der Deutsche in der Fremde die Schranken der Zucht und Sittlichkeit überschreitet.« Doch damit nicht genug: »Die Stellung der Deutschen im Morgenlande ... wird auch dadurch noch übler, dass aus Deutschland sich hauptsächlich nur Arme dorthin begeben, während aus den andern Ländern, besonders aus England, sich viele Wohlhabende durch Liebe zum heiligen Land bewogen fühlen, dort den Wohnsitz zu nehmen.«

Die muslimische Bevölkerungsmehrheit wird von ihm nur am Rande erwähnt. Von der »Trägheit« des Arabers, »der nur für den Augenblick sorgt und nicht daran denkt, etwas für die Zukunft zu tun«, ist bei ihm die Rede. »Die Reise in das Morgenland ist für mich eine fortgehende Erfahrung von der Wahrheit des göttlichen Wortes gewesen«, fasst er zusammen. Strauß' in vielen Auflagen erschienenes Buch ist sicher auch ein Teil der Jerusalem-Begeisterung während dieser Jahre zu verdanken. Nach der Gründung des Jerusalem-Vereins 1853 wird Strauß zu dessen Sekretär ernannt, mehr als drei Jahrzehnte lang lag die Redaktion der Vereinszeitschrift *Neueste Nachrichten aus dem Morgenland* in seinen Händen.

Hermann von Soden wohnt Ostern 1898 dem griechischen Gottesdienst im Kreuzkloster bei, der ihm »wie ein heiliges Schauspiel« erscheint. Von Soden wird der Platz neben dem Direktor des Klosters zugewiesen, wo er sich »merkwürdig heimisch inmitten der ehrwürdigen Herren mit ihren unter dem

Barrett vorquillenden Knoten des nie geschnittenen Haars« fühlt. Die sie umgebende Menschenmenge besteht vor allem aus russischen Pilgern, die »wie Heringe gedrängt« dort stehen. Weihrauchschwenken, eine Prozession, nach einer Spende folgt ein »Spritzerchen in die flache Hand«. Dann der Gesang der Liturgie:

»Über einen von Zeit zu Zeit in der Höhenlage wechselnden minutenlang festgehaltenen Grundton schweben in steter Unruhe, wie Vögel auf der Stange, die Klänge auf und ab, den Umfang einer Quinte kaum übersteigend, im Charakter eines Rezitativs, mit vielen Vorschlägen, Vibrationen, coloraturartigen Verzierungen meist in halben und Vierteltönen sich bewegend. Dazwischen werden die Epistel und das Evangelium von sechs verschiedenen Geistlichen in glänzenden Festgewändern in griechischer, arabischer und russischer Sprache vorgelesen.«

So detailliert und vergleichsweise ehrfurchtsvoll er das hier referiert, schreibt er an anderer Stelle vom »katholischen und griechischen Schutt«.

Es folgt ein Empfang mit den höchsten Würdenträgern im Audienzsaal, der von einem ausgestopften Löwen bewacht wird. Das Fastenessen bringt einige Herausforderungen mit sich, zumal keine Speisekarte darüber aufklärt, was genau da eigentlich in Öl geschmort worden ist. »Zuweilen fragte ich mit der Miene des gourmand den Herrn Direktor nach der Bezeichnung der angebotenen neuen Delikatesse, um in das unheimliche Dunkel, in das ich beißen sollte, etwas Licht zu bringen.« Von gewissen »anonymen Krustentieren aus dem Meeresgrund« einmal abgesehen, werden die kulinarischen Geheimnisse am Ende doch gelüftet: »Nach einer Ölsuppe folgten mixed pickles und eine Art purée von pikantem Fischlaich, dann, ungefähr wie Schnecken sich zerbeißend, Polypen, zartfühlend in geöltes Kraut eingewickelt« und dergleichen mehr. Der Spuk ist schließlich vorbei, als Orangen und Birnen gereicht werden. »So empfindet man, wenn der Zug den Tunnel verlässt und der klare Tag uns wieder grüsst.«

Obwohl »das unglaubliche Spiel mit einer am Kreuz hängenden Puppe« mitzumachen, eigentlich nicht seine Absicht ist, zieht es ihn doch zur Grabeskirche. Schon der davor aufgebaute »Trödelmarkt« mit allen seinen »wertlosen Nichtigkeiten« erregt bei ihm den Wunsch »nach einer neuen Tempelreinigung«. »Im Innern grinste mir aus den düstern Gewölben und den vielen Winkeln dieses Konglomerats von nach den verschiedensten Grundrissen nebeneinander erbauten und später in eins verwachsenen Heiligtümern und heiligen Stätten so viel Aberglauben, so viel Schwindel entgegen, dass ich die Stätte mied, um mir mein protestantisches Jerusalem nicht verärgern zu lassen. Was ist auf dem engen Raum nicht alles durch die wuchernde Legende zusammengedrängt; fast als hätte es gegolten, ein christliches Panoptikum zu schaffen.« Von Soden zählt die Behauptungen auf: »In jener Kapelle wollte Abraham den Isaak opfern. In jener andern war Jesus gefangen; in einer dritten wurde er verspottet; dort, ganz im Dunkel und vergittert, steht die Säule, an der er gegeißelt ward. ... In dieser Kapelle ist Christus aufs Kreuz genagelt, in der daneben befindlichen ist das Kreuz aufgerichtet worden. Dort wurden die Kleider des Gekreuzigten verteilt. ...« Und, diesen Teil abschließend: »Ob überhaupt ein wirkliches Grab sich darunter befindet, weiß niemand.«

Von Soden ist verdutzt angesichts all der »Willkürlichkeiten der Erfindung von Orten«, so hat er keine Illusionen über den Ausgangs- und Endpunkt der *via dolorosa*: »Die einzelnen

Stationen haben, wie die Pilgerberichte beweisen, noch länger ihre Stelle gewechselt. Aber, was tuts, ob es diese Mauern sahen oder andere, ob der Weg in dieser Richtung ging oder in einer andern, man folgt ihr gern, der winkelreichen Linie durch die engen Gassen, Stufen auf und ab.« Und sehnsüchtig fragt er: »Wo sind die Ruinen der drei Tempel, des Salomo, der aus der Gefangenschaft heimkehrenden Juden, des Herodes? Wo die Überreste des an deren Stelle gesetzten Jupitertempels des Hadrian?« Als wohltuend und zur Besinnung einladend gilt ihm ein stiller unbebauter Hügel vor den Mauern der Stadt, der für ihn zur Abwechslung einmal nicht mit zweifelhaften Bedeutungen überladen ist. »Hier kann man den Charfreitag noch erleben im Geist. So lag Golgatha vor dem Stadttor ...«

Jerusalem, dieser »wunderbaren Stadt«, kann er diese Unklarheiten nicht nachtragen, sie sei zwar »auf Schutt gebaut, in Schmutz versenkt ... und doch in ihrer Geschichte eine gewaltige Predigt von dem Suchen des Menschenherzes nach dem, das droben ist ...«

Im Weltteil, wo der Mensch seinen Ursprung hat – Ida Pfeiffer und ihre Abenteuer

Ihre Freunde hatten noch versucht, Ida Pfeiffer von ihrem Vorhaben abzubringen. Sie waren, wie diese in *Reise einer Wienerin in das Heilige Land* (1844) berichtet, nicht sicher, »ob ihr Körper die Mühen aushalten könne und ob ihr Geist den Mut habe, dem Klima, der Pest, den Plagen der Insekten, der schlechten Nahrung usw. kühn die Stirn zu bieten«. So begann Pfeiffer ihre erste große Reise im März 1842. Sie fuhr zunächst nach Konstantinopel. In Skutari (dem heutigen Üsküdar), dort, auf der asiatischen Seite der Stadt, trat sie zu einem Gedankenflug an: »Nun stand ich also in dem Weltteil, aus dem der Mensch seinen Ursprung herleitet, in dem er hochgestiegen und auch wieder so tief gefallen, dass ihn Gott in seinem gerechten Zorn bald für immer vertilgt hätte. Und hier in Asien war es wieder, wo Gottes Sohn erschien, um den gefallenen Menschen die Palme der Rettung zu reichen.« Pfeiffer vereinte Pilgerin und Abenteurerin in einer Person.

Sechs Wochen bleibt sie am Bosporus, immer wieder verschiebt sich ihre Weiterreise, die Nachrichten über Unruhen im Libanon und in Palästina beunruhigen sie. Ein von dort zurückkehrender Pilger berichtet ihr vom Tod eines Mitreisenden, er selbst sei ausgeraubt worden. Sie meint dann aber, die Bedenken durch eigene Recherchen entkräften zu können, und bereitet sich vor: »Man riet mir, die Reise in Männerkleidung zu machen, allein ich fand diesen Rat nicht klug, indem meine kleine, magere Gestalt wohl für einen Jüngling, mein ältliches Gesicht aber für einen Mann gepasst hätte. Da mir aber der Bart fehlte, so würde man die Verkleidung gleich geahndet und ich mich dadurch mancher Unannehmlichkeit ausgesetzt haben. Ich zog es vor, meine einfache europäische Tracht, die aus einer Bluse und Beinkleidern bestand, beizubehalten. Auf dem Kopf trug ich einen runden Strohhut.« Ihre Wahl erwies sich als klug, begegnet man ihr doch überall mit Respekt.

Über Beirut geht es nach Saida, Sarepta, Tyrus, schließlich nach Akkon. Endlich in Jerusalem angekommen, vermerkt sie: »Ein ganz eigenes, nie gekanntes Gefühl erweckte es in mir, auch da zu gehen, wo Christus ging. Jeden Fleck, jedes Gebäude betrachtete ich mit doppeltem Interesse. Vielleicht, dachte ich, betrete ich dieselbe Stelle, dasselbe Haus, das einst von Jesus besucht wurde.« Gleich nach ihrer Ankunft will sie ein Gebet verrichten, muss zu ihrem Befremden in der Kirche dann aber feststellen, dass Männer getrennt von den Frauen standen und dass es keine Bänke und nur eine sehr schlechte Orgel gab. Überrascht ist sie zudem, dass die Christen »wie die Morgenländer« gekleidet waren. Sie selbst wurde von den Menschen dort gemustert und verrichtete ihr Gebet in ihrem Zimmer. Um Mitternacht folgte sie den Gottesdiensten in der Grabeskirche: »Die Griechen und Armenier schlagen und hämmern auf frei hängenden Brettern oder Metallstangen. Die Lateiner spielen auf der Orgel oder singen und beten laut, während die Priester der andern Sekten ebenfalls singen und schreien. Es ist ein großer unharmonischer Lärm.«

Wiederholt muss Pfeiffer während ihrer Reise Umwege um von der Pest betroffene Dörfer machen. Wenn sie Erkrankten begegnet, wird sie aufgefordert, Nase und Mund zu verhüllen.

Ein Soldat hat zwecks Vorbeugung einer Ansteckung den unteren Teil seines Gesichtes mit Teer angestrichen. Vier Stunden von Jerusalem entfernt sucht sie das griechische Kloster Mar Saba auf, darf im Unterschied zu den Herren, Dienern, Arabern und Beduinen aber das Gebäude nicht betreten. Unter freiem Himmel muss sie die Nacht allerdings nicht verbringen, ein Laienbruder deutet auf einen Turm und verspricht ihr, sie dort einzuquartieren: »Er holte aus dem Kloster eine Leiter und ging mit mir zu diesem Turm; dort legte er sie an, und wir stiegen ungefähr einen Stock hoch zu einem ganz niedrigen, eisernen Pförtchen empor, welches er aufschloß und in das wir hineinkrochen. Wir fanden innen einen geräumigen Platz. Eine hölzerne Treppe führte uns höher hinauf zu zwei winzigen Kämmerchen, die ungefähr in der Mitte des Turmes lagen. Das eine davon, mit einem Altar ausgestattet und durch ein Lämpchen spärlich erleuchtet, diente als Kapelle, das zweite als Schlafgemach für Pilgerinnen. Ein hölzerner Diwan war des letztern ganze Einrichtung. Mein Führer empfahl sich mit dem Versprechen, später noch einmal zu kommen und mir nebst Speise und Trank auch ein Polster und eine Decke zu bringen.« Sie findet ihre Schlafstatt, »gleich einer entführten Prinzessin hinter Schloß und Riegel verwahrt«. Von den Zinnen des Turmes aus hat sie den weiten Blick auf die Wüstenlandschaft.

Immer wieder regen sich bei ihr Zweifel. Hat die Kreuzigung wirklich in der Grabeskirche stattgefunden? In Nazareth besucht sie die Grotte, in welcher Maria die Botschaft des Herrn durch den Engel empfangen haben soll. Wie andere Reisende vor ihr lässt sie sich nicht von der Behauptung täuschen, dass eine der drei Granitsäulen, die zerstört wurde, frei in der Luft hänge: »Hätten diese Menschen weiter gesehen, als ihre Nase reicht, und nur einen Blick in die Höhe geworfen, sie würden schwerlich ein Wunder behaupten, das nur in ihrer Einbildung existiert.«

Während der zehn Tage und elf Nächte dauernden Fahrt von Beirut nach Alexandria kommt es zu einem merkwürdigen Vorfall: Ein Zweimaster segelt direkt auf das Schiff zu, die vermeintlichen Piraten entpuppen sich dann jedoch als in Not geratene Seeleute, denen der Kompass zerbrochen ist. »Nun ward die ganze Szene wie durch einen Zauberschlag einer wohltätigen Fee umgewandelt. Die Kapitäne warfen sich in ihr voriges Ansehen, die Matrosen umarmen sich und sprangen wie die Kinder, wir armen Reisenden wurden unserer Haft entlassen und durften an der freundschaftlichen Unterhandlung der beiderseitigen Heldenbesatzung teilnehmen.« Das fremde Schiff folgt ihnen dann den Rest der Reise.

Nach der Ankunft in Alexandria gilt es, die Quarantäne hinter sich zu bringen. Es handelt sich um eine überaus spartanische Unterkunft, Lebensmittel muss sie sich bestellen. Als die Lieferung einmal nicht wie gewünscht eintrifft, kann sie auf die Gastfreundschaft einer arabischen Familie zählen. Die Quarantäne gipfelt in folgender Prozedur: »Am siebenten Tag unserer Gefangenschaft wurden wir alle morgens um neun Uhr auf unsere Zimmer gewiesen. Türen und Fenster wurden geschlossen, große Räucherfässer gebracht und ein grässlich stinkender Rauch von Schwefel, Asand [gemeint ist wohl Stinköl bzw. »Teufelsdreck«, ein Pflanzenharz], Federn und dergleichen gemacht. In diesem erstickenden Qualm mussten wir vier oder fünf Minuten aushalten, dann wurde wieder alles geöffnet. Ein Lungenkranker hätte diese kannibalische Expedition schwerlich ausgehalten.«

Einmal wird sie von ägyptischen Frauen auf dem Weg von

Alexandria nach Kairo als »Marie« gerufen, »vermutlich glauben sie, als eine Christin müsse ich den Namen der heiligen Jungfrau führen«, woraufhin Pfeiffer ihnen ihren Taufnamen verrät.

Heißes Strömen in den Gliedern – Maria Schuber, Pilgerin

Die Grazer Katholikin und Erzieherin Maria Schuber nimmt sich für ihre im Oktober 1847 begonnene Pilgerreise ein ganzes Jahr Zeit. Ihr Reisebericht ist eine Sammlung wortreicher Briefe, die sie an verschiedene Personen in der Heimat schickt. Ihr schwarzer Schleierhut trägt ihr bei Mitreisenden schnell den Beinamen »monache« (Nonne) ein, worauf sie stets »non sona monache« erwidert – »ich bin keine Nonne«, doch ihr gefällt das Spiel mit dem ungewöhnlichen Aufzug. Über Rom gelangt sie mit dem Dampfschiff zunächst nach Griechenland. Ägypten ist ihre erste Station im Orient. »Als ich Afrika's Küste von Ferne sah, wurde ich von dem Gefühle des Naheseins der Erfüllung aller meiner Wünsche, den Fußboden zu betreten, den mein Heiland betrat, so mächtig ergriffen … In meinen Gliedern strömte es heiß, als wolle sich die ganze Glut Afrika's in sie ergießen.« Ohne Scheu schließt sich Schuber dem Leichenzug von Boghos Bey, dem Gouverneur von Alexandria, an und ist überrascht, dass man ihr als einziger Frau gestattet, zumindest bis zur Moschee mitzulaufen. »Die ganze Sache spricht einen gar nicht fremd an. Ich dachte nicht, mich in einer türkischen Stadt so heimisch zu fühlen.« Sie fährt fort: »Man geht unter allen Gestalten von Menschen aller Nationen, weiß, schwarz, braun, Europäern, Türken, Arabern, vornehm und gemein, ganz unbemerkt und ungenirt seine Wege. Mein europäisch schwarzes Nonnenkleid mit langem Schleier dürfte hier so auffallend sein, als ein roter Feß mit blauer Quaste bei uns, dem die Leute nachschauen, wie ich hier einem Kamehle, doch kümmert sich niemand nach mir [um mich], außer wenn ich Jemanden bitte, mir den Weg zu weisen, was Jeder mit der größten Freundlichkeit zu tun bereit ist.« Zur Messe geht sie in die Kirche der Franziskaner. Eine Begegnung mit zwei italienischen Juden überrascht sie, »ihre Red- und Handlungsweise« nimmt sie nämlich als »auferbauend christlich« wahr. »Mir bleibt nur meine Verwunderung und mein Wunsch, dass bald alle Juden von den Christen nicht mehr zu unterscheiden wären!«

In Kairo angekommen, gilt Schubers Interesse den christlichen Orten. Mit Hilfe eines Arabers reitet sie zu einem Garten mit dem Baum, unter dessen Schatten Maria mit ihrem Kind geruht haben soll, als sie auf ihrer Flucht dort ankam – im Stadtteil Heliopolis. »Er ist wahrlich in seinem ganzen Bestande, so wie er dasteht, kein Baum wie ein anderer. Von der Wurzel bis zum Laube liegt ein eigenes Leben in ihm, und sein ganzes Bestehen ist geheimnisvoll.« Sie ist gerührt und ihre Tränen fließen. Der Aufforderung eines anderen Arabers vor Ort, ihren Namen in den Stamm des Baumes einzuritzen, will sie nicht nachkommen, ein Ästchen nimmt sie dennoch mit. Ihr nächster Besuch gilt der Grotte, in der Jesu, Maria und Josef auf ihrer Flucht gewohnt haben sollen. Sie ist »mitten in der Altstadt in einem Hause Stiegen auf, Stiegen ab zu finden.... In einem gewöhnlichen Hause in den schmalen Gassen, geht man über schmale Treppen aufwärts in ein Behältniß voll hölzernen Gitterwerks, dass es einem unwohl und einheimlich wird, das ist die koptische Kirche. Da wird vom Boden ein Stein aufgehoben, man bekommt ein Wachskerzchen in die Hand und steigt eine schmale Stiege abwärts wie in eine Gruft.« Es ist ein spärlich mit einer Schlafnische, einem Stein als »Arbeitstisch« für

Josef und einem steinernen Waschbehälter ausgestatteter Raum, der von sechs kleinen Säulen unterteilt wird, ein leeres altes Brett dient als Altar. Schuber zeigt sich ernüchtert. Es folgt erneut eine Tirade gegen die »schismatischen Ketzer«, wie sie diese nennt. »Warum sollte es denn einer christlichen Macht nicht möglich sein, die Grotte aus den Händen der Kopten zu befreien, das heißt, sie zu kaufen, und sie christlichem Gebrauche zu weihen?«

Der Besuch Alexandrias und Kairos ist freilich nur der Auftakt. Mit dem »arabischen Bett« (eine Strohmatte), im Gepäck, von einem Dragoman namens Ignaz begleitet und auf einem Kamel reitend, das sie »Herr Bruno« nennt, legt sie den strapaziösen Weg durch die Wüste zurück. Nach fünftägiger Quarantäne in der Ebene von Aschkelon, nördlich von Gaza-Stadt, kommt ein türkischer Aufseher auf sie zu:

»Er schlug ganz freundlich das Kreuz über sich, um mich als Christin zu grüßen; ich lächelte ihn an, nahm mein Crucifix und fragte ihn deutend, ob er mit dem Kreuze, Christum, den Gekreuzigten meine? Er küsste es andächtig, und bezeigte mit der Stirne seine Verehrung. Ich bot ihm freundschaftlich die Hand, er küsste sie und legte sie an die Stirne. Ich deutete gegen Himmel, um ihm zu bedeuten, dass wir dort in Christo eins sind.«

Nach einigem Hin und Her gelingt es ihr, ein »türkisches Gebets-Heiligtume« zu betreten, obwohl Frauen der Zugang dort eigentlich verwehrt war – »um zehn Para habe ich mich um einen Herrn erkauft«. Überall ist sie von Neugierigen umgeben und Schuber ärgert sich darüber, nicht mit ihnen sprechen zu können. »Ueberhaupt wünschte ich mir die Kenntnis der arabischen Sprache und den Missionsberuf, mit der Landes-Unterstützung, und ich hätte ein leichtes und dankbares Geschäft.«

In Jerusalem zeigt sie sich irritiert von den Griechen mit dem Prunk ihrer Kirchen und ihrem »schnuffelnden Gesange«, »ihr Küssen aller Bilder nach der Reihe, das unzählige Kreuzschlagen vom Kopfe bis zu den Füßen, das unaufhörliche Räuchern, die unermüdlichen Ceremonien, dass man darunter die Messe gar nicht herausfinden kann, die gänzlich sichtbare Andachtslosigkeit im Innern ... Gerne möchte ich die ganze protestantische Protestation dagegen aufrufen [die sich, wie Schuber erwähnt, gegen die römische Kirche richtet], wenn sie sich nicht selbst aus dem Christentume hinausprotestiert hätte.« Die türkischen Wächter lobt sie für ihre Gelassenheit und meint sogar: »Überhaupt scheinen die Mahomedaner heutigen Tages in ihrer geheimen Liebe und Achtung für das Christentum zuzunehmen ...«

Die Kopten nimmt sie in der Grabeskirche nur am Rande wahr, sie seien »ruhige Leute«, die ihre »Räucherungen« ganz bescheiden halten und am Eingang zum Heiligen Grab keinen Anteil haben. Über die Russen merkt sie an, dass sie »überhaupt sehr gute Menschen« seien. In Bezug auf die Juden erschöpfen sich ihre Anmerkungen immer wieder in der Empfehlung, dass sie doch »alle zusammen« zum Christentum übertreten sollten, weil sie »vergebens auf ihren Messias warten«.

Die Unterschiede zwischen der lateinischen und den östlichen Kirche manifestieren sich ihr dann bei den Gesängen und Klängen, die ihr »nicht angenehm ertönen«: »Die heil. Kirche Gottes rief mit ihrem freundlichen, feierlichen Glockengeläute, die Griechen und Armenier mit einem Lärm von betternen Schlägen, was in einiger Zeit in Metallklänge, und wenn es weiter kommt, in eine Ähnlichkeit von unsern untersteierischen Triangeln übergeht.«

Schuber erfährt vom österreichischen Generalkonsul, dass er seine Unterstützung in Aussicht gestellt habe, »wenn Kolonisten aus Württemberg jenen brachliegenden Garten Gottes bebauen wollten«. Die Voraussetzungen dafür scheinen ihr günstig: »In ganz Syrien kann der Säugling seine Hand in das Loch der Otter stecken; sie hat ihr Gift verloren. Die Macht des Hasses gegen die Pilgrime und Fremdlinge aus dem Abendlande ist gebrochen.«

Maria Schuber gehört zu den Pilgern alter Schule, die noch ganz unberührt von den Zweifeln sind, die viele andere Besucher des Heiligen Landes immer wieder erfassten. Für ihr Verbundenheitsgefühl ist letztlich ohne Belang, ob ein in der Bibel geschildertes Ereignis tatsächlich an dem Ort, wo man seiner gedenkt, stattgefunden hat. Fragen stellen sich ihr nicht.

Anmerkungen zur islamischen Kultur oder zu den Muslimen erschöpfen sich bei den Reisenden meist in beiläufigen Bemerkungen über die »Anhänger des falschen Propheten« oder die »arabischen Bummeleien«. Der zu Beginn der 1840er Jahre aus Sankt Gallen kommende Maler Daniel Wegelin, der auch Russland und den weiteren Orient bereist, Palästina »in religiöser Beziehung« als »ein Land voll mannigfaltigen Unkrauts« sieht, zeigt eine besonders von Verachtung geprägte Haltung. Im Koran meint er »ein weitschichtiges Gewebe sinnloser Phrasen, emphatischer Deklamationen über die göttlichen Eigenschaften, eine Menge läppischer Erzählungen und lächerlicher Fabeln« zu erkennen. »Das Ganze ist eine so platte und ekelhafte Komposition, dass ihn niemand wird auslesen können. Wenn ja noch mitten durch den Wirrwarr eines ewigen Wahnsinns ein allgemeiner Charakter durch das Ganze herrscht, so ist es nichts Anderes als ein brennender und starrsinniger Fanatismus.«

Im Falle von Hermann Fürst von Pückler-Muskau, der bereits 1838 nach Palästina kommt, zieht die Verwunderung und

Enttäuschung über die Verhältnisse in den christlichen heiligen Stätten eine intensivere Beschäftigung mit den islamischen Heiligtümern nach sich, etwa des Felsendoms im Herzen des christlichen Viertels Jerusalems, den er aufmerksam studiert: »Wollte man blos den ästhetischen Maaßstab ansetzen, so müßte man gestehen, dass diese letztere bei weitem das Sehenswerteste in Jerusalem ist, pittoresk, großartig und prachtvoll im höchsten Grade«, schreibt er in einem Brief an den preußischen Konsul Roquerbe in Alexandria. Trotz solcher Highlights sollte er seine Reise beschreiben als »die genußloseste von allen, die ich gemacht«; die zuvor in der Grabeskirche gewonnenen Eindrücke überlagern alles: »Mir erschienen die christlichen Heiligtümer mit allem, was daran hängt, als der größte Skandal.« Der oben erwähnte Wegelin dagegen ist überzeugt: »Es liegt ein ahnungsvoller Reiz über diese Kirche ausgebreitet, der selbst Menschen ergreifen müßte, welchen die Deutung christlicher Ereignisse fremd wäre. Die verschiedensten Trachten der Erde vereinen sich hier in frommer Andacht und bedecken die bedeutungsreichen Stellen mit ihren Küssen und rührenden Ergüssen von Anbetung und Inbrunst.«

Das Betreten des Tempelbergs blieb bis zum Ende des 19. Jahrhunderts hochrangigen Persönlichkeiten vorbehalten. Dem umtriebigen Publizisten Moritz Busch gelingt das 1861 nur, weil er sich unter das Gefolge des Großfürsten von Russland mischt. Da sich die Nachricht verbreitet, die Türken hätten allen Christen die Erlaubnis dazu erteilt, setzen sich viele dorthin in Bewegung, darunter »eine große Anzahl hier wohnender Griechen«, wie Busch in *Eine Wallfahrt nach Jerusalem: Bilder ohne Heiligenscheine* (1861) festhält. Das Chaos ist vorprogrammiert: »Noch furchtbarer wurde es, als die Prozession in die enge Gasse einlenkte, welche den Abhang des

Moriah hinaufführt, und ein russischer Pope, der neben mir strauchelte und hinfiel, war in der größten Gefahr, zertreten zu werden. Über alle Begriffe aber gestaltete sich das Kämpfen und Würgen, als wir in den schmalen dunklen Gang kamen, der an der Nordwestecke des Moriahplateaus sich öffnet. Mehrere Personen wurden hier ohnmächtig. Wiederholt stockte der Menschenstrom wie ein Eisgang. Das Stöhnen der Gepressten war entsetzlich. Ich selbst wurde erst zusammengedrückt, dass ich ernstlich einen Rippenbruch fürchtete, und dann wie eine aufgestaute Scholle emporgeschoben und in dieser Lage, mit den Füßen über dem Boden, wohl zehn Schritt weit fortgetragen.« Busch zufolge sind es »mindestens tausend Menschen«, die sich dort einfinden. Alle müssen freilich noch ihr Schuhwerk gegen türkische Lederstrümpfe austauschen, um den Weg in die Moschee antreten zu dürfen.

1841 erlangten die Türken – unterstützt von England, Russland, Österreich und Preußen – wieder die Herrschaft über Palästina. Es ist kein bruchloser Rückschritt in die Zeit vor der ägyptischen Besetzung, viele der zwischenzeitlich eingeführten Regeln werden beibehalten. Parallel ist im Osmanischen Reich kurz zuvor die Phase des *Tanzimat* (»Neuordnung«), die weitreichende Reformen nach dem Modell europäischer Gesellschaften nach sich zog, angebrochen, die während der folgenden Jahrzehnte in diversen Schritten vollzogen wurde. Moderne Universitäten, Zeitungen und Steuerreformen wurden eingeführt. Dort lebende Menschen galten fortan als Bürger, nicht mehr nur als »Objekte«. Mit der Reform von 1856 wurden die im Reich lebenden Nichtmuslime den Muslimen rechtlich gleichgestellt. Die bis dahin gültige Kopfsteuer für Nichtmuslime entfiel, an ihre Stelle trat eine Gebühr, für die Nichtmuslime vom Militärdienst befreit werden – dennoch gab es sowohl Juden als auch Christen, die sich freiwillig zum Dienst meldeten.

Mit dem Pariser Frieden von 1856, nach dem Krimkrieg, wurde das Osmanische Reich in das europäische Mächtesystem integriert, wobei die Vertragspartner Frankreich, Großbritannien, Sardinien und Russland seine staatliche Unabhängigkeit garantierten. (An den Verhandlungen waren auch preußische und österreichische Diplomaten beteiligt.) Neben vielen anderen Punkten beinhaltete der Vertrag die Verpflichtung, die Lage der osmanischen Bürger, die nicht muslimischen Glaubens waren, zu verbessern. Der Sultan ließ die offizielle Anerkennung aller Glaubensrichtungen und das Verbot religiöser Nötigung festschreiben und feierlich vom Gouverneur Jerusalems erklären. Obwohl sich manche Formen der Diskriminierung weiter fortsetzten, verbesserte sich die Situation der religiösen Minderheiten grundlegend. Der Grund bestand auch darin, dass Tausende von Christen und Juden nun von der Protektion britischer, österreichischer, preußischer, russischer, französischer, spanischer und amerikanischer Diplomaten im Lande profitierten. Jedes Vergehen gegen eine Person, die mit einer dieser Nationen verbunden war, rief das Einschreiten des betreffenden Konsuls auf den Plan, der dann seinen Einfluss auf das Osmanische Reich geltend machen konnte.

Schon 1841 kam es auf gemeinsame Initiative der britischen Königin Victoria und des preußischen Königs Friedrich Wilhelm IV. zur Einrichtung eines protestantischen Bistums in Jerusalem. Es war mit der Absicht verbunden, die Aktivitäten britischer und deutscher Missionare zu koordinieren, wobei man zu dieser Zeit noch davon ausging, Juden zum Christentum bekehren zu können. Die Mächte vereinbarten, jeweils einen Bischof im Wechsel zu ernennen. Als erster Bischof fungierte der von Königin Victoria ernannte Michael Solomon Alexander. Ihm folgte schon 1845 der gebürtige Schweizer Calvinist Samuel Gobat, der in Paris bei Antoine-Isaac Silvestre de Sacy Arabisch studiert und zuvor als Missionar in Äthiopien gedient hatte. Er wurde vom preußischen König bestimmt, musste regelmäßig an diesen über seine Aktivitäten Bericht erstatten und übte dieses Amt mehr als drei Jahrzehnte lang aus. Die Bekehrung der Juden sei ihm Herzensangelegenheit gewesen, und zwar, wie er schreibt, »seit der Zeit, da ich als ein Kind auf dem Schoss meiner Mutter saß, die oft mit tiefer Empfindung von der Verwüstung Israels sprach, und besonders seit es dem Herrn gefiel, sich an meiner Seele zu offenbaren …« Und er fühlt sich nicht nur als »Schuldner« der Juden, »sondern auch der Griechen und der Barbaren, der Weisen und der Unwissenden, Papisten, Armenier, Türken, u. s. w., deren jammervollen geistlichen und irdischen Zustand ich schon zwanzig Jahre früher, bei meinem ersten Besuch in Palästina, wahrgenommen hatte …«

Unter den einheimischen Christen gestaltet sich die Missionsarbeit schwierig, wie Gobat in seinem Jahresbericht für 1851 erläutert: »Hier in Jerusalem gibt es viele, Lateiner, Griechen und Armenier, die mehr oder weniger ernstlich die Wahrheit suchen, aber sie sind fast alle arm, und ihre Abhängigkeit von den Klöstern ist für sie ein furchtbares Hindernis: denn wo einer anfängt, ernstlich in der Bibel zu lesen, oder seine Kinder in meine Schule zu schicken, oder die arabischen Bibel- und Betstunden … zu besuchen, so wird er alsbald von seinem Priester bedroht, und wenn er nicht augenblicklich nachgibt, aus seiner Wohnung vertrieben, die in der Regel das Eigentum eines Klosters ist …« Dennoch bilden sich kleine arabisch-protestantische Gemeinden heraus, zum Beispiel in Reneh bei Nazareth.

Die Missionsarbeit ist von Meinungsverschiedenheiten, Eifersüchteleien und Intrigen geprägt. Der Schweizer Arzt Titus Tobler zum Beispiel wirft den englischen Missionaren vor, keine wahre Christenliebe zu haben. Kritik von katholischer Seite entzündet sich am »Doppelwesen« des Bischofs, der sowohl die anglikanische als auch die preußisch-protestantische Landeskirche vertrat, die unterschiedlichen Dogmen folgten und nicht so recht miteinander vereinbar seien. Tatsächlich wurde Gobat von Teilen der anglikanischen Kirche, die eine Harmonie mit der orientalischen Kirche anstrebte, der »Proselytenmacherei« unter den Christen bezichtigt, denn Gobat konnte etliche Bekehrungen unter den arabischen Christen verzeichnen.

Gobat hält 1857 fest, dass das Land »unter dem Fluch einer schlechten, nachlässigen und tyrannischen Regierung« leide, obwohl das Reichsoberhaupt eigentlich wohlwollend gesinnt sei und die Vorurteile der Mohammedaner gegenüber der Predigt des Evangeliums geringer würden. »Manche Gegenden sind mit Dornen und Hecken bedeckt, und überhaupt seufzt es unter dem Fluch einer gottlosen Bevölkerung, die ihr kümmerliches Leben in Mangel und Elend fristet trotz der reichlichen Ernte dieses vergangenen Jahres; nichts zu sagen von dem Blut, das jährlich so reichlich in allen Teilen des Landes vergossen wird. ... Zwar können wir bisweilen über die Wahrheiten des Evangeliums mit einzelnen Moslems reden; aber im besten Fall hören sie das Wort Gottes mit Kälte und Gleichgültigkeit; im allgemeinen ist ihr Hass gegen die Christen, seien es Europäer oder Eingeborene, während der letzten Jahre im Zunehmen gewesen; und seit dem Ausbruch in Nablus im April 1856 hört man sie nicht selten von einer gänzlichen Ausrottung der Christen sprechen.«

Gobat spielt hier auf den Aufstand der dortigen muslimischen Bevölkerung gegen die Osmanen an. Nablus wurde (neben dem überwiegend muslimischen Gaza übrigens) von Christen und Juden besonders gefürchtet, immer wieder hatte es osmanische Strafexpeditionen dorthin gegeben, um Fehlverhalten der als besonders fanatisch geltenden Bewohner einzudämmen. Obwohl das Tanzimat, welches die weitgehende Gleichstellung von Christen und Juden im Verhältnis zu den Muslimen beinhaltete, auch für Syrien Geltung hatte, erwiesen sich die osmanischen Gouverneure bei der Umsetzung der Reformen vor Ort oft machtlos und die alten Verhältnisse schrieben sich fort.

Parallel begann ein umfassendes Engagement Preußens: Ein Krankenhaus, ein Hospiz, eine Bibliothek und eine Mädchenschule wurden gebaut – die erste ihrer Art im Land.

In den 1870er Jahren entschlossen sich Anglikaner und deutsche Protestanten schließlich, die Zusammenarbeit zu beenden. Großbritannien ging eigene Wege, 1869 eröffnete es den Suezkanal, 1878 vereinnahmte es Zypern und besetzte Ägypten 1882. In der Levante intensivierte es sein Engagement über den Palestine Exploration Fund, dessen Aufgabe es sein sollte, die archäologischen Überreste, Geographie, Topographie, Botanik und Zoologie Palästinas zu erforschen. Im Zuge der ersten öffentlichen Sitzung, die 1865 stattfindet, hält der Erzbischof von York, der lange Präsident der Gesellschaft blieb, ein leidenschaftliches Plädoyer:

»Wir sollen Palästina der Länge und der Breite durchwandern, weil uns dieses Land gegeben worden ist. Es ist das Land, aus dem die Nachricht von unserer Erlösung kommt. Es ist das Land, dem wir uns als der Quelle all unserer Hoffnungen zuwenden; es ist das Land, auf das wir mit echtem Patriotismus blicken können wie auf dieses liebe alte England, das wir so sehr lieben.«

Religiöse, wissenschaftliche und politische, imperialistische Interessen sogar ergänzten sich in der Arbeit der Organisation. Die detaillierte, für den Palestine Exploration Fund angefertigte Karte – Ergebnis von 1871 bis 1879 und 1912 bis 1914 vorgenommenen Erhebungen – erwiesen sich noch Jahrzehnte später, bei der Übernahme Palästinas, von großem Wert. Siedlungen, wie sie von Amerikanern, Deutschen und Schweden angelegt werden (die alle keine territorialen Ansprüche an Palästina anmeldeten), gründeten die Briten nicht.

Die Aufgaben des Palestine Exploration Fund waren weitgehend mit denen des »Deutschen Vereins zur Erforschung Palästinas« deckungsgleich, der 1877 von dem Schweizer Carl Ferdinand Zimmermann gegründet wurde und bis heute existiert. Etliche Mitglieder, zu denen Wissenschaftler, Rabbiner, Pastoren und Kaufleute zählten, waren beiden Organisationen parallel verbunden.

Der Bau einer deutschen protestantischen Kirche ließ noch auf sich warten. Zwar schenkte Sultan Abdülaziz dem Kronprinz Friedrich Wilhelm 1869 das Grundstück des »Muristans« in der Jerusalemer Altstadt – dort stand das erste Hospital der Johanniter zur Zeit der Kreuzzüge –, doch mussten noch drei Jahrzehnte Gelder gesammelt werden, um den Plan des Kirchenbaus Wirklichkeit werden lassen zu können.

Samuel Gobat starb 1879 und fand auf dem protestantischen Friedhof, unter einem Olivenbaum auf dem Zionsberg, seine letzte Ruhe: *Die Warte des Tempels*, das Organ der württembergischen Ansiedler in Palästina, berichtet ausführlich über das Begräbnis, »das einen grossen Teil der Einwohner der Heiligen Stadt in Bewegung setzte und gewiss auch im Abendland mit Teilnahme vernommen werden wird. … Ausser den leidtragenden Familien sah man im Leichenzug die protestantischen Schulen von Jerusalem und Bethlehem, den deutschen, englischen und französischen Konsul, die Kawassen (Ehrenwache) dieser Konsulate sowie diejenigen der übrigen Konsuln und der Patriarchen mit Ausnahme der lateinischen, eine Eskorte türkischen Militärs, sodann die Glieder der protestantischen Gemeinden und viele arabische Christen sowie auch Juden und Muhammedaner.«

Vorläufer der Zionisten – Moses Montefiore

Seit langer Zeit, das ganze Mittelalter hindurch, hatten Sendboten vor allem in Holland und Deutschland Gelder für die in Tiberias, Safed und Jerusalem lebenden alten und gebrechlichen oder aus religiösen Gründen dort beheimateten Juden gesammelt – unter ihnen Nachfahren der infolge des Ausweisungsediktes von 1492 aus Spanien vertriebenen sephardischen Juden. Offiziell wurde die Verwaltung der »Chaluka« 1809 in Amsterdam aufgebaut. Dennoch interessierten sich in der ersten Hälfte des 19. Jahrhunderts nur wenige europäische Juden für Palästina; das sollte sich bald ändern. Moses Montefiore, Sohn einer sephardisch-jüdischen Familie italienischer Herkunft, hatte sich nach einer kurzen Karriere als Börsenmakler in London für die Aufhebung zivilrechtlicher Hindernisse eingesetzt, die das öffentliche Leben der Juden in Großbritannien erschwerten.

Im Jahre 1827 unternehmen er und seine Frau Judith ihre erste Reise in den weiteren Orient und ins Heilige Land. Der Weg führt über Rom, Neapel und Malta zunächst nach Alexandria. In Kairo empfängt sie Muhammed Ali Pascha. In Palästina kommen sie im griechisch-orthodoxen Kloster unter und sind sich offenbar nicht bewusst, welchen Affront das in den Augen der Juden vor Ort darstellt, die mit den Griechen nicht auf gutem Fuß stehen. Sie bekunden »ihren Kummer über den Anblick des in Trümmern liegenden Jerusalems, wie es Trauernde tun, die den Verlust eines lieben Verwandten beklagen«. Sie sprechen ein Gebet, danken Gott dafür, dass er sie sicher nach Jerusalem, dem großen lang ersehnten Ziel ihrer Reise, gebracht hat, und bitten um seinen Segen. Ihr Sekretär, der Orientalist Louis Loewe, führt das Tagebuch. Ein persönlicher Schlachter wird engagiert, um sicherzustellen, dass sie stets über koscheres Fleisch verfügen können.

In Palästina treffen sie auf ein viel stärker religiös geprägtes Judentum, als sie es aus ihrer britischen Heimat kannten. Weltliches Wissen ist den meisten Juden Palästinas fremd und wird von diesen sogar abgelehnt. Moses Montefiore beherrscht kein Hebräisch und im Gegensatz zu seiner Frau, einer aschkenasischen Jüdin, auch kein Jiddisch. Neben den bekannten Sehenswürdigkeiten besuchen die beiden die Synagoge und empfangen Vertreter der spanisch-hebräischen sowie der deutsch-hebräischen Gemeinde, die ihnen von der Unterdrückung und den fortwährenden Geldforderungen der Gouverneure berichten. Während Judith Montefiore in Begleitung einiger Frauen zum Rahelgrab bei Bethlehem reist, entnimmt Moses Montefiore auf dem jüdischen Friedhof etwas »terra santa«, heilige Erde also, als Mitbringsel. Bei Moses Montefiore vollzieht sich unter dem Eindruck dieser Reise ein tiefgreifender Wandel. Die Religion sollte künftig einen viel wichtigeren Platz in seinem Leben einnehmen.

Ihre Reisen sind oft von dramatischen Umständen begleitet. Während ihres Besuches 1837 wütet die Pest im Lande und Galiläa ist gerade von einem starken Erdbeben erschüttert worden. Tiberias und Safed, wo die Häuser verschachtelt angelegt und aufeinandergestürzt waren, zeigen sich ihnen als Trümmerfeld. Sie schlagen ihr Lager auf dem Ölberg auf und helfen den Menschen mit Zuwendungen, wo immer sie nur können.

Im Jahre 1839 trifft Montefiore mit Zvi Hirsch Kalischer, einem ostpreußischen orthodoxen Rabbiner, zusammen, der ihn von Palästina als neuer Heimat für das jüdische Volk überzeugen möchte. Kalischer, Vordenker des frühen Zionismus, möchte nicht geduldig auf die Ankunft des Messias warten, sondern schlägt den baldigen Aufbau landwirtschaftlicher Siedlungen vor; das Geld dafür solle von Juden aller Länder gesammelt werden. Für die Gewährleistung der Sicherheit, so die Vorstellung Kalischers, sei eine jüdische Militärwache einzurichten. Und tatsächlich kam Montefiore mit dem ägyptischen Herrscher Mohammed Ali Pascha später überein, eine gemeinsame Aktiengesellschaft zur Finanzierung dieses Projekts ins Leben zu rufen. Da die ägyptische Besatzung Palästinas schon kurze Zeit später endete, verlief die Angelegenheit dann jedoch im Sande. Kalischer hatte sich schon 1836 an den Frankfurter Bankier Amschel Mayer von Rothschild mit der Bitte gewandt, Palästina, Jerusalem, mindestens aber den früheren Tempelplatz von Ägypten zu erwerben.

Dennoch lässt Montefiore die grundsätzliche Idee nicht fallen. Es geht in kleinen Schritten voran: Nachdem sein amerikanischer Freund Judah Touro, ebenfalls ein sephardischer Jude, ihm Mittel vermacht hat, erwirbt Montefiore 1855 zunächst einen Obstgarten am Stadtrand von Jaffa, in dem auch ausgebildet wird. Dann lässt er im Jahr 1860 die erste jüdische Wohnsiedlung und ein Armenhaus außerhalb der Altstadt Jerusalems errichten (heute Mischkenot Scha'ananim), wo zu leben als gefährlich galt. Sephardische und aschkenasische Juden sollen dort gemeinsam wohnen. Es folgen noch zwei weitere von ihm begründete Viertel in der Umgebung, die jeweils für sephardische oder aschkenasische Juden vorbehalten sind.

Im Laufe eines halben Jahrhunderts fährt Montefiore siebenmal ins Heilige Land und wird zum Philantrophen für die vielerorts verfolgten Juden. Nachdem einigen hochrangigen Ausländern der Zugang zum Tempelberg gestattet worden war, erzürnt er seine Glaubensgenossen, als er 1855 den Berg gemeinsam mit seiner Frau Judith, Mohammed Kamil Pascha, dem türkischen Gouverneur, sowie James Finn, dem britischen Konsul in Jerusalem, besteigt. Das galt Juden nämlich als streng verboten, solange der Messias nicht zurückgekehrt war. Montefiore ist offenbar der Ansicht, das Verbot elegant umgehen zu können, indem er sich von Muslimen in einer Sänfte über das Gelände tragen lässt und den Boden des Tempelberges selbst nicht betritt. Ob sich das tatsächlich auch genau so vor Ort zugetragen hat, ist allerdings nicht gesichert.

Es gab weitere Wegbereiter des frühen Zionismus. Laurence Oliphant, ein britischer Autor und Okkultist, ruft in den 1850er Jahren eine Gruppe namens »Christian Lovers of Zion« ins Leben, welche die Grundlage für die jüdische Einwanderung nach Palästina schuf und versuchte, jüdische Organisationen, die bis dahin für die Auswanderung nach Amerika eingetreten waren, zu überzeugen, ihren Fokus auf Palästina zu verschieben. Oliphant ist von der Idee angetan, England würde Palästina übernehmen und es dem jüdischen Volk überlassen. Baron Edmond de Rothschild fungiert dann 1882 als Mäzen von Juden, die aus Russland kamen, nachdem Zar Alexander II. 1881 von Terroristen ermordet worden war, was dort antisemitische Pogrome ausgelöst hatte.

Für Großbritannien hatten die Unterstützung und der Schutz der Juden in Palästina auch den Effekt, dass man ein Gegengewicht zu den katholischen, von Frankreich protegierten und den orthodoxen, Russland nahe stehenden Christen aufbaute und die eigene Präsenz und Position stärkte. Im Jahr 1840, also ein halbes Jahrhundert bevor der Zionismus in organisierter Form entstand, schreibt der britische Außenminister Lord Palmerston an seinen Botschafter in Konstantinopel: »Unter den in Europa verstreuten Juden existiert gegenwärtig die lebhafte Vorstellung, dass die Zeit näher kommt, in der ihr Volk nach Palästina zurückkehren wird; ... Ich muss Eure Exzellenz anweisen, [der türkischen Regierung] nachdrücklich zu empfehlen, den Juden Europas jede nur denkbare Ermutigung zur Rückkehr nach Palästina zu geben.«

Ein schillerndes Beispiel der Proto-Zionisten bietet der Amerikaner Warder Cresson, der zunächst frommer Quäker war, bevor er begann, sich für die Shaker und die Mormonen zu interessieren. Entscheidende Impulse für seinen weiteren Werdegang erhielt er dann aber beim Kontakt mit *Mikveh Israel* (Hoffnung Israels), der führenden jüdischen Gemeinde Philadelphias, sowie dem in Tunis tätigen Konsul Mordecai Manuel Noah, der 1825 in Grand Island im Fluss Niagara einen jüdischen, nach dem Berg Ararat benannten Zufluchtsort aufbauen wollte (was allerdings sehr schnell im Sande verlief). Noah zählte im Übrigen zu denen, die damals die amerikanischen Indianer für Abkömmlinge der verlorenen Stämme Israels hielten.

Cresson unterstützt Noahs neue Idee, auf das amerikanische Engagement für die Wiederherstellung einer jüdischen Heimstatt im Nahen Osten zu drängen. Weil Cresson überzeugt ist, dass Gott die Vereinigten Staaten vor allem deswegen geschaffen hat, um die Juden der Welt aus ihrem Exil und ihrer Unterdrückung zu erlösen, setzt er sich in den Kopf, der erste amerikanische Konsul in Jerusalem zu werden, und bedient sich dabei des Arguments, amerikanische Pilger und Missionare würden dort von einer diplomatischen Vertretung profitieren. Seine Ernennung im Mai 1844 wird durch sein Versprechen erleichtert, diese Funktion ohne finanzielle Vergütung auszuüben. Zur Ausreise entschlossen, sagt sich Cresson von seiner Frau und seinen sechs Kindern los, »Ich habe sie um der Wahrheit willen verlassen, und nur um der Wahrheit willen«. Doch schon bald treten Kritiker auf den Plan und werfen Cresson geistige Verwirrung und Schwäche vor; sie halten ihn für seine Position untragbar.

Inzwischen ist Cresson längst auf dem Weg nach Palästina. Bei seiner Ankunft in Jaffa soll er in einer Hand die amerikanische Fahne und in der anderen einen Käfig mit einer Friedenstaube gehalten haben. In Jerusalem angekommen, versichert er den Juden, dass sie künftig den verlässlichen Schutz der amerikanischen Regierung genießen würden. Obwohl seine Ernennung kurz darauf widerrufen wird, präsentiert sich Cressen davon unbeeindruckt weiterhin als Gesandter der amerikanischen Republik – er ist weit genug weg, als dass ihm jemand ernsthaft in die Quere kommen konnte.

Fünf Jahre nach seiner Ankunft konvertiert Cresson schließlich zum Judentum und nennt sich fortan »Michael Boz Israel ben Avraham«. Als er wenige Monate später nach Amerika reist, erwartet ihn ein kühler Empfang: Seine Frau Elizabeth hat das Eigentum an sich genommen und verklagt ihren Mann gemeinsam mit anderen Familienmitgliedern wegen »Wahnsinn«. Das Gerichtsverfahren funktioniert wie ein Lackmus-Test für religiöse Freiheit in Amerika. Auch wenn viele daran Anstoß nehmen, kann ihm die Konversion zum Judentum nicht zum Vorwurf gemacht werden, es gibt keine weitere rechtliche Handhabe. 1852 kehrt Cresson mit dem Vorhaben nach Jerusalem zurück, dort landwirtschaftliche Kolonien aufzubauen, und er erwirbt zu diesem Zweck zwei Stück Land – eines in der Nähe von Jaffa (heute auf dem Stadtgebiet Tel Avivs) und ein weiteres außerhalb von Jerusalems Altstadt.

1856 stattet Herman Melville dem inzwischen mit einer sephardischen Frau verheirateten Cresson einen Besuch ab. Melville zeigt sich, wie auch sonst während seiner Reise im Heiligen

Land, nüchtern, ist im Fall von Cresson sogar von tiefer Skepsis geprägt: »Die Vorstellung, aus Juden Bauern zu machen, ist vergeblich. Erstens ist Judäa bis auf wenige Ausnahmen eine Wüste. Und zweitens hassen die Juden die Landwirtschaft. Alle, die den Boden in Palästina bewirtschaften, sind Araber. Die Juden wagen es nicht, außerhalb der ummauerten Städte oder Dörfer zu leben, aus Angst vor der bösartigen Verfolgung durch die Araber und Türken. Und wie sollen die Heerscharen von ihnen, die in andere Länder verstreut sind, hierher gebracht werden?« Die Entwicklung sollte Melvilles Einschätzung später widerlegen. Cresson verstarb wenige Jahre später – zu seinen Ehren blieben alle jüdischen Geschäfte Jerusalems am Tage seines Begräbnisses geschlossen. Auch zu den Versuchen amerikanischer Missionare, Juden und Muslime zum Christentum zu bekehren, äußerte sich Melville eindeutig: »Genauso gut könnte man versuchen, Ziegelsteine in Hochzeitstorten zu verwandeln, wie die Orientalen in Christen. Es ist gegen den Willen Gottes, den Osten zu christianisieren.«

Juden im Heiligen Land

Bevor die jüdische Einwanderung aus Europa während der letzten beiden Jahrzehnte des 19. Jahrhunderts einen größeren Umfang annahm, lebten nur einige tausend Juden in Palästina, wobei sich etwa die Hälfte auf Jerusalem konzentrierte, die übrigen auf die Städte Safas und Tiberias im Norden und Hebron im Süden. In Jerusalem waren es 1836 etwa 2200 sephardische, aus dem nordafrikanisch-vorderasiatischem Raum gebürtige Menschen und 650 aschkenasische Juden, die sich ihrer Herkunft aus Russland, Galizien, Deutschland, Ungarn, Böhmen und Mähren verbunden fühlten und ihre jeweilige Staatsbürgerschaft behalten hatten, was ihre Rechte im Osmanischen Reich schwächte. Innerhalb dieser Gruppen gab es weitere, durch die jeweilige Herkunft bedingte ethnische und sprachliche Unterschiede, wobei die Sepharden einem örtlich gewählten Oberrabbiner und als türkische Staatsbürger dem »Millet«-System unterstanden, der Rechtsordnung, nach der diese Religionsgemeinschaft (und andere) eine relative Autonomie besaß. Die religiösen Oberhäupter der Aschkenasim dagegen befanden sich meistens in Europa.

Der Oberpfälzer Joseph Schwarz ist ein früher jüdischer Auswanderer. Nach Studien in Pressburg, Hochburg der jüdischen Orthodoxie, sowie in Würzburg stand er zunächst als Rechnungsführer in Diensten des Gutsbesitzers und Rabbiners Mendel Rosenbaum, der Wortführer der unterfränkischen und bayerischen Juden war. Schwarz hatte seit frühester Jugend den Plan gefasst, die Geschichte und Naturkunde Palästinas zu erforschen. Nach mühseliger Reise – Cholera, Quarantäne und drohende Kriegsgefahr im Orient hielten ihn auf – erreicht er 1833 Jaffa und kurz darauf Jerusalem, wo er bald die Tochter einer Rabbiner-Familie heiratet. Vom Ölberg aus notiert er beflissentlich die Zeiten von Sonnenaufgang und -untergang, weil diese von besonderer Bedeutung für die fromme Sekte waren, der er angehörte, 1843 als *Die Zyklen der Sonne* veröffentlicht.

Parallel bereist er während dieser Zeit das ganze Land und verfasst sein Buch *Tvu'ot Ha'aretz*, das in Jerusalem erscheint. Es ist ein Katalog von in Bibel, Talmud und Midrasch erwähnten Namen von Ortschaften, Bergen und Gewässern und enthält Erläuterungen zum Klima, Tier- und Pflanzenreich, zu Geologie und Klima sowie Beschreibungen der religiösen Gebräuche der Juden in Jerusalem, Abschnitte zur Geschichte und Erzählungen der Juden in Palästina.

1849 begibt sich Schwarz nach Amerika, um die Herausgabe einer englischen Fassung zu arrangieren, diese erschien 1850 und wird dort, wie es im Vorwort der wenig später erscheinenden deutschen Ausgabe heißt, »mit großer Acclamation empfangen«. Letztere erscheint mit dem Titel *Das heilige Land: Nach seiner ehemaligen und jetzigen geographischen Beschaffenheit* im Verlag der hebräischen antiquarischen Buchhandlung von I. Kaufmann in Frankfurt am Main. Schwarz kehrt 1852 nach Jerusalem zurück und widmet sich fortan dem Studium rabbinischer Schriften sowie der Kabbala.

Der schon früher erwähnte jüdische Arzt Ludwig August Frankl ist ein literarisch inspirierter Spaziergänger, der Erlebtes gerne in kleine Geschichten kleidet. So berichtet er von einer merkwürdigen Begebenheit bei Jerusalem:

»Nahe den Mauern der Stadt trat ein Mann, den ich früher nicht bemerkt hatte, plötzlich an mich heran, faßte mit

Wie sich der deutsche Theologe Heinrich Bünting 1581 die Welt vorstellte: als Kleeblatt mit Jerusalem im Zentrum. Er war nie in Palästina, von seinem Reiseführer ins Gelobte Land »Itinerarium Sacrae Scripturae« erschienen aber mindestens 61 Ausgaben.

»Von den Griechen, von denen es auch in Jerusalem viele gibt.«
Bernhard von Breidenbach, ein Beamter des Mainzer Erzbistums, kam 1483/84
und verfasste einen prächtigen Bildband über seine Pilgerreise.

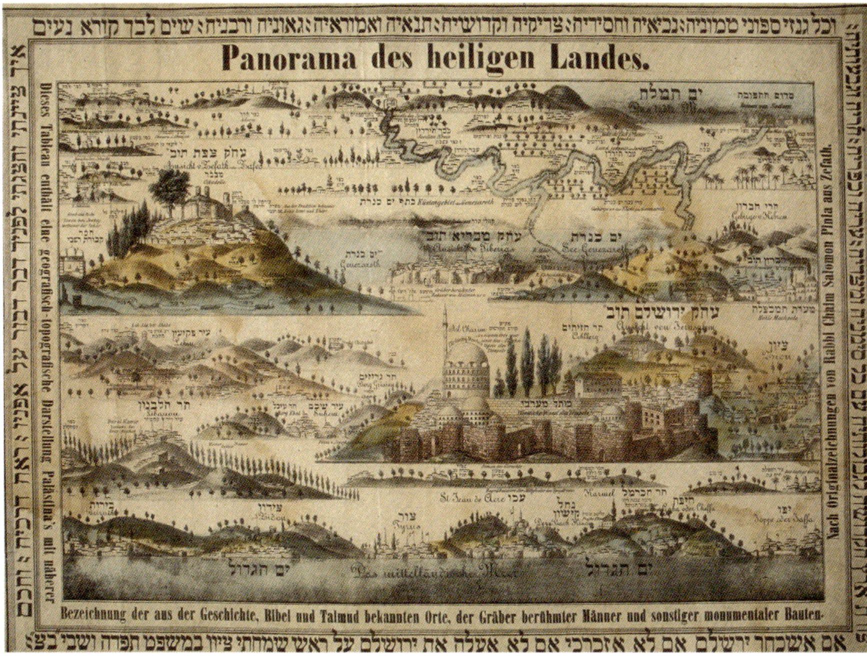

Rabbi Haïm Shlomo Luria von Safed entwarf dieses 1875 in Wien veröffentlichte »Panorama«. Es zeigt aus der Bibel und dem Talmud bekannte Orte, Gräber berühmter Menschen und monumentale Bauten.

Der schottische Künstler David Roberts bereiste 1838/39 das Heilige Land
und malte eine Vielzahl romantischer Landschaftsszenen.
Hier rüstet sich eine Reisegruppe für die letzte Etappe nach Jerusalem.

Beduinen beim Wasserschöpfen, Ende des 19. Jahrhunderts, fotografiert von einem Mitglied der in Beirut lebenden, für ihre Orientalben berühmten Fotografenfamilie Bonfils

Aus dem Archiv der Biblischen Schule in Jerusalem: eine christliche Familie in festlicher Aufmachung, als Pilger zu Besuch in Jerusalem.

Fast wie ein Foto: Das Gemälde »Die Klagemauer« (1904) von Gustav Bauernfeind, dem schwäbischen Orientmaler, der die letzten Jahre seines Lebens ganz in Palästina verbrachte. Heutzutage werden seine Bilder für Millionenbeträge versteigert.

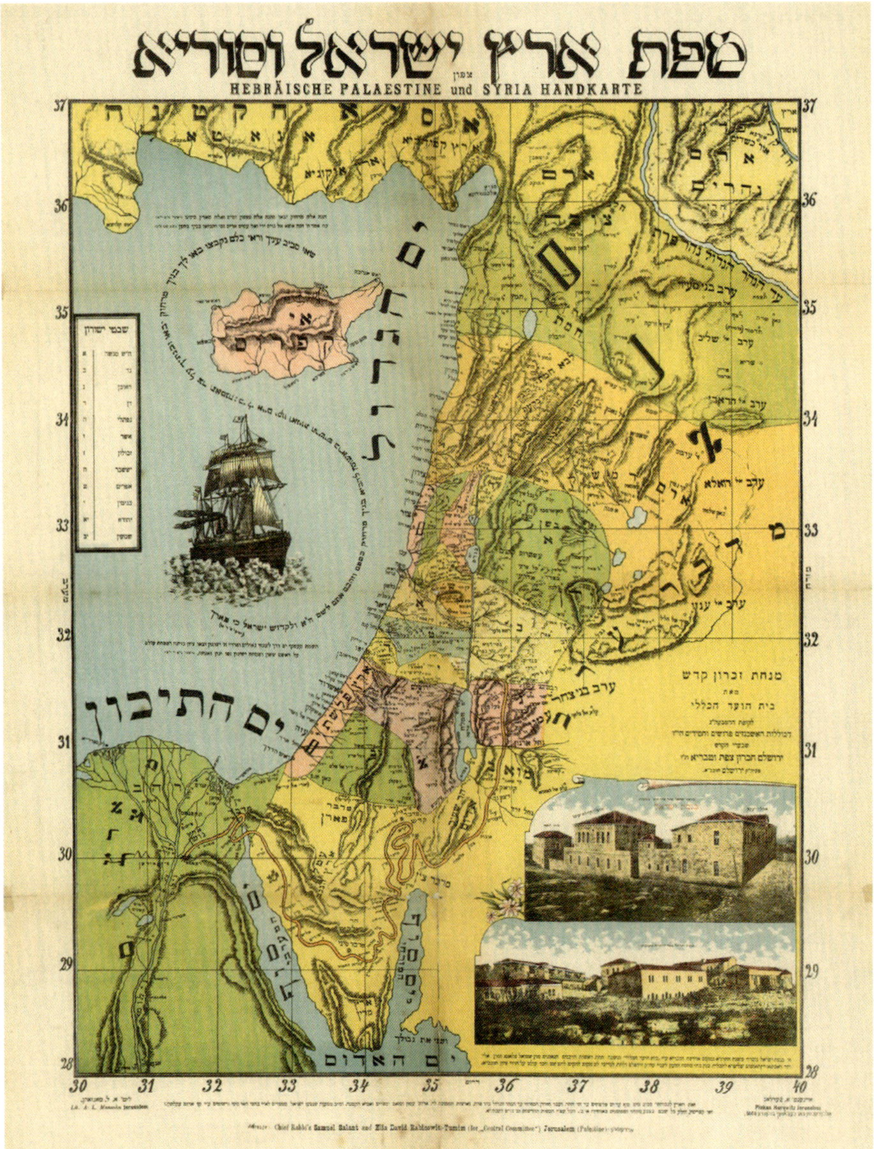

Eine der frühesten Landkarten von Palästina und der weiteren Umgebung in hebräischer Sprache, veröffentlicht in Jerusalem im Jahr 1908. Über den Verkauf wurden Spenden für den Fonds von Rabbi Meir gesammelt, eine wohltätige Einrichtung.

seiner Linken den Kragen meines Oberkleides, während die Rechte ein langes Messer schwang. Meine Gedankenversunkenheit, aus der ich durch die plötzliche Erscheinung und ihren stummen Angriff emporgerissen wurde, wich einem unsagbaren Entsetzen, und als ich fast automatisch die Pistole aus dem Halfter zog – jedenfalls konnte der Angreifende mir mit seiner Waffe zuvorkommen – ließ der Mann rasch von meinem Kleide ab, beide Arme sinken, und schrie bis in die Lippen erblassend: ›Schema Jisrael! Was wollen Sie vollbringen?‹ Alles dies war kaum in einer Minute geschehen, und den Glaubensgenossen erkennend, musste ich, der eben noch blaß vor Schreck sein mochte, laut auflachen. Er aber erklärte mir, dass jeder jüdische Pilger, ehe er die Stadt betrete, in Trauer über ihre Zerstörung wie um einen blutverwandten Toten sein Kleid zerreißen müsse. So ließ ich mir denn von Herrn Mosche Kural, der von diesem Geschäfte ein spärliches Einkommen hat, ein ›Krie schneiden‹, das heißt das Kleid zerreißen, während ich ihm den üblichen Spruch nachsagte: Zion ist zur Wüste geworden, es liegt zerstört.«

Frankl gibt folgende Beschreibung der Aschkenasen und Sepharden: »Der Sephardi in der malerisch faltenreichen Tracht des Morgenlandes macht durch den Anstand in Gang und Gebärde, durch die edle Bildung seines Angesichtes den Eindruck der Vornehmheit. Klima und Beispiel haben ihn äußerlich durch Würde, innerlich durch Ruhe, vielleicht durch Trägheit seinem muhammedanischen Mitbürger ähnlich gemacht. Die Aschkenasim, namentlich die Russen und Polen, sind hastig, unruhig in jeder Bewegung, grimassierend, spitzfindig in Rede und Gegenrede. Ihre Erscheinung ist durch die bekannte polnische hässliche Tracht und den an ihr haftenden Schmutz unbehaglich.«

Daneben erwähnt er ausführlich andere jüdische Gruppierungen in Jerusalem, die Karaiten (auch Karäer oder Jerusalemiten) etwa, »welche nur den Text der Bibel als Gesetz heilig halten«. Auch die in Litauen bzw. Russland geborenen Peruschim, »die Abgesonderten«, und die Chassidim Österreicher kommen bei ihm vor.

Gemeinsam mit Elise von Herz-Lämel gründet Frankl in Jerusalem eine jüdische Schule. Sein Zeitgenosse Constantin von Wurzbach lobt Frankls Bericht in seinem *Biographischen Lexikon des Kaiserthums Oesterreich* (1858) als »ein für die Kenntnisse der israelitischen Zustände im Orient bedeutendes Buch« und stellt es als »das erste Werk, welches mit statistischen Nachweisen und mit schonungsloser Darstellung der großen Übelstände, die prosaische Seite des bisher nur poetisch verklärten Orients aufdeckt«, heraus.

Auch Ferdinand de Géramb ist unter denen, die sich eingehender mit den Juden beschäftigen. Ihm fällt zunächst der erbärmliche Zustand der Synagogen auf. »Kaum hatte ich den Fuß in diesen betrübten Tempel gesetzt, als eine alte Jüdin, mich erblickend, ausrief: ›Ach, ha! seht da einen von Unsern!‹ – ›Nicht ganz, Tochter Abrahams‹, erwiderte ich ihr, von dem Irrtume, der ihr Freude verursachte, sehr wenig geschmeichelt. Und die andern Jüdinnen fingen über ihr Versehen an zu lachen: sie hatten erkannt, dass ich ein Ordensgeistlicher bin.« Bei allem Unmut über die Verwahrlosung der jüdischen Stätten, in der er einen Widerspruch zu ihrer Religiosität wahrnimmt, verleiht er seiner Bewunderung Ausdruck: »Kein Volk treibt die Verehrung der Bücher, welche die Glaubens- und Sittenlehrern, wie auch die Geschichte seiner Religion enthalten, weiter.« Zudem meint de Géramb einen wichtigen Unterschied in der Mentalität wahrzunehmen: »Der Jude kennt jenen trägen Hang zum

Nichtstun nicht, welcher unter den Völkern des Morgenlandes so gemein ist … .« Und er beobachtet eine »Gefälligkeit«, mit der sie sich typischerweise von den anderen Bewohnern des Landes unterscheiden: »Haben Sie sich verirret, suchen Sie eine Gasse, so wird sich gewiss ein Jude Ihnen zum Führer anbieten, er wird Sie sogar ziemlich weit begleiten; und zu stolz eine Belohnung zu fordern, aber auch nicht uneigennützig genug, um gänzlich darauf zu verzichten, wird er, am Ende Ihres Weges, Ihre Hand betrachten, einen Blick auf Ihre Tasche werfen. …. Verstehe Sie ihn wohl, wenn es Ihnen beliebt.« Nicht verborgen blieben ihm die Hoffnungen der Juden auf eine »Staatsumwälzung«, nach der Palästina unter ägyptische Herrschaft gebracht würde: »Sie betrachten Mehemet-Ali als einen Eroberer, der bestimmt ist, sie aus der Dienstbarkeit zu reißen und ihnen eine bessere Zukunft zuzusichern.«

Die beiden Missionare Andrew A. Bonar und Robert Murray McCheyne, die im Auftrag der Kirche von Schottland die Situation der Juden erkunden, vernehmen während ihres Aufenthaltes in Palästina 1839 immer wieder Deutsch (möglicherweise meinen sie Jiddisch), vor allem in Galiläa, wo sie neben Jerusalem die meisten Juden antreffen. Daneben sollen sie für ihren Umgang mit den »Franken« auch etwas Italienisch gesprochen haben. Auf jeden Fall hatte Hebräisch für die in Palästina lebenden Juden und die Besucher, welche dieser Sprache kundig waren, offenbar die Funktion einer *lingua franca*, wie Bonar und McCheyne anmerken: »Das Hebräische ist unverzichtbar für jemanden, der unter den Juden in diesem Land arbeitet, es wird hauptsächlich auf spanische Art gesprochen … Arabisch ist dafür nicht so notwendig wie Hebräisch. Alle Juden in Palästina sprechen Hebräisch, aber sie legen den Worten oft eine Bedeutung bei, die nicht der tatsächlichen Bedeutung oder dem grammatikalischen Sinn entspricht, so dass es absolut notwendig ist, die Umgangssprache zu kennen, damit Du und sie unter den verwendeten Worten dasselbe verstehen.«

Der moldawisch-jüdische Schriftsteller Israel Joseph Benjamin dokumentiert in seinem Buch *Acht Jahre in Asien und Afrika. Von 1846 bis 1855* (1858) seinen Versuch, »einiges Licht auf die Trümmer der Nachkommen eines Volkes zu werfen, dessen Jahrhunderte lange Verbannung einzig in den Jahrbüchern der Geschichte erscheint«. Mit den Aufzeichnungen seiner *Wanderungen im Orient*, die er 1845 begann, verfolgt er den folgenden Zweck: »Vor allen Andern wünsche ich die Teilnahme meiner Glaubensgenossen in Europa für ihre unglücklichen Brüder zu erwecken, die in jene unwirtbaren Länder verbannt, welche selten, fast niemals, der Fuß eines Europäers betreten hat. Unter dem jahrhundertelangen Joche des Fanatismus, der Barbarei, trotz aller Verfolgungen und Bedrückungen, trotz Raub und Mord, sind sie dennoch standhaft geblieben in dem Glauben ihrer Väter.« Im Unterschied zu den Juden, die er in Asien, Europa und Afrika gesehen hat, seien die stets von Repressalien bedrohten Juden Palästinas in einer besonders erbärmlichen, ja unerträglichen Situation, seien sie doch den Befehlen und Launen der Scheichs und Paschas ausgesetzt. Steuern würden – mit Ausnahme von Jerusalem – willkürlich festgesetzt und ihr Eigentum werde nicht respektiert.

Benjamin, der bis zu seiner Reisetätigkeit im Holzhandel tätig gewesen ist und sein Geschäft aufgeben musste, stellt seinem Buch einige Gutachten voran, darunter auch eines von Julius Heinrich Petermann, dem preußischen Konsul in Jerusalem 1868/69, sowie von Alexander von Humboldt, der Benjamins »edlen Zweck« anerkennt, »die Zustände eines zerstreuten und unterdrückten Volkes zu ergründen ... Sie schildern Zustände der Entartung in den Unterdrückten, der Willkürsgewalt in den Unterdrückern, welche in Europa wenig bekannt sind und ihrem Buche gewiss und mit Recht viele Leser verschaffen werden.«

Und Friedrich Adolph Strauß merkt zu den Juden an: »Trotz ihrer Zerstreuung, trotz ihrer Trennung sind sie ein Volk geblieben, unvermischt, abgesondert von allen andern Völkern; mit ihnen ist nicht ein Ende gemacht. ... Sind es nicht Juden, bekehrte Söhne Israels, die in den Wissenschaften wie in den Künsten die ersten Stellen einnehmen? Sind nicht Juden in unsern Tagen unter den Reichsten und den am meisten Gebildeten? Sind es nicht Juden, deren mächtiger Einfluß in den bedeutendsten Staaten der Welt mit jedem Tage höher und immer höher steigt?« Und er weiß von ihrer Hoffnung auf ein neues Reich: »Beinah die Hälfte aller Juden, gegen drei Millionen, weilen daher an dem Strande des mittelländischen Meeres, des Augenblicks harrend, wo sie auf den Ruf des Herrn über die Fluten des Meeres zu dem Sitze ihrer Väter heimkehren werden.« Sosehr man hier sein Verständnis für ihr Anliegen heraushören kann, zeigte sich Strauß erfreut über die wenigen Fälle, bei denen es gelang, orthodoxe Juden »von der Wahrheit des christlichen Glaubens zu überzeugen«.

Viele Besucher betonen, dass die Juden im Land generell sehr arm, auf Zuwendungen aus dem Ausland angewiesen und kaum in Handel und Handwerk tätig seien. John Lloyd Stephens hat erst mit dem Rabbi von Hebron, dann mit dem von Jerusalem Kontakt. Juden hat er schon »überall mehr oder weniger unterdrückt in den Städten Italiens gesehen; in Rom, wo sie jede Nacht in ihren heruntergekommenen Vierteln eingeschlossen wurden, als wären sie Ungeziefer; in der Türkei, verfolgt und unterdrückt; an den Ufern des Schwarzen Meeres und im Herzen Russlands, von oben herab von den Leibeigenen dieses großen Reiches des Vasallentums behandelt; und als Gipfel des Unglücks hatte ich gesehen, wie sie sogar von den unwissenden und versklavten Bauern Polens verdammt und bespuckt wurden«. Er nimmt sie als ein überall »getrenntes und eigentümliches Volk« wahr, das das Kommen eines Messias erwarte, »der seine verstreuten Stämme zusammenrufen und sie wieder in das Reich ihrer Väter zurückbringen würde«. Und Stephens schreibt: »All das bereitete mich gut auf das interessante Schauspiel der Juden in der heiligen Stadt vor.«

Der niederländische Marinekapitän und Kartograph Charles van de Velde notiert über die in Hebron ansässigen Juden: »Zwar war ihre Zahl oft klein, bis auf ein oder zwei Familien, aber allmählich hat sie wieder zugenommen. Familien aus *Spanien* und *Portugal*, die sogenannten Sephardim, oder aus *Deutschland*, *Polen* und andern Ländern, die Aschkenasim, haben sich allmählich dort angesiedelt, und gegenwärtig wohnen dort ungefähr 60 Familien der ersteren und 50 der letzteren. Sie haben jede eine Synagoge.« (Heute werden die nicht aus Europa kommenden Juden in Mizrachim, »östliche« Juden aus arabisch geprägten Ländern, und Sephardim unterschieden, wobei diese Kategorien nicht trennscharf sind, weil sich die sephardischen Juden, die Ende des 15. Jahrhunderts aus Spanien und Portugal vertrieben wurden, daraufhin oft in Gegenden des Nahen und Mittleren Ostens ansiedeln und von ihrer Kultur her ebenfalls arabisch geprägt sind. Außerdem gibt es noch die Juden, die aus Äthiopien kommen, sie werden »Falascha« genannt.)

Im Verhältnis zu den sechs- bis siebentausend Muslimen, »die fanatischer und christenfeindlicher sind als irgend wo anders im Lande«, machten sie allerdings nur einen kleinen Teil der Gesamtbevölkerung aus. Charles Van de Velde hält Hebron dennoch für weitere jüdische Ansiedlung prädestiniert: »Denk Dir«, schreibt er in einem Brief an einen Freund, »dass bekehrte jüdische Colonisten sich hier einst ruhig ansiedeln könnten! Was kann man sich erwünschter vorstellen? Aber ach, der wüste Muselmann und der raubsichtige Beduine machen solche Ansiedlung noch unmöglich. Wie groß wird die Stimme des Jauchzens sein, wenn der Herr seine Gefangenen von den Enden der Erde hier hinbringt?«

Hart ist das Urteil, das der streitbare Franziskanerpater Alessandro Bassi, Theologe der Apostolischen Delegation von Arabien und Ägypten, in seiner *Pellegrinaggio storico e descritivo di Terrasanta* (1857) formuliert. Die Juden seien »allesamt Ausländer oder Nachkommen von Ausländern«, und zwar Teil der »Landschaft«, hätten aber keine rechtliche Handhabe oder unabhängige Rolle inne, überhaupt folge ihre dortige Anwesenheit keiner leicht nachvollziehbaren Logik: »Eine seltsame Kraft hält sie dort zusammen: eine geheimnisvolle Anziehungskraft zog sie aus den entlegensten Gegenden an, nicht als christliche Pilger, um ihre alte Heimat zu besuchen, sondern um sich dort niederzulassen und das Grab vorzubereiten. Man kann sagen, dass sie für immer dazu verdammt sind, die Erfüllung der Prophezeiungen über Christus zu erleben, der dort getötet wurde, und die heftigen Flüche zu hören, die ihre Väter bei seiner Tötung aussprachen *Sein Blut komme über uns und über unsere Kinder.*«

Häufiger ist in Berichten katholischer Reisender die Rede davon, dass die Juden für die Ermordung Jesu verantwortlich seien. Obwohl als gesichert gilt, dass Pilatus die Kreuzigung Jesu befohlen hat und die Soldaten des Präfekten sie dann ausführten, ist das Vorurteil nicht auszurotten. Zu diesem Themenkomplex, bei dem es darum geht, die angebliche Überlegenheit des Christentums gegenüber dem Judentum zu begründen, gehört ebenfalls der schändliche und bis ins Mittelalter zurückzuverfolgende Vorwurf, Juden hätten Ritualmorde an christlichen Jungen verübt.

Internationale Wellen schlug die sogenannte Damaskusaffäre 1840. Nachdem ein aus Sardinien gebürtiger Kapuzinermönch und sein muslimischer Diener verschwanden und ermordet wurden, werden mehrere Mitglieder der jüdischen Gemeinde von Damaskus verhaftet, obwohl es keine direkten Anhaltspunkte dafür gab, dass sie die Tat verübt haben. Ihnen wird von Christen vorgeworfen, die Männer ermordet zu haben, um ihr Blut zum Backen von ungesäuertem Brot (Matze) für das Passafest zu verwenden. Benoît Ulisse de Ratti-Menton, der französische Konsul in Damaskus, für seine antisemitische Haltung bekannt, ordnet eine Untersuchung im jüdischen Viertel und bittet den zu dieser Zeit ägyptischen Gouverneur, sich der Angelegenheit anzunehmen. Heinrich Heine, der sich durch den Vorgang »an die dunkelsten Zeiten des Mittelalters« erinnert fühlt, kommentiert aus dem Pariser Exil wie folgt: »Der französische Konsul in Damaskus, der Graf Ratti Menton, hat sich Dinge zu schulden kommen lassen, die hier einen allgemeinen Schrei des Entsetzens erregten. Er ist es, welcher den occidentalischen Aberglauben dem Orient einimpfte, und unter dem Pöbel von Damaskus eine Schrift austeilte, worin die Juden des Christenmords bezichtigt werden. Diese hassschnaubende Schrift, die der Graf Menton von seinen geistlichen Freunden zum Behufe der Verbreitung empfangen hatte, ist ursprünglich der Bibliotheca prompta a Lucio Ferrario entlehnt, und es wird darin ganz bestimmt behauptet, dass die Juden zur Feier ihres Passahfestes des Blutes der Christen bedürften.«

In der Folge kommt es zu Ausschreitungen von Christen und

Muslimen gegen die jüdische Bevölkerung. Geständnisse werden unter Folter erzwungen, wobei einige der Tat beschuldigten Männer ums Leben kommen. Dem Einschreiten von Moses Montefiore ist es zu verdanken, dass die übrigen Gefangenen freigelassen werden. Und nachdem die Türken gegen Ende dieses Jahres wieder die Herrschaft über Syrien erlangt haben, werden die Vorwürfe der »Blutverleumdung« von Sultan Abdülmecid I. in einem Edikt für nichtig erklärt, weil es sich um eine im gesamten Osmanischen Reich verbotene Verleumdung der Juden handelt.

Hillel Jaffe, der 1864 in einem kleinen Dorf unweit von Ekaterinoslaw (damals Russland, heute Dnipro, Ukraine) geboren wurde, kommt 1891 nach Palästina. In einem Brief an einen früheren Mitstudenten schreibt er: »Ich habe nun drei Jahre meines Lebens in dem heiligen und gesegneten Land verbracht, das, streng unter uns gesagt, nicht im Geringsten heilig ist, sondern entweiht und von allerlei Krankheiten betroffen, nicht gesegnet, sondern verflucht ist.« Jaffe arrangiert sich mit den Verhältnissen, arbeitet zunächst als Amtsarzt für die Osmanen, nimmt aber bald ein Angebot von Baron de Rothschild zur Arbeit in den Kolonien an. Er schreibt weiter: »Ich habe keine Sehnsucht mehr nach Russland, während Europa so kalt, so fremd erscheint. Hier sind wir sozusagen zu Hause. Wenn es doch nur etwas mehr Ordnung und weniger Fieber gäbe, auch weniger Schurken in der örtlichen Verwaltung, würde es allmählich besser werden.«

Begegnungen im Harem

Muslimische Frauen unterlagen in Palästina den Bestimmungen des Koran, wonach sie zu Hause bleiben und möglichst jeden Kontakt mit der Außenwelt vermeiden sollten. Wenn sie doch außerhalb des Hauses unterwegs waren, dann nur in Begleitung eines Mannes aus der eigenen Familie. Im Prinzip erstreckten sich diese und viele andere Verhaltensregeln der Scharia auch auf Frauen der anderen ethnischen Gruppen im Land, dennoch vermittelten die Reiseberichte ein vielschichtigeres Bild. Während in den muslimisch dominierten Städten wie Nablus, Hebron und Jaffa die Frauen typischerweise in blaue Kleider gehüllt und oft nur die Augen erkennbar waren, ist die Situation, der Untersuchung des französischen Literaturwissenschaftlers Guy Galazka folgend, in den christlich dominierten Städten Nazareth und Bethlehem und auch auf dem Land flexibler bzw. toleranter, was dennoch nicht heißen soll, dass sie dort den Männern gleichberechtigt waren.

Allerdings ist eine gewisse Vorsicht geboten, da die Reisenden dazu neigten, die Dörfer und das Landleben zu idealisieren. »Nichts ist so frisch, lebendig und malerisch wie die Tracht der Frauen von Bethlehem. Die buntesten Farben sind kunstvoll ineinander verwoben, und die Art und Weise, wie sie ihre Frisur, ihre Stirnbänder aus Silbermünzen und ihren reichlichen Schmuck arrangieren, hat eine wunderbare Wirkung«, schreibt Monseigneur Pierre-Louis Péchenard in *De Reims à Jérusalem* (1893). In Nazareth konnten sich Frauen und Männer offenbar entspannt zusammen in der Öffentlichkeit zeigen, wie Louis Lortet in *La Syrie d'aujourd'hui* (1884) referiert:

»Um diesen Brunnen herum kommen die jungen Männer der Stadt, um ihren Verlobten den Hof zu machen. Nazareth ist die einzige Stadt in Syrien, in der die Vermischung der Geschlechter an einem öffentlichen Ort geduldet wird. Obwohl diese Annäherung von türkischen Puristen stark getadelt wird, ist es offensichtlich, dass die Moral hier weit über der der benachbarten Bevölkerung liegt, deren Frauen rigoros abgeschirmt werden.«

Selbst wenn solche Beschreibungen übertrieben gewesen sein mögen, Voyeurismus und orientalistische, wohl auch erotische Wunschvorstellungen die Fantasie der Protokollierenden beflügelt haben mögen, deutet die Häufung solcher Beobachtungen an bestimmten, christlich dominierten Orten auf eine gewisse Toleranz.

Die englische Autorin Mary Eliza Rogers, die aus den literarischen Zirkeln Londons kam, hat einen geschärften Blick für Menschen, die in den allermeisten anderen Reiseberichten fehlen. 1855, im Alter von 27 Jahren, fährt sie mit ihrem im britischen diplomatischen Dienst tätigen Bruder Edward ins Heilige Land.

Es ist das Jahr einer Entspannung im Verhältnis zu Europa, die Nachricht von dem mit der Hilfe Frankreichs, Englands und Sardiniens errungenen Sieges des Osmanischen Reiches über seinen Erzfeind Russland wird im Morgengrauen des 27. September von 21 Kanonenböllern in der Heiligen Stadt begleitet. Mit dem im darauffolgenden Jahr geschlossenen Pariser Friedensvertrag wird der Krimkrieg beendet und die Einbindung des Osmanischen Reiches in das europäische Machtgefüge besiegelt.

Rogers bleibt drei Jahre. Gemeinsam reiten sie und ihr Bruder durch das ganze Land und werden überall freundlich aufgenommen. Obwohl Rogers keine missionarischen Absichten verfolgt, lernt sie Arabisch, was ihr dabei hilft, das Vertrauen der Menschen zu gewinnen. In ihrem Buch *Domestic Life in Palestine* (1860) dokumentiert sie alles in nüchternem Ton. In Arraba, einer von Mauern umgebenen Stadt im heutigen Westjordanien, wird sie von weiblichen Angehörigen des dortigen Gouverneurs Mohammed Bek empfangen. Die Frauen – purpurrot und silberfarben gekleidete abessinische Sklavenmädchen und in violette und goldfarbene Gewänder gehüllte Araberinneren – heißen Rogers im Harem willkommen. »Sie stürzten sich auf mich, als wäre ich für sie ein neues Spielzeug. Eine nach der anderen küsste mich und streichelte mein Gesicht. Sie hatten noch nie eine Europäerin gesehen und sagten mir, dass noch nie eine Tochter der Franken ihre Stadt betreten habe.« Die Wasserpfeife rauchende Sit Habîbî, älteste Frau des Gouverneurs von Arraba, stellt Rogers zunächst zwei weiteren Ehefrauen, dann den drei Frauen von Saleh Bek, dem Gouverneur von Haifa, vor. Als die Engländern erzählt, dass sie Saleh Bek kenne, zeigen sich alle sehr erstaunt, weil Frauen in ihrem Umfeld nie Männer außerhalb der Familie träfen und eine muslimische Dame ihren zukünftigen Ehemann nicht vor dem Hochzeitstag sehe.

Die vielen Fragen der Frauen nimmt die Engländerin mit Gelassenheit: ob die Menschen in ihrem Heimatland alle weiß seien, wollen sie wissen, und wie es komme, dass sie ohne »ihre« Frauen reise und warum sie keinen Kopfschmuck trage. Gleichfalls erstaunt zeigen sie sich, als Rogers Porträtskizzen von den Frauen anfertigt, denn so etwas hatten sie nie gesehen. Als sie sich zudem fein säuberlich alle Namen notiert, sagen Selim und Saïd, die beiden jungen Söhne des Gouverneurs: »Maschallah! Die Fremde schreibt in unserer Sprache.« Die Frage, ob sie eine Muslima sei, verneint sie, dennoch hat sie den Koran gelesen. Ihre Haltung erklärt sie wie folgt: »Ich werde nicht als Muslima bezeichnet. Aber ich bin Deine Schwester, geschaffen von demselben Gott, der der einzige Gott ist, der Gott aller, mein Vater und Dein Vater.« Die Frauen sind von Rogers Worten beeindruckt, halten sie für »eine wirkliche Gläubige«. »Sie ist wirklich ein Engel«, fügen die abessinischen Sklavinnen dem hinzu.

Die jungen Frauen lassen nicht locker. Ob sie verheiratet sei, was Rogers verneint, und warum sie dann ihre Eltern verlassen habe, ob diese nicht freundlich zu ihr gewesen seien. »Du sprichst unsere Sprache wie eine Fremde, aber schön. Ein Araber würde Dich zur Frau nehmen. Warum heiratest Du nicht einen Araber?« Worauf Rogers amüsiert erwidert: »Meine Mutter ist nicht hier, um einen Ehemann für mich zu finden. Wie kann ich dann heiraten?«, und Sit Sâra antwortet: »Ich werde Deine Mutter sein, und Dich zu einem Ehemann bringen. Mein Bruder ist ein Kadi, ein großer Richter von Nablus; er sucht eine Frau, er hat nur drei. Er wird Dich lieben, weil Du weiß bist.«

Rogers lässt sich auf das hypothetische Spiel noch weiter ein und wird nach Kamelen in ihrem Besitz gefragt: »Mein Vater hat keine Kamele. In meinem Land gibt es nur drei oder vier lebende Kamele, die als Kuriositäten in einem Haus in einem schönen Garten gehalten werden, mit Dienern, die auf sie aufpassen und sich um sie kümmern. Wir haben auch ein paar ausgestopfte Kamele in einem großen Glashaus.« Natürlich muss sie die Frage nach den fruchtbaren Olivenbäumen ebenfalls verneinen. Sit Sâra hat, was die Aussteuer angeht, genaue Vorstellungen: »Dein Vater hat Gold. Er wird Dir von seinem Gold, Edelsteine, eine rote Kiste mit Kleidern und Tüchern, einige Seidenkissen, eine rote Holzwiege und viel Seife geben. Mein Bruder hat großen Reichtum, und er wird, Deinem Anteil entsprechend, Deinem Vater Kamele geben und Goldmünzen.«

Die Christin Rogers übt keine Kritik an der Polygamie, mit der sie hier konfrontiert wird (die, und dieses Thema kann hier nur angerissen werden, nicht nur in traditionellen islamischen Gesellschaften vorkam und vorkommt). Rogers' Neugier ist in jedem Fall geweckt. So fragt sie einige der Männer, die eines Abends bei ihr zu Gast sind: »Gibt es irgendein Gesetz (das ihr als heilig und verbindlich betrachtet), das Euch verbietet, Frauen außerhalb Eurer eigenen Familien zu sehen und mit ihnen zu sprechen? Wenn es ein solches Gesetz gibt, werde ich Euch nicht dazu bringen, es zu missachten, sondern ich werde Euch helfen, es einzuhalten, indem ich mich vor Euch verstecke.« Sie verweisen auf ein Gewohnheitsrecht, das die Frauen in ihrem Harem halte. Mohammed Bek meint es mit folgendem Hinweis rechtfertigen zu können:

»Wenn wir ihnen die Freiheit geben würden, wüssten sie nicht, welchen Gebrauch sie davon machen könnten. Ihre Köpfe sind aus Holz. Sie sind nicht wie Du. Wenn Du sprichst, denken wir nicht mehr daran, dass Du eine Frau bist: Wir glauben, wir hören einem Scheich zu. Um in der Welt zu leben, braucht man Wissen und Weisheit. Unsere Frauen und Töchter haben weder Weisheit noch Wissen. Gebt ihnen Weisheit, und wir werden ihnen die Freiheit geben.« Rogers setzt den Kontakt zu den Männern fort, traut ihnen trotz dieser kategorisch klingenden Einschätzungen offenbar noch Einsicht zu: »Ich glaube, ich habe ihnen einige neue Ideen über die Fähigkeiten und Möglichkeiten von Frauen vermittelt, die sich mit der Zeit als nützlich erweisen könnten.«

Ihre Erkundungen bei muslimischen Arabern machen Rogers mit der bei diesen offenbar verbreiteten Praxis vertraut, Geld und Wertgegenstände zu vergraben, um sie zu schützen und später wieder auf sie zugreifen zu können – vorausgesetzt der Ort ist den Besitzern oder ihren Erben dann noch bekannt. Das rief wiederum auch Menschen auf den Plan, die gezielt nach solchen vergrabenen bzw. vergessenen »Schätzen« suchten. Ein besonderes Gesetz sah vor, dass ein Drittel eines solchen Schatzes dem Finder zusteht, ein Drittel dem Eigentümer des Grundstücks und ein Drittel der Regierung. »Es gibt Menschen, die fast ihr ganzes Leben mit der Suche nach verborgenen Schätzen verbringen. Einige von ihnen werden zu Wahnsinnigen, verlassen ihre Familien, und obwohl sie oft so arm sind, dass sie von Tür zu Tür und von Dorf zu Dorf betteln müssen, halten sie sich für reich. Es gibt andere, die ›Sahiri‹ genannt werden – Beschwörer –, die systematisch zu arbeiten scheinen und eine sehr merkwürdige Methode haben, die Suche zu betreiben. Sie wählen bestimmte empfindsame Personen aus, von denen man annimmt, dass sie die Fähigkeit haben, in der Erde oder anderswo verborgene Gegenstände zu sehen; aber die Fähigkeit besteht nur dann, wenn sie durch den Einfluss nekromantischer Zeremonien geweckt wird, die der professionelle Schatzsucher versteht. Er bereitet das Medium richtig vor und ruft die visionäre Kraft in vollem Umfang hervor; dann werden auf sein Geheiß hin die Verstecke der Schätze genau beschrieben. Wenn das Medium wieder in den Normalzustand zurückkehrt, erinnert es sich an keine der Offenbarungen, die ihm gemacht wurden. Die Ausübung dieser Kunst gilt als *haram*, d.h. als nicht mit dem Koran vereinbar, und wird im Geheimen und nicht in großem Umfang praktiziert.« Wie Rogers erklärt, sprachen die von ihr befragten Menschen »mit Furcht und Zittern und flüsterten geheimnisvoll ihre Erklärungen«.

Rogers' Ausführungen zu Christen und Juden geraten knapp, sie erwähnt, den Kontakt zu ihnen gesucht zu haben, zur christlichen Familie Sakhali etwa und zu religiösen Juden, die ihr die Gesetze, Fasten und Feiern erklären. Ihr Fazit ist ernüchternd: »Die orientalischen Christen sind leider sehr verbittert in ihrem Hass auf die Juden. Sie behandeln sie im Allgemeinen mit großer Verachtung und machen sich das Verdienst, den Umgang mit ihnen zu vermeiden, aber sie stimmen mit den Moslems überein, wenn sie zugeben, dass die Juden im ganzen Osten durch die Reinheit ihres Lebens, die Einfachheit ihrer Sitten und die Strenge, mit der sie ihre religiösen Dienste einhalten, bemerkenswert sind.«

Hinweise auf Roma sind kaum in Berichten über Palästina zu finden. Möglicherweise verwechselten Reisende sie mit Beduinen. Ulrich Jasper Seetzen sucht zu Beginn des 19. Jahrhunderts ganz gezielt »Zigeuner« oder »Náuar«, wie er sie auch nennt, im Osten von Nablus auf. Gegen ein kleines Trinkgeld lässt er sich von einem Mitglied dieses »Trupps« bei der Erstellung einer Liste von Wörtern und Zahlen helfen. »Nach diesem Wortverzeichnis zu urteilen, ist die Sprache der hiesigen Zigeuner oder Náuar ein Kauderwelsch von mehrern Sprachen, und ich finde viele arabische und türkische und einige griechische Wörter darin. Es scheint mir aber, dass sie noch aus einer vierten Sprache Vieles entlehnten, welche ich aber nicht näher anzugeben weiß, weil es mir gänzlich an Wörterbüchern fehlt, und diese Sprache dürfte vielleicht ihre eigentliche Muttersprache sein.« Er charakterisiert sie als »verwildert« und »roh«, des Lesens und Schreibens unkundig.

Auch Mary Eliza Rogers hat Kontakt mit dieser »mysteriösen Menschenrasse«. Zuerst sind es ihre Zelte aus schwarzem Ziegenhaar, die sie außerhalb einer Ortschaft wahrnimmt – es sind die Behausungen von Kesselflickern und Schmieden, die von Ort zu Ort ziehen, »ganz so wie ihre Brüder in den einsamen Regionen Englands«. Sie zeigen sich erstaunt darüber, dass die Engländerin ohne weibliche Begleitpersonen unterwegs ist und beim Reiten beide Beine auf einer Seite sind. »Die Hügel rund um Arrabeh sind sehr steil, meine Dame, Sie werden vom Pferd fallen, wenn Sie so sitzen«, warnen sie die Frauen.

»Die Männer hatten einen eher mürrischen und strengen Gesichtsausdruck und waren in Säcke gekleidet, die mit Lederriemen umgürtet waren. Schwarze Tücher waren mit Seilen aus Kamelhaar nach Beduinenart auf dem Kopf befestigt. Die Frauen und Mädchen schienen zäh, kühn und wagemutig, aber gutmütig zu sein. Ihre Gesichtszüge waren stark ausgeprägt ... Breite Silberarmbänder schmückten ihre tätowierten Arme, und an einigen der dunkelhäutigen Hände trugen sie klobige kabbalistische Ringe, die die Träger vor Unheil schützen sollten.«

Rogers bemerkt, dass die Roma bei ihren Grüßen nicht den Namen Allahs benutzen und Arabisch sprechen, daneben aber noch eine eigene Sprache. Sie seien für ihre Kunststücke bekannt, würden gerne für Wahrsagerei und die Deutung von Träumen konsultiert und führten Taschenspielertricks auf – sie beobachtet, wie ein Junge aus der Mitte des Publikums gerufen und dem Anschein nach in sechs Teile geschnitten und nach ein paar Minuten wieder zusammengefügt wird. »Die Araber im Allgemeinen und insbesondere die der unteren Klassen glauben fest an die okkulte Macht der Zigeuner. Sie werden gehasst und gefürchtet, aber auch in bemerkenswertem Maße bevormundet und unterstützt«, berichtet Rogers. Und sie fügt die folgende Warnung an, wobei sie den klischeehaften Vorstellungen folgt:

»Diese Leute sind sehr bösartig, und wenn sie in der Nähe sind, muss man gut auf die Hühner, Lämmer und Zicklein aufpassen und in den Obst- und Weingärten sowie bei den Gurkenpflanzungen doppelte Wachsamkeit walten lassen.«

Angesichts der Gelassenheit, die sie bei den Begegnungen mit Angehörigen anderer Gruppen zeigt, überrascht hier die Härte ihres Urteils. Ihre Warnungen befinden sich auf einer Linie mit weit in die Vergangenheit zurückreichenden Vorurteilen. So wurde den Roma lange unterstellt, Spione der Türken und Verräter der Christen zu sein, wegen ihrer Mobilität galten sie oft auch als Seuchenträger. Als ihr Ursprungsland wurde lange Zeit immer wieder Ägypten genannt. Linguistische Untersuchungen haben ergeben, dass ihre Vorfahren aus Indien beziehungsweise der Region, die heute Pakistan ist, kamen und seit dem 8. Jahrhundert nach Westen gezogen waren.

Auch Ida Pfeiffer hat Gelegenheit, einen Harem zu besuchen, im Wohnhaus des Paschas von Akkon – ein »mittelgroßes Gemach, dessen Boden mit Matten und Teppichen überdeckt war und an dessen Seiten Polster lagen, auf welchen die verschiedenartigsten Schönheiten, vermutlich aus allen Weltgegenden zusammengerafft, zwölf bis fünfzehn an der Zahl, saßen. Eine derselben war ziemlich alt und vermutlich die eigentliche Frau, denn alle übrigen deuteten auf sie. Die Jüngste darunter mochte achtzehn bis neunzehn Jahre zählen und war Mutter eines ungefähr acht Monate alten Kindes, mit welchem alle spielten wie mit einer Puppe; das arme kleine Geschöpf ging von einer Hand in die andere. ... Von ausgezeichneten Schönheiten, wenn man die hier sehr verehrte Beleibtheit nicht dafür hält, sah ich nicht viel, wohl aber eine Einäugige, eine in diesem Land nicht ungewöhnliche Erscheinung. Sklavinnen erblickte ich da von allen Schattierungen. Die eine hatte einen Ring durch die Nase gezogen, die andere hatte blaubemalte Lippen. Alle aber, Frauen und Sklavinnen, hatten schwarzgefärbte Augenlider und Augenbrauen und auch die Nägel und die innere Fläche der Hand von dem Saft der Hennawurzel lichtbraun gefärbt.« Pfeiffer hat den Eindruck, dass sie keinen Tätigkeiten nachgehen, ihre Zeit mit dem Rauchen der Nargileh und dem Trinken von Kaffee verbringen. Ihre Kommunikation mit den Frauen ist eingeschränkt, »pantomimisch«, wie sie schreibt. Die Frauen befühlen ihren Kopf, wundern sich über ihre Magerkeit und die kurzen Haare. »Wir mussten nur jedes erraten, was das andere sagen wollte, und am Ende saß ich stumm unter ihnen und war froh, als ich nach einer Stunde zur Fortsetzung der Reise abgeholt wurde.« Pfeiffer besucht danach noch andere Harems, überall trifft sie auf »dieselbe Unwissenheit, Neugierde und Trägheit« und ließ dem ein erstaunliches Fazit folgen: »Im ganzen mögen sie glücklicher sein als wir Europäerinnen, dies schließe ich teils aus ihrer Beleibtheit, teils aus ihren ruhigen Gesichtszügen.«

Die prominente New Yorker Frauenrechtlerin Frances Willard, eine der Gründerinnen der Women's Christian Temperance Union, besucht während ihres Aufenthalts in Palästina in den 1870er Jahren eine ganze Reihe von Mädchenschulen und zeigt sich beeindruckt von der engagierten Arbeit der Lehrerinnen. »Natürlich interessierten mich die Mädchen am meisten – der Zustand der Frauen hier ist so erbärmlich, dass ich das Glück habe, sie aus ihrer Erniedrigung zu befreien, und das wird nicht nur ihnen, sondern auch ihren Kindern und Kindeskindern zugute kommen.« Sie hofft, mit ihren Spenden an vor Ort tätige westliche Hilfsorganisationen einen Beitrag für die Linderung leisten zu können. Willard irritiert, dass die Gesichter vieler muslimischer Frauen vollständig bedeckt sind und –

anders als in Ägypten – nicht einmal ihre Augen erkennbar sein dürfen.

Erscheint ihr Palästina anfänglich noch als »geheimnisvoll«, die »Auserwähltheit« und »unveränderliche Kraft« des Landes als »unbestreitbar«, zeigt sie sich bald schockiert von Jerusalem, es sei »die unangenehmste, düsterste und häßlichste Stadt, die ich je gesehen habe«. Vergeblich begibt sie sich auf die Suche nach den von manchen Reisenden beschriebenen »Madonnengesichtern«. Immerhin macht sie eine Gruppe von Frauen aus, die sie als »moderne Rebeccas« mit »hellen und frechen Gesichtern« beschreibt.

Die Arbeitswelt der Frauen ist von der der Männer weitgehend getrennt. Die amerikanische Siedlerin Clorinda Minor empfindet Mitleid für ihre Mühsal und beklagt in dem unter ihrem Pseudonym A.L. Wood veröffentlichten Buch *Meshullam! Or, Tidings from Jerusalem* (1851), dass die Jerusalemer Frauen um Mitternacht aufstehen müssten, um bis zum Morgen die Mühlsteine zu drehen und somit nicht der Sonnenhitze ausgesetzt zu sein. Interessanterweise nehmen einige amerikanische Frauen zu einer Zeit, als es üblich war, die Oberkörper in Korsetts zu zwängen, die Pluderhosen, die sie in Palästina und im weiteren Orient sehen, als befreiend wahr, so dass sie zu einem Trend unter Frauenrechtlerinnen werden. Und westliche Männer liebäugeln mit exotischen Vorstellungen orientalischer Männlichkeit, wenn sie sich in typische Gewänder hüllen und als furchtlose Krieger in Gemälden verewigen oder ablichten lassen, vielleicht in der Hoffnung, sich damit die Anmutung von Rittern zu verleihen.

Auch wenn Frauen viel weiter von Gleichberechtigung entfernt waren als in westlichen Gesellschaften, war die Lage dennoch vielschichtig. Der Londoner William Henry Bartlett, der dreimal ins Heilige Land fuhr, stattet während seines zweiten Aufenthaltes 1842 einer jüdischen Familie einen Besuch ab und nimmt zur Kenntnis, dass die Frauen – im Gegensatz zu denen der einheimischen christlichen und muslimischen Geschlechtsgenossinnen – weitgehend gleichberechtigt sind, und zeigte sich auch erfreut darüber, wie entspannt und humorvoll sie sich in seiner Gegenwart verhalten. Einerseits sei die jüdische Bevölkerung sehr arm, deshalb auf Zuwendungen angewiesen und kaum in Handel und Handwerk tätig. Bei seinem letzten Aufenthalt stellt Bartlett fest, dass inzwischen eine jüdische Apotheke eröffnet worden ist, was Bartlett den Bemühungen von Moses Montefiore zuschreibt.

In Nablus treffen manche Reisende auf Samariter (auch: Samaritaner), Mitglieder einer Religionsgemeinschaft, die seit dem babylonischen Exil nicht mehr dem Judentum zugerechnet wird. Rogers merkt an, dass diese manchmal gezwungen seien, ihre Festlichkeiten an geheime Orte zu verlegen, um nicht von fanatischen Muslimen gestört zu werden. Seitdem die Engländer für die Verfolgten eintraten, konnten sie sich sicherer fühlen. Sie pflegten zwar den freundschaftlichen und geschäftlichen Verkehr mit Fremden, verheirateten sich aber nicht außerhalb. Ihr Verhältnis zu den anderen Gruppierungen sei dennoch kompliziert, wie Rogers beobachtet:

»Die wenigen einheimischen Protestanten in Nablus stehen in engem Kontakt mit den Samaritern, und auch die einheimischen griechischen Christen und viele Moslems haben ein gutes Verhältnis zu ihnen. Aber ihre jüdischen Nachbarn mögen sie überhaupt nicht. Sie beschuldigen sie der Ketzerei und sogar des Götzendienstes und meiden sie so weit wie möglich, weil sie angeblich Tauben anbeten! Dies ist eine sehr alte Verleumdung. Die Samariter hingegen behaupten, dass die Juden das Gesetz des Mose vernachlässigen, von der Reinheit des Lebens und des Gottesdienstes abgewichen sind und dem Talmud folgen.«

Rogers erinnert an die Verfolgung der Samariter im Jahr 1842. Die muslimischen Religionsgelehrten hatten mit der Ermordung der gesamten Gemeinschaft gedroht, weil die Samariter weder an das Gesetz des Moses noch an das Neue Testament, die Psalmen, die Propheten oder an den Koran glaubten und keine Muslime werden wollten. Die Situation konnte erst entschärft werden, nachdem der Oberrabbiner der Juden in Jerusalem den Samaritern schriftlich bescheinigt hatte, dass ihr Volk ein Zweig der Kinder Israels sei, der die Wahrheit der Tora (Pentateuch) anerkenne.

Mit Bibel, Teleskop und Kompass – Archäologie in Palästina

Die ersten in Palästina vorgenommenen Ausgrabungen verbinden sich mit Lady Hester (bzw. Esther) Lucy Stanhope. In die britische Oberschicht geboren, machte sie sich früh von allen gesellschaftlichen Erwartungen frei. Wichtiger Auslöser für ihren Bruch mit der Tradition soll der Tod ihres Lieblingsbruders im Zuge der napoleonischen Kriege gewesen sein. Hinzu kam eine für sie als einschneidend empfundene Begegnung in der Londoner psychiatrischen Anstalt Bedlam. Einer der Insassen ist nämlich felsenfest davon überzeugt, es sei Lady Hesters Bestimmung, die Juden der Welt ins Land ihrer Vorfahren zu geleiten und Jerusalem wieder in ihre Hände zurückzuführen – mit dem Messias durch die Tore der Stadt. Diese Prophezeiung entwickelte für sie einen Sog, der sie fortan nicht mehr losließ. 1810 begibt sie sich über Athen und Konstantinopel auf den Weg, erleidet zunächst Schiffbruch vor Rhodos und legt sich, nachdem sie ihr gesamtes Gepäck verloren hat, mit Mantel, Turban und Pantoffeln die für einen männlichen Türken typische Kleidung zu; sie weigert sich fortan, einen Schleier zu tragen.

Bei einem zufälligen Treffen mit Johann Ludwig Burckhardt in Nazareth soll dieser sie überzeugt haben, sich auf Ausgrabungen zu verlegen. Als Franziskanermönche ihr ein italienisches Dokument übergeben, das Hinweise auf einen im Mittelalter in Aschkalon unter einer Moschee von Christen vergrabenen Goldschatz enthält, ist ihr Enthusiasmus geweckt. Nachdem der britische Botschafter in Konstantinopel ihr schriftliches Gesuch um Unterstützung für ihr Vorhaben abgelehnt hat, ist sie erst recht motiviert, sich direkt von der osmanischen Regierung eine Erlaubnis zu besorgen. Den Türken verspricht sie den erhofften Goldfund, denn es ging ihr wohl nur darum, die Beziehung zwischen Großbritannien und dem Osmanischen Reich zu festigen. Sie bekommt die Genehmigung, und der Pascha von Jaffa begleitet sie.

In der an der Küste des Mittelmeers nördlich von Gaza gelegenen Hafenstadt lässt sie von Hundertschaften vor Ort angeheuerter Fellachen 1815 Ausgrabungen durchführen. Anstelle des Goldes entdeckt sie jedoch lediglich die kopflose Marmorstatue eines römischen Herrschers, die sie zerstören und den Wogen des Mittelmeers anvertrauen lässt. Kurz: Das Ganze entpuppt sich als ein Fiasko. Der Gouverneur verbreitet das Gerücht, sie habe die Statue zerstört, um an das in ihrem Inneren verborgene Gold zu gelangen und sich dieses sodann mit dem Pascha von Akkon zu teilen. Eine ironische Fußnote ist, dass die Paschas zu dieser Zeit selbst Ruinen ausschlachteten, um Teile davon in Moscheen und anderen Gebäuden wiederzuverwerten.

Drei Jahrzehnte lang verschanzt sich Lady Hester Stanhope in Bergklöstern im Libanon, wo sie verfolgten Drusen Zuflucht bietet. Sie entsagt dem christlichen Glauben und gefällt sich in der Rolle der Heldin, die an der Spitze arabischer Stämme furchtlos durch die syrische Wüste reitet – so zumindest die Legende. Durch List und souveränes Auftreten errringt sie in ihrem Umfeld den Ruf einer Königin: »Malika«. Anderen gilt sie als »die verrückte Nonne vom Libanon«.

De Lamartine fiebert seiner Begegnung mit der stets von dichten Rauchwolken umgebenen »modernen Magierin« entgegen. »Es schien mir, die religiösen Lehren der Lady Esther waren eine geschickte, wenn auch verworrene Mischung der verschiedenen Religionen, in deren Mitte sie sich verbannt hat; sie war geheimnißvoll, wie die Drusen, deren Mysterium sie, vielleicht einzig in der Welt, kennt; in das Schicksal ergeben, wie ein Muselman und gleich ihm Fatalistin; erwartete mit den Juden den Messias und bekannte sich zu der Anbetung Christi und zu der Ausübung seiner auf Liebe gebauten Moral. Nimmt man noch dazu die fantastischen Farben und die übernatürlichen Träume einer von dem Orient belebten und durch Einsamkeit und Beschauung erhitzten Phantasie, vielleicht noch einige Mitteilungen der arabischen Astrologen, so wird man eine Idee von diesem erhabenen und dabei bizarr zusammengesetzten Charakter bekommen ...« Auf jeden Fall fügt sie sich, dem Dichter zufolge, geradezu perfekt in diese Umgebung ein: »Für die Menschen dieses Wunderlandes, deren Einbildung noch bunter und duftiger ist, als der Horizont ihrer Sandebenen und ihrer Meere, bedarf es des Wortes Mahomed's oder der Lady Stanhope, bedarf es des Verkehrs mit den Sternen, der Prophezeiungen, der Wunder, des zweiten Gesichtes des Genie's!« De Lamartine wäre nicht überrascht, so merkte er an, wenn sie »ein arabisches Reich«, gar einen »Thron in Jerusalem« bekäme.

Der Grabungsort Aschkalon ist freilich nur ein unbedeutender Nebenschauplatz. Es sollten noch einige Jahrzehnte vergehen, bis die Archäologie im Heiligen Land Fuß fassen konnte. Nachdem mit Charles Darwin und Auguste Comte eine ganz neue, von Skepsis gegenüber den bis dahin allgemein akzeptierten Grundsätzen geprägten Ära begonnen hatte und es nicht mehr plausibel schien, dass die Welt vor ein paar tausend Jahren quasi aus dem Nichts geschaffen worden war, stellte sich immer mehr die Frage, ob und wie das mit dem in der Heiligen Schrift

Niedergelegte mit dem dort noch Vorgefundenen vereinbar ist und welche baulichen Spuren überhaupt in Palästina zu finden seien.

Markieren die »heiligen Stätten« Orte, an denen sich tatsächlich und ursprünglich biblische Ereignisse zugetragen haben? Oder handelt es sich nur um Erinnerungsorte, die erst im Laufe der Jahrhunderte ihre Bedeutung verliehen bekommen haben und »mit dem Gewicht des Göttlichen beschwert« wurden, wie es der französische Soziologie Maurice Halbwachs formuliert? Verkompliziert wird die Angelegenheit dadurch, dass es verschiedene Ortsangaben für dieselben Tatbestände gab bzw. gibt: »Die christliche Gemeinschaft umfaßte verschiedene Gruppen, von denen jede ihre eigenen Überlieferungen besaß und auch ihre eigenen Schriften. Christen, jüngst bekehrte Judenchristen, Griechen, Lateiner, Heiden«, merkt Halbwachs an. Er verweist auf »das Gemachte der christlichen Überlieferung«: »Die Heiligen Stätten erinnern also nicht an von zeitgenössischen Zeugen beglaubigte Tatsachen, sondern an Überzeugungen, die vielleicht nicht weit von diesen Orten entstanden sind und sich verstärkten, indem sie an ihnen Wurzeln schlugen.«

Von solchen grundlegenden Zweifeln und Fragestellungen wollen die frühen Archäologen im Lande noch nichts wissen. Als Begründer der biblischen Archäologie gilt der amerikanische protestantische Theologe Edward Robinson, der nach dem Studium der Theologie in Amerika noch in Paris, Halle und Berlin orientalische Sprachen studiert hatte, »einem Impuls von oben« folgend, von Ägypten aus die Halbinsel Sinai durchquert und mit Bibel, Teleskop und Kompass ausgestattet 1838 in Jerusalem eintrifft. Obwohl überzeugter Christ, will er seine wissenschaftliche Urteilskraft nicht von seinem Glauben beeinträchtigt wissen. Und tatsächlich entdeckt Robinson einige der im Alten Testament genannten Örtlichkeiten. An der Südwest-Ecke des Tempelbezirks findet er ein spektakuläres Relikt, das auf die Zeit des Zweiten Tempels um 515 v. Chr. datiert werden kann. Er identifiziert den Mauervorsprung als Überrest eines Bogens, der einst die am Fuß der Westmauer entlang verlaufende Straße überspannte. Robinson beschäftigt sich mit der Frage, ob die Lage der Grabeskirche – wie bis dahin allgemein angenommen – tatsächlich mit dem Ort übereinstimmt, an dem Jesus gekreuzigt und begraben wurde. Dafür wäre der Beweis notwendig, dass sie außerhalb der Begrenzung der zweiten Stadtmauer lag, weil Juden nicht innerhalb der Stadtmauer begraben werden durften. Robinson kann diese Frage nicht lösen, hält den aktuell dafür gehaltenen Ort für unwahrscheinlich, schließt seine Authentizität aber auch nicht völlig aus. Die Frage ist bis heute nicht geklärt; es werden auch einige andere Orte dafür in Betracht gezogen.

Robinson weitet seine Aktivitäten über Jerusalem hinaus aus und untersucht, inwieweit die arabischen mit den ursprünglichen hebräischen Ortsnamen korrespondieren. So gut wie alle Orte Palästinas wurden von Juden und Arabern unterschiedlich benannt. So findet er das Dorf as-Samu (As Samu) und das biblische Eschtemoa, al-Jish, das zuvor Gisch hieß, und das frühere Gibeon, dessen Überreste noch in einem Teil der heutigen palästinensischen Siedlung al-Jib ausgemacht werden können. Sein Reisetagebuch erschien als *Biblical Researches in Palestine, Mount Sinai, and Arabia Petraea* (1841).

Vierzehn Jahre später kommt er noch einmal nach Palästina, um Galiläa, Samaria sowie das Libanongebirge und Damaskus zu inspizieren. In der Summe hatte er einige Bausteine für ein profunderes Verständnis von Palästina geliefert und den Boden für weitere Untersuchungen bereitet. Was Robinson nicht direkt ansprach, vielleicht weil er zu seiner Zeit noch einen gewissen Idealismus hatte: Es gab nie etwas von sehr großer Bedeutung zu finden. Jesus und die ersten Christen waren sehr arme Leute und nicht die Herrschenden. Die Juden hatten ihren Tempel vor langer Zeit verloren, bevor sie als Sklaven für den Pharao in Ägypten arbeiten mussten und Untertanen in Palästina wurden.

Inzwischen hat auch Titus Tobler, ein ausgewiesener Kenner mittelalterlicher Palästina-Reiseberichte, mit einer umfassenden Erhebung begonnen, deren Ergebnisse er 1853 unter dem Titel *Topographie von Jerusalem und seinen Umgebungen* veröffentlicht. Darin führt er Kirchen, Moscheen, Synagogen, Mauern, Tore und wichtige andere Gebäude auf, ergänzt durch Skizzen und historische Hintergründe. Auch Tobler geht wie Robinson davon aus, dass Jesus außerhalb der aktuellen Stadtmauer begraben wurde.

Der gebürtige Württemberger Conrad Schick, der als junger Mann mit dem Ziel 1846 nach Jerusalem kommt, Juden und Araber zu missionieren, wird bald zum ausgewiesenen Kenner der Baugeschichte der Stadt. Im Auftrag der Russisch-orthodoxen Palästinensischen Gesellschaft führt er Ausgrabungen in der Nähe der Grabeskirche durch und entdeckt Teile großer Marmorsäulen und eine große Treppe, die offenbar mit der ursprünglichen, dort im vierten Jahrhundert errichteten konstantinischen Basilika in Zusammenhang stehen, was ihm eine Auszeichnung von Zar Alexander III. einbringt, wofür Schick wiederum die Missgunst einiger Protestanten erntet. Er arbeitet auch für den Palestine Exploration Fund, bekommt sogar die Erlaubnis, Forschungen am sonst nur Muslimen vorbehaltenen Tempelberg vorzunehmen, und fertigt davon zwei Modelle aus Holz, die 1873 auf den Weltausstellungen in Wien und 1904 in St. Louis gezeigt werden. Als Architekt entwirft Schick Krankenhäuser, Schulen und Privatgebäude, bei denen er stets versucht, nahöstliche und europäische Baustile und Methoden zu verschmelzen. Unter seiner Federführung wird auch das bis heute von ultraorthodoxen Juden bewohnte Wohnviertel Mea Schearim errichtet.

Die archäologischen Grabungen treffen auf wenig Verständnis bei den Einheimischen, Muslimen wie Juden, denen die Störung der Totenruhe ein Dorn im Auge sind. Forscher sind oft gezwungen, ihre wahre Identität zu verheimlichen, und geben andere Gründe vor, wenn sie hier oder dort tätig werden. Außerhalb von Jerusalem sind sie oft weniger der Kontrolle Einheimischer ausgesetzt.

Zu den Pionieren der Palästinaarchäologie zählt auch der schon erwähnte Charles van de Velde. Er durchkreuzt in den 1850er Jahren das Land in der Länge und der Breite mehrfach und erstellt eine Karte, die in acht Blättern veröffentlicht wurde und als die beste gilt, bevor der Palestine Exploration Fund 1876 eine noch detailliertere herausbringt. Zweifel an historischen Zuschreibungen regen sich bei van de Velde immer wieder auch im Kleinen. Über eine große Eiche in der Nähe von Hebron, die »von dem Eichenhain Mamre übrig geblieben sein soll«, notiert er: »Indessen glaube ich nicht, dass es Eichen von dieser Art – nämlich der in dichten Büscheln herabhängenden Eiche mit kleinem dornigen Blatt – gibt, die auf ein so hohes Altertum, wie in der Ueberlieferung behauptet, zurückgehen; aber das dieser schöne und majestetische Baum ein Abkömmling der Gruppe ist, unter welcher Abraham den Herrn am Eingang seines Zeltes empfing (1. Mos. 18), ist mir wahrscheinlich.« Dennoch: »Wie unscheinbar ist der Ort, ein Grasplatz mit einem großen Baum, umgeben von Hügeln, auf denen Aecker und Gärten angelegt sind! Sieht Mamre denn aus wie jedes andere Tal dieser Gegend? Ist der Ort, wo der Herr dem Abraham erschien, denn nichts als ein Grundstück wie alle andern? Ja, so ist Mamre, so ist dieser heilige Ort.« Um dann grundsätzlicher auszuholen:

»Ich kann mich nur schwer mit dieser Wirklichkeit befreunden. Ich lebe jetzt im Lande der Bibel, und doch kann ich nicht vertraut mit ihm werden. Ist das nicht ein Beweis für die Verkehrtheit unserer Einbildungskraft, die uns die Ereignisse der Schrift so vorstellt, als wenn sie nicht auf unsere Erde, sondern auf einen anderen Planeten gehören?«

Erschwerend bei der Identifizierung bestimmter Orte und Landstriche sind nicht nur die oft verwirrenden Erklärungen der Führer, hinzu kommt, dass dieselben Gegenden von früheren Reisenden oft auf unterschiedliche Weise beschrieben wurden. Van de Velde meint den Grund dafür gefunden zu haben: »Die Jahreszeit kleidet Dörfer und Hügel, Städte und Täler in ein ganz verschiedenes Gewand.«

Louis-Félicien Joseph Caignart de Saulcy, ein vermögender Amateurarchäologe, Senator und Vertrauter von Kaiser Napoleon III., der den Nahen Osten um die Mitte des Jahrhunderts mehrfach bereist und den Louvre mit allerlei Objekten beliefert, kommt 1850 zum ersten Mal nach Palästina. Er eignet sich Hebräisch und Arabisch an, gilt jedoch nicht als Orientwissenschaftler im klassischen Sinne, was wiederholt Grund für Streitigkeiten mit der Académie française ist. Er ist der Erste, der mit einer offiziellen Grabungserlaubnis für Jerusalem ausgestattet ist, der französische Botschafter in Konstantinopel, Marquis de Moustier, holte sie von Sultan Abdülaziz für ihn ein.

Als de Saulcy 1863 den schon früher heftig geplünderten Grabbau nördlich von Jerusalem aufsucht, den er für die Nekropole der Könige von Juda, von David und Solomon, hält, beschwört das einen Aufschrei der ortsansässigen Juden, die für ihre Sache den preußischen Konsul und Orientalisten Georg Friedrich Wilhelm Rosen (der diese Funktion dort von 1852 bis 1867 bekleidete) auf ihrer Seite wussten. Widerstand kommt auch von einigen muslimischen Familien, die Ansprüche auf Teile des Geländes erheben und Geld fordern, was de Saulcy barsch mit dem Hinweis auf »ein paar hunderte Hiebe mit meinem Spazierstock« kontert. De Saulcy will die Theorie von Edward Robinson widerlegen, der das Begräbnis der frühen judäischen Könige auf dem Berg Zion, also auf der anderen Seite der Stadt, vermutete.

Zur Durchführung der Grabung fest entschlossen, gibt er seinem Kartografen Charles Gelis eine kleine Pistole mit der Anweisung, sie einzusetzen, sollte sich jemand dem weiteren Fortgang entgegenstellen. Zwei Sudanesen werden beauftragt, den Eingang zu sichern. Später räumte er ein, dabei »einem Augenblick der Verrücktheit« erlegen zu sein. Insgesamt entdeckt er fünf Sarkophage in der Grabkammer der Könige. Als einige Juden einen der Wächter bestechen, um sich von den Vorgängen in der Gruft ein eigenes Bild zu machen, und dann mit Entsetzen feststellen, dass menschliche Gebeine auf dem Boden liegen, feuert das die Unruhe weiter an. Das bringt nicht zuletzt Mehmed Khurshid, den Gouverneur Jerusalems, in eine vertrackte Situation, denn er muss den Frieden wahren, aber eben auch die Erlaubnis respektieren, welche de Saulcy von höchster Stelle in Konstantinopel bekommen hat. De Saulcy veranlasst Edmond de Barrère, den französischen Konsul, zu kommen, damit dieser die Bedeutung des Fundes offiziell bestätige.

De Saulcy lässt die aramäischen Inschriften auf einem der Sarkophage mit Ton kaschieren und »argumentiert«, dass es sich »nur« um Gräber von Römern handele, um den Widerstand der Einheimischen zum Verstummen zu bringen. Diese zeigen sich allerdings wenig beeindruckt, geschweige denn überzeugt. Mit eher widerwilliger Unterstützung des französischen Konsuls gelingt es de Saulcy dann schließlich, den erwähnten und einen weiteren Sarkophag herauszuholen und nach Paris bringen zu lassen, wo er sie mit seiner Ursprungstheorie präsentiert – denn die genau ist der Grund für ihn gewesen. Bald wird jedoch klar, dass es sich nicht um das »Grab der Könige« handelt, sondern um das Grab der Königin Helene von Adiabene – das ergibt die Auswertung der in verschiedenen aramäischen Schriftarten verfassten Zeichen. Die drei anderen Sarkophage befinden sich bis heute in Jerusalem. Obwohl kein Pilger im klassischen Sinne, lässt es sich de Saulcy nicht nehmen, in Jerusalem den Ritterorden des Heiligen Grabes in Empfang zu nehmen. 1868 wird in Konstantinopel ein Gesetz erlassen, nach dem es verboten ist, Antiquitäten aus dem Osmanischen Reich außer Landes zu bringen.

Im Jahr davor beklagt sich de Saulcy in seinen *Souvenirs d'un voyage en Terre sainte* über den Verlust der poetischen Qualitäten Jerusalems, die er bei früheren Aufenthalten wahrgenommen hat: »Auch hier haben die Innovationen alles verdorben. Von der russischen Stadt bis zum Jaffa-Tor sind die alten Wege zu Straßen geworden, die voller Cabarets mit französischen oder italienischen Namen sind: *Café du Jourdain, À la mer morte, on donne à boire et à manger*. Pah! Das macht mich ganz krank.« Immerhin gesteht er selbst nicht ohne Scham, im komfortablen Hotel Hauser untergekommen zu sein.

Andere sind eher im Stillen unterwegs. Der schottische Reiseschriftsteller John MacGregor verbindet während seiner Reise 1869 das Sportliche mit dem Nützlichen. Mithilfe eines dem Kajaks der Inuit nachempfundenen Kanus befährt er das Nildelta, die Gewässer Palästinas und erkundet die Quellen des Jordans, unterstützt von einem Dragoman namens Hany und zwei Helfern. »Der Name keines anderen Flusses ist so lange und so weit wie dieser bekannt, der eine Menge alter Erinnerungen wachruft bei dem Mohammedaner in den Ebenen Indiens, bei den letzten christlichen Siedlern in den Rocky Mountains in Amerika, und den Juden auf jedem Teil des Globus.« Und so kann MacGregor »das unterdrückte Murmeln aufgestauten, geheimen Wassers hören ... unter einer Menge von Feigenbäumen, Schilf und Kletterpflanzen kommt das Wasser frei zu Tage und füllt ein rundes Bassin, hundert Fuß breit bis zum Rand.« Was er als »neugeborenen Jordan« beschreibt, den Fluss Dan, ist eine der drei Quellen des Jordan, wenn auch die stärkste.

MacGregor erregt mit seiner Expedition zu Wasser einiges Aufsehen bei der einheimischen Bevölkerung, die solch ein Transportmittel noch nicht zu Gesicht bekommen hat. Einmal wird er am Jordan von Dorfbewohnern festgehalten, kommt aber kurz darauf wieder frei. MacGregors Aufzeichnungen, *Im Kanu auf heiligen Flüssen*, sind dem Palestine Exploration Fund bei der Kartierung der Region von Nutzen. Irritiert zeigt sich MacGregor davon, was er als Desinteresse der Juden an der Archäologie des Heiligen Landes wahrnimmt: »Ich frage mich, warum sie bei aller Liebe zu ihrem Volk und ihrem Land es uns Christen überlassen, im Schutt nach den Belegen ihrer Vergangenheit zu graben – warum sie die Welt nie um das bitten, was die Welt ihnen gerne geben würde, nämlich ihr geliebtes Palästina.«

Die Grabungen setzten sich unter veränderten Voraussetzungen bis in die Gegenwart fort. »Archäologen rekonstruieren die Vergangenheit auf der Grundlage von seit Tausenden in der Erde liegenden Materials, das nur einen winzigen Prozentsatz dessen ausmacht, was zu jener Zeit existierte. Die Umwandlung dieser bruchstückhaften Aufzeichnungen in eine Erzählung über Menschen und Ereignisse erfordert profundes Geschichtswissen und ein gewisses Maß an Fantasie«, schreibt die amerikanische Journalistin Rachel Poser. Mehr als in vielen anderen Ländern waren die Forscher hier immer von der Frage getragen, wer sich mithilfe bestimmter Entdeckungen zu Legitimität für die Vergangenheit und zu territorialem Anspruch auf die Gegenwart verhelfen kann. Eine überaus existentielle und politisch brisante Angelegenheit also.

Im Babel der Sprachen – Von der Rolle der Fremdenführer

Edward Robinson hatte die Grundprobleme erkannt: »Zunächst waren die Reisenden einfach in den Fußstapfen der Mönche unterwegs. Dabei machte es keinen Unterschied, ob sie Katholiken oder Protestanten waren. … Die Mönche dienten ihnen stets als Führer, sie bezogen ihre Informationen aus dem großen Fundus der Klöster. Die meisten von ihnen waren auch ziemlich leichtgläubig, was die Dinge anging, die ihnen erzählt wurden. So kommt es, dass ihre Berichte im Wesentlichen übereinstimmen. … Der andere Fehler war, dass die Reisenden nicht der arabischen Sprache mächtig waren und sich nur über Dolmetscher mit den Menschen verständigen konnten; dementsprechend verließen sie nie die ausgetretenen Pfade, die alle ihre Vorgänger beschritten hatten.«

Sofern sie sich nicht in der Gesellschaft von Franziskanern bewegen, sind die Reisenden für ihre Kommunikation mit den Einheimischen und zur Orientierung vor Ort auf Dragomane angewiesen, die zwischen einer europäischen Sprache und dem Arabischen oder Türkischen vermitteln. Deren Kapital sind Empfehlungsschreiben, die sie als Beleg ihrer Expertise vorweisen können, um neue Kunden zu gewinnen. Diejenigen, die sich eine gute Reputation erarbeitet hatten, werden später sogar in Reisehandbüchern gelistet.

Das Verhältnis von Dragomanen und Reisenden ist häufig von Spannungen geprägt. Werden die Reisenden gezielt zu bestimmten Geschäften geführt, kommt schnell der Verdacht auf, dass der Dragoman über eine Provision davon profitiere. Selbst wenn der Ausländer von einem Dragoman übers Ohr gehauen wird (oder sich zumindest dieses Gefühl einstellte), wird dies gerne kolportiert. Dass viele Dragomane auch ganz bewusst einen pittoresken orientalischen Habitus pflegen, gehört zum »Programm«. Der Amerikaner John Ross Browne benennt seinen Bericht über seine Levantereise, die er zu Beginn der 1850er Jahre unternahm, nach seinem Dragoman Yusef Simon Badra, der sich selbst mit den folgenden Worten beworben hatte:

»Ich habe tausend amerikanische Gentlemen durch Syrien geführt. Ja, Sir; die Amerikaner mögen mich; ich mag die Amerikaner! Ich hasse Engländer; ich nehme keine Engländer; sie passen nicht zu mir; (wir) können nicht miteinander auskommen; ich weiß zu viel für sie. Aber die Amerikaner passen zu mir; immer bereit; für alles zu haben – Spaß, kämpfen oder herumtollen. Es gibt noch andere Dragomane hier, meine Herren. Emanuel Balthos ist mein Freund, und ich werde mich nicht einmischen, wenn Sie ihn nehmen wollen. Ich sage nicht, dass er Angst vor Räubern hat, ich sage nicht, dass er aus diesem Grund an allen schlechten Orten Wachen anstellt. Ich spreche nur von mir selbst … Natürlich werden Sie ein paar Chiboucks [türkische Pfeife mit langem Stiel] rauchen. Ho! Da! Hassin-Chiboucks!«

Umgekehrt beschreibt Browne ihn wie folgt:

»Das Gesicht offen und intelligent, die Augen rund und voller Feuer, grimmiger Schnurrbart, von nervös-sanguinischem Temperament, Alter achtundzwanzig, in reicher

Tracht, sorglos, und schneidig; Figur kräftig gebaut und von mittlerer Größe; gute Manieren, selbstbewusst und galant; von beeindruckendem, faszinierendem und orientalischem Charakter.«

Und nicht ohne Humor umreißt Browne die hohen Ansprüche, die an einen Dragoman gestellt werden:

»Er ist verantwortlich für den Namen jedes Dorfes und jeder Stadt auf dem Weg. Er ist verantwortlich ... für jeden moralischen und physischen Mangel der Pferde und Maultiere, für jeden Regenschauer, der die Reise unterbricht, für jedes Kopfweh und jede Verdauungsstörung, die ein Mitglied der Gruppe erleidet; für die vielen Flöhe, die jeden Rastplatz befallen, für den langweiligen und unbefriedigenden Charakter der Landschaft auf bestimmten Abschnitten der Reise; für die Unebenheiten der Straßen; für das unzivilisierte Aussehen der Araber in ganz Syrien; für den schlechten Zustand der Brücken, für jede extreme Hitze und Kälte und alle Unannehmlichkeiten des Klimas und des Landes; kurzum, der Dragoman ist für alles verantwortlich. Er muss ein Mann des Mutes, der Energie, von Geduld, von guter Laune, von Intelligenz, von Gelehrsamkeit, überhaupt von allem sein, was es unter der Sonne, dem Mond und den Sternen gibt. ... Er muss Dragoman sein, Tutor, Lexikon, Kammerdiener, Koch, Verpfleger, Tröster, Krieger – alles in einem; immer bereit zum Dienst, Tag und Nacht, nie müde, in jeder Notlage fehlerfrei. In der Tat hat der Dragoman ein ziemlich arbeitsreiches Leben, und Yusef ist ein gutes Exemplar der besten Klasse.«

Einblicke in den Werdegang eines Dragomanen gewährt das Heft mit gesammelten Belegen von Solomon Negima, welches die Archäologin Rachel Mairs auf ebay® ersteigert und ausgewertet hat. Negima wurde als syrisch-römischer Katholik in Ramoth-Gilead geboren, sein Vater stammte aus Nazareth und seine Mutter aus Moab. In Jerusalem hat er eine deutsche protestantische Missionsschule besucht. Zunächst war er als Übersetzer im Auftrag der britischen Armee in Ägypten und im Sudan unterwegs, bevor er 1885 nach Palästina zurückkehrt. Fortan ist er als Dragoman für Touristen tätig, vermittelt durch Thomas Cook und andere Reiseagenturen. Details seines Arbeitslebens erschließen sich aus den insgesamt 65 Briefen von Klienten, Fotos und anderen Notizblättern, die er im Laufe von Jahrzehnten gesammelt hat – sie sind sein »Portfolio«. Negima wird in den Briefen vielfach für seine Zuverlässigkeit und Ehrlichkeit gelobt, auch für seinen Humor. Besonders schätzen viele Reisende, dass er die Verbindungen bestimmter Örtlichkeiten mit der Bibel aufzeigen konnte. Einige erwähnen seine Fähigkeit, günstige Preise auszuhandeln. Die Tatsache, dass er selbst Christ war, kam ihm zugute.

Der englischen Autorin Ellen E. Miller ist Negima empfohlen worden. Überaus unternehmungslustig und mit dem festen Willen versehen, abseits der üblichen Wege zu reisen, will sie auf keinen Fall in einer Gruppe unterwegs sein. Während der gemeinsam verbrachten zwei Monate stellt sie Negima durch ihr unkonventionelles Auftreten immer wieder vor Herausforderungen. Von allem, was dem orientalischen Klischee entsprach, geradezu magisch angezogen, platzt sie in Jericho einmal in eine muslimische Hochzeitsfeier: »Bei meinem Erscheinen geriet ich, anstelle der Braut, für einen Moment zum Mittelpunkt der Feierlichkeit! Die wilden Geschöpfe reichten sich die Hände und bildeten einen Kreis mich herum, wobei sie eine Art Tanz zu den Klängen harscher Schreie zum Besten gaben, unter denen das Wort ›Bakschisch‹ nicht allzuschwer auszumachen war.« Negima kommt dann die Aufgabe zu, sie dort herauszuholen: »Ich freute mich insgeheim über das Glück, das mich in diese neuartige Szene geführt hatte, als der vorsichtige Solomon auftauchte und mir zuflüsterte, ich solle doch besser verschwinden, bevor die Gruppe der Menschen um mich herum zu eng wird!«

Am Jordanufer besteht Miller darauf, von Negima eine Stunde alleine gelassen zu werden. Ihre Ankündigung, im Fluss baden zu wollen, setzt sie zu seiner Erleichterung dann aber doch nicht in die Tat um. Wäre ihr etwas zugestoßen, hätte das Folgen für seinen Ruf gehabt. Mit gutem Zureden gelingt es ihm sogar, Miller unter Vorspiegelung falscher Tatsachen Zugang zu einem römisch-katholischen Kloster zu verschaffen, denn der Zugang war Protestanten dort eigentlich verboten. Von ihrer Glaubensrichtung kann sie ihn zwar nicht überzeugen, dennoch äußert sie sich positiv über ihren Austausch zu religiösen Themen. Obwohl sie in Begleitung von Negima reist, veröffentlichte sie ihr Buch unter dem Titel *Alone Through Syria* (1891).

Zu den Klienten Negimas zählt auch der 1858 noch als Sklave geborene Prediger Charles T. Walker, der von der afroamerikanischen Tabernacle Baptist Church in Augusta, Georgia, entsandt worden war. Er unternahm seine dreimonatige Reise im Frühjahr 1891. Negima und Walker haben sich offenbar bestens verstanden. Nach seiner Rückkehr nach Amerika schreibt Walker einen Brief an Negima, um ihn um Hilfe bei der Zusendung von Souvenirs zu bitten. Walker erinnert ihn bei dieser Gelegenheit daran, dass sie ihre Hüte getauscht haben.

Hinweise auf ein besonders gutes Verhältnis zu einem Dragoman finden sich auch bei dem englischen Schriftsteller Marmaduke Pickthall, der Mitte der 1890er Jahre Syrien und Palästina bereist. Pickthall war nur vom Papier her Christ und hegte, wie er schreibt, den »geheimen Wunsch«, sich »mit den Orientalen zu verbrüdern«, hatte fließend Arabisch gelernt und ist der Nachwelt vor allem als Koranübersetzer in Erinnerung geblieben – zum Islam konvertierte er erst später. Pickthall verfasst keinen der üblichen Reiseberichte, und die Örtlichkeiten sind darin meist nicht genau zu identifizieren. Seine Sammlung von Begebenheiten veröffentlicht er unter dem Titel *Oriental Encounters.* (Die deutsche Übersetzung heißt *Die Taube auf der Moschee.*) Eine Zeitlang kommt er im Gasthaus der deutschen Kolonie in Jaffa unter, findet es dort aber bald langweilig. Engländern ist er schnell ein Dorn im Auge, weil er sich teilweise in arabischer Tracht kleidet, was seine Landsleute als unangemessen empfinden. Mit den Missionaren kann Pickthall nichts anfangen.

Pickthall erzählt ausführlich von dem syrischen Dragoman Suleymân, mit dem er sich rasch anfreundet: »Seine Weisheit und seine unabhängige Art, sie zum Ausdruck zu bringen, gefiel nicht jedem so gut wie mir; und Ehrerbietung im Umgang mit anderen war nicht seine Stärke. Laut unzähliger Empfehlungsschreiben, die er mir zeigte, wurde er von Reisenden entweder sehr geliebt oder das Gegenteil, aber niemand konnte behaupten, er verstünde nichts von seinem Geschäft.« Gefährlich wird Suleymân nur, wenn man ihm misstraute, dann spielte er den Leuten Streiche.

»Einem Engländer, der gern alles organisierte, aber kaum etwas über das Land wusste und keinen gesunden Menschenverstand besaß, gehorchte er in allem grausam genau, mit der Folge, dass Zeit verloren wurde und Gepäck verschwand, Krankheit und Unbehagen herrschten. … Und der Mann war dennoch glücklich, da alles nach seinen Anweisungen geschah, sogar nach der grässlichsten und katastrophalsten Reise, die je unternommen wurde«, erzählte er mir seufzend. »Manche Leute sind Esel.«

Ein besonderes Verhalten soll der Dragoman gegenüber Geistlichen an den Tag gelegt haben: »Wenn er solche Leute durch Palästina führte, hatte er stets eine Bibel vor sich auf dem Sattel, und an jedem Abend setzte er sich nach dem Essen zu ihnen und hielt eine Predigt über die Stätte, die sie am nächsten Tag besuchen würden. Zu ihrem Vergnügen hielt er sie so witzig wie möglich, denn Geistliche lieben, wie er mir oft erklärte, eine besondere Art des Lachens.«

Isabel Burton, Autorin von *The Inner Life of Syria, Palestine, and the Holy Land* (1875) und Gattin des Abenteurers Richard Francis Burton, beschreibt Hanna Misk, den Chefdragoman des Britischen Konsulats in Damaskus als »eine dieser merkwürdigen Personen, die gleichermaßen Gut und Böse verkörpert, wie man es im Osten so häufig sieht … Ich habe gesehen, wie er vor Vergnügen errötete, wenn er bei einer Lüge oder einer Intrige entdeckt wurde.« Burton ist ihm dennoch wohlgesinnt: »Er brachte mir ein paar Brocken Arabisch bei und vertrieb mir in so mancher halber Stunde die Langeweile; er erkannte immer die komische Seite einer Situation und war stets ein willkommener Gast.« Die Schattenseite seiner Persönlichkeit war, dass er »nie einem Herrn oder Arbeitgeber treu sein konnte und seine Freunde verriet«. Burton weist diesen Vermittlern, wenn sie in der höheren Sphäre der gesellschaftlichen Hierarchie unterwegs sind, eine unverzichtbare

Rolle zu: »Das Land wird von Dragomanen regiert. … Alle türkischen Behörden, Konsuln und andere Offiziere haben mehrere dieser Sekretäre. Ihre Dienstherren sind meist Marionetten. Wenn ein wichtiger Mann einen anderen wichtigen Mann sehen möchte, geht der Dragoman von A zum Dragoman von B und arrangiert den Besuch.«

Manche Reisende geben sich mit Gedrucktem zufrieden: Der mit seinen 92 Seiten recht kompakte *Arabische Dragoman* für Besucher des Heiligen Landes von Philipp Wolff, der grundlegende Grammatikregeln und eine nach Rubriken geordnete Wörterliste umfasst, kommt 1857 auf den Markt.

Von der sprachlichen Kommunikation im Lande einmal abgesehen, müssen sich die Reisenden entscheiden, ob sie europäischer Kleidung den Vorzug geben – im 19. Jahrhundert sind das typischerweise lange Mäntel, unter ihren Sonnenhelmen hervorlugende Schleier, Sonnenbrillen, Regenschirme – oder in orientalischem Gewand in Erscheinung treten. Wählen sie die letztere Option, wird ihnen der Zugang zu Moscheen ermöglicht und es bleibt ihnen meistens erspart, zum Beispiel als »Frändschi Kuku« (fränkische Turteltaube) oder in noch ehrenrührigerer Weise beschimpft beziehungsweise von Bettlern behelligt zu werden. Aber weil die Osmanen für ihre Aggressionen gegenüber der arabischen Bevölkerung berüchtigt waren, laufen die »verkleideten« westlichen Besucher Gefahr, hier und da für Araber gehalten und schlecht behandelt zu werden. Die Entscheidung ist also gut abzuwägen, beides hat seine Vor- und Nachteile.

Seetzen zum Beispiel kleidet sich meist in muslimisches Gewand; in Aleppo ging er wie ein Janitschar. Als er später östlich vom See Genezareth unterwegs ist, gibt er sich als Bettler aus, um von den dort umherziehenden, als besonders räuberisch geltenden Beduinen verschont zu werden. Um Missverständnissen vorzubeugen und unbehelligter reisen zu können, legt er sich den Namen Musa al-Hakim zu – nach seinem Bekunden klang sein Familienname in den Ohren der Araber häufig wie »Seïtun« (Ölbaum) bzw. »Seïtan« (Teufel).

Als westliche Staaten mehr Präsenz zeigen, vor allem über die Etablierung diplomatischer Vertretungen, entspannt sich das Klima und die Einheimischen nehmen die europäisch angezogenen Reisenden nicht mehr so sehr als Fremdkörper wahr wie zuvor.

Ähnlich wie bei den Dragomanen erschließt sich die ethnische Zugehörigkeit früherer Konsuln und konsularischer Agenten – obwohl sie für ein bestimmtes Land (oder auch mehrere) die Stellung halten und vorwiegend für die Wahrung der Handelsinteressen vor Ort zuständig sind – den Reisenden nicht immer. Auch die Ländervertreter ziehen aus der Bewegung zwischen den Sprachen, Kulturen und Identitäten einen Nutzen, verstehen diese hier oder da zu ihrem Vorteil einzusetzen.

Eine schillernde Person in diesem Zusammenhang ist Bernard Damiani, der um die Mitte des 19. Jahrhunderts in Jaffa als Honorarkonsul sowohl für Frankreich als auch für Österreich fungiert und in etlichen Reiseberichten erwähnt wird. Er war Teil einer ganzen Dynastie von Konsuln gleichen Namens in Jaffa, die sich nach ihm bis ins 20. Jahrhundert fortsetzt. Ida Pfeiffer wird von Damiani und seiner in türkische Kleidung gehüllten Familie empfangen. Über das abendliche Tischgespräch vermerkt sie: »Einige der Familie sprachen etwas Italienisch, und selbst dies mit so viel griechischem

Dialekt, dass ich mehr erraten musste, was man sagen wollte. Gewiss ging es ihnen ebenso mit mir. Der Herr Konsul behauptete zwar, sehr gut Französisch zu können, allein für diesen Abend schien es seinem Gedächtnis so ziemlich entfallen zu sein. Gesprochen wurde viel, verstanden wenig.«

Der französische Autor Auguste Romieu geht auf Damianis Äußeres ein: »Der Überschuss seiner Kleidung ist wie seine Sprache halb muslimisch und halb europäisch. Mit einem Wort, das ein Zeitgenosse erfunden hat, ähnelt er den Operntürken, deren Name in der Welt des Karnevals für immer gefeiert sein wird.« Und de Lamartine merkte an: »Seine groteske Tracht brachte uns zum Lächeln: er steckte in einem alten himmelblauen, mit Hermelin gefütterten und mit einem Gürtel von karmosinroter Seide zusammengehaltenen Kaftan; seine nackten Beine ragten aus einer weiten Hose von schmutzigem Musselin hervor, auf dem Kopfe trug er einen ungeheuren dreieckigen Hut, welcher von den Jahren abgeschabt und von Schweiß getränkt, die vielfachen Dienste zur Schau trug, die er im Aegyptischen Feldzug geleitet.« Der von Damiani gepflegte türkische Stil findet seine Fortsetzung in der Inneneinrichtung, die gereichten Speisen dagegen sind europäisch geprägt, wenn auch »mit der Üppigkeit muslimischer Mahlzeiten«, wie andere Gäste herausstellen. Europäische Weine seien in seinem Hause stets in Strömen geflossen.

Das Land, in dem Milch und Honig fließen

Palästina als Teil der östlichen Levante – auf der westlichen Seite von der Mittelmeerküste und im Norden vom Libanon begrenzt, zur Syrischen Wüste hin offen – bietet auf vergleichsweise kleinem Raum große landschaftliche Kontraste, Extreme sogar. Die fruchtbare Senke, die sich bis zum Beginn der Wüste erstreckt, wird von Jordan, See Genezareth und dem Toten Meer durchbrochen.

Lange schon beschäftigten sich Reisende mit den natürlichen Bedingungen. Der Franziskaner Paul Walther von Güglingen, der seine Pilgerfahrt 1481 unternimmt und ein ganzes Jahr in Jerusalem verbringt, meint, es sei das Land von Milch und Honig, und Getreide wachse dort schneller als irgendwo sonst, obwohl es nur selten regne.

Sein Glaubensbruder Francesco Suriano, der um diese Zeit einen Reiseführer für das Heilige Land verfasst, ist davon überzeugt, dass dort das »gemäßigteste, klarste und gesündeste« Klima überhaupt anzutreffen sei und Krankheiten wie Gicht, Durchfall und Fieber viel seltener aufträten. Zudem sei die Qualität des Wassers dort die beste der Welt, wobei er die des Nils ausnimmt. Dennoch entgeht ihm nicht, dass das Land wegen des seltenen Regenfalls sehr trocken ist. Welche geheimnisvollen Kräfte sind am Reifen der Melonen beteiligt? »Es ist ein wahres Wunder, die großen und saftigen Wassermelonen zu sehen, die im bloßen Sand ohne Bewässerung und nur mit Hilfe der vollkommenen Luft wachsen, und zwar in solchen Mengen, dass es sie das ganze Jahr über gibt. Sie haben auch viele andere Dinge, die wir nicht haben, wie Auberginen, Kokosnuss,

Bambus, Zuckerrohr und viele andere Dinge.« Mit diesen Eigenschaften sieht Suriano den Beweis dafür erbracht, »dass das Land der Verheißung heiliger ist als jeder andere Teil der Welt, weil es am reichsten an allen zeitlichen Dingen ist«. Suriano verortet Jerusalem, wie für Franziskaner damals noch typisch, im Zentrum des Universums.

Neben den fruchtbaren Gebieten bestand das Land zu einem Teil aus sehr trockenen Landstrichen, in denen nicht einmal Wasser floss – geschweige denn Milch und Honig, Wein und Olivenöl. Konnte es sich bei diesen steinigen Hügeln und verlassenen Tälern tatsächlich um das Land der Verheißung handeln? War diese Wahrnehmung der Fruchtbarkeit des Landes womöglich nur auf den »westlichen Blick« zurückzuführen, wie der schottische Theologe und Alttestamentarier George Adam Smith in *Historical Geography of the Holy Land* (1894), einem vielbeachteten Werk, das für den Höhepunkt der Erforschung des Heiligen Landes im 19. Jahrhunderts steht, nahelegt:

»Für einen westlichen Betrachter muss sie zu bestimmten Jahreszeiten besonders karg und einflusslos erscheinen – unfähig, die Phantasie anzuregen oder das Leben eines Volkes zu bereichern. Doch kommen Sie, im Jahr der Flut, wenn das Getreide sprießt, wenn die Felder in Farbe gehüllt sind, wenn die Wüste grünt, und stellen Sie sich vor, wie die steinigen Terrassen erneut mit den Weinstöcken bedeckt sind, die in früheren Zeiten vom Fuß bis zu den Gipfeln vieler Hügel reichten – dann werden Sie, selbst wenn Ihr Blick westlich ist, den Zauber und den Rausch des Landes spüren.«

Naturwissenschaftlich Geneigte vermuteten, dass Veränderungen des Klimas das Austrocknen der Wasserquellen bewirkt haben. Der britische Geistliche Arthur P. Stanley, der Palästina 1852 und erneut ein Jahrzehnt später bereiste, schreibt, es sei »eine Insel in der Einöde ... im Vergleich zu dem gesamten umliegenden Land, ist es zweifelsohne ein fruchtbares Land inmitten von Unfruchtbarkeit«. Dennoch fragt er sich, warum es nicht mit den an Vegetation ungleich reicheren Nilufern oder den im prophetischen Buch Ezechiel erwähnten Fluss Kebar, dessen Ufer dicht mit Blumenteppichen bedeckt gewesen sein soll, mithalten könne. Gründe dafür sieht er in der Zerstörung der Wälder, die sich einst über die Berge erstreckt haben und Heimat von wilden Bienenvölkern waren, und der Vernachlässigung von Landschaftsterrassen, die von Ackerbauern vor Jahrhunderten an den Hängen angelegt worden waren, sich an die Form der Berge anpassten und halfen, den Boden zu festigen. In Hanglage angebaute Weinreben und Maispflanzen werden nun leicht vom Regen weggetragen. Zudem hätten sich die Zusammensetzung der Bevölkerung und andere Methoden, das Land zu bewirtschaften, verändert.

Häufig wurde in Reiseberichten betont, dass Palästina ein nur wenig entwickeltes Hinterland des Osmanischen Reiches und Anhängsel von Syrien sei. Zuweilen wurde der Vergleich mit dem Libanon, der Region um Damaskus und den Ufern des Nils gezogen. So stehe der Libanon unter besserer Verwaltung, sei reich an Weinbergen und Gärten und weise eine »fröhliche Bevölkerung« auf, wie der britische Offizier Claude Regnier Conder in *Tent Work in Palestine* (1878) anmerkt. Wie Eitan Bar-Yosef in *The Holy Land in English Culture* (2005) schreibt, schien allein die Existenz der trockenen Landstriche Palästinas die negative Wahrnehmung des ganzen Landes zu überschatten: »Das bloße Vorhandensein einer Wüste, dieses am meisten außereuropäische Merkmal, bedeutete Ineffizienz, Faulheit und eine schlechte Regierung.«

Andererseits gab es zahlreiche Hinweise auf überbordende Fruchtbarkeit. Der in der Botschaft von Konstantinopel tätige britische Diplomat William Turner hält über seinen Weg von Akkon nach Jaffa 1820 fest: »Die letzte halbe Stunde ritten wir durch eine enge Gasse, beiderseits begrenzt von den Gärten der Stadt, die mit Orangen, Zitronen, Mandeln, Maulbeerbäumen, Oliven und Feigenbäumen, Sykamoren, Feigenkaktussen etc. bestanden sind, und die große Mengen Tabak produzieren.« Häufig werden die Zitruspflanzen erwähnt. Die berühmte süße Orange, die zum Markenzeichen Jaffas wurde, gab es dann aber erst seit der späteren zweiten Hälfte des Jahrhunderts.

Nicht wenige Chronisten verfingen sich in Widersprüchen, wenn sie einerseits üppige Anpflanzungen schilderten, dann jedoch den schlechten wirtschaftlichen Zustand monierten. Diese Einschätzungen verbanden sich typischerweise mit Kritik an den einheimischen Bewohnern, die von ihrer Mentalität und Haltung her nicht zu effektiver Bearbeitung des Landes fähig seien. So meint Ida Pfeiffer: »Schade, dass die Bewohner dieser Länder gar nichts zur Kultur und Verbesserung der Naturgaben beitragen, wie gut und herrlich könnte dann manches gedeihen. Ja sie wissen nicht einmal das gehörig zu behandeln, was ihnen die Natur oft im Überfluss und von guter Sorte bietet, wie dies zum Beispiel mit den Oliven der Fall ist. Man kann nicht leicht ein schlechteres Öl bekommen als in Syrien. ... So geht es ebenfalls mit dem Wein. Sie könnten sehr gute Sorten haben, wenn sie den Weinstock zu pflegen und den Wein zu behandeln wüssten.« Der britische Diplomat John Bowring schreibt 1840 in *Report on the Commercial Statistics of Syria*, solchen Bewertungen damit einen offiziellen Anstrich verleihend, »die landwirtschaftlichen Erzeugnisse Syriens sind weitaus geringer, als man angesichts der ausgedehnten fruchtbaren Landstriche und des günstigen Klimas erwarten könnte«.

Olivenöl war freilich nur ein Teil der landwirtschaftlichen Produktion; gerade Getreide, Sesam, Wein, Mandeln und Baumwolle zählten zu den in Europa besonders nachgefragten Exportprodukten. Weinberge in der Nähe von Jerusalem gab es seit dem späteren 19. Jahrhundert, wobei die Weinbereitung in den Händen von Christen und Juden gelegen haben soll. Und obwohl der Islam den Konsum von Rebensaft eigentlich verbietet, gibt es zeitgenössische Hinweise, dass Muslime hier und da auch dem Rebensaft zugetan gewesen seien; aber man verzichtete bei offiziellen Anlässen aus Anstand darauf, ihnen das alkoholische Getränk anzubieten.

Schon Clarke erwähnt auch Hirse und Leinsamen und »gelegentlich kleine Felder, die mit Gerste bestanden sind«. Viele Reisende vertreten die Auffassung, das Land würde unter einer anderen Verwaltung einen großen Aufschwung erleben. So bringt Charles van de Velde zwar an, dass die Gärten »ein Wunder an Fruchtbarkeit« seien, denen nie »Wasser, Kanäle und Springbrunnen« fehlen, fügt dann aber hinzu: »Was wird erst werden, wenn der Tag des Heils anbricht.« Derartige Einschätzungen helfen, den Eindruck zu festigen, dass es der Etablierung einer gänzlich neuen Macht im Lande bedürfe, um bessere Verhältnisse zu zeitigen. Ein Ruf nach Intervention von Seiten des Westens also. Obwohl sich die Kritik hier konkret auf Palästina bezieht, ist sie nicht sauber von den Klagen westlicher Besucher über die Verwahrlosung des Nahen Ostens zu trennen, die während der letzten Jahrzehnte des Osmanischen Reiches überall zu vernehmen war.

Wie Untersuchungen belegen, gab es vielerorts ausgeprägte

lokale Wirtschaftsstrukturen und Geschäftsleute, die in lebhaften Handel mit dem Ausland eingebunden waren. Als es während des amerikanischen Bürgerkrieges zu einer Lieferblockade von Baumwolle von den Südstaaten in die Nordstaaten kam, füllten Importe aus Palästina (wie aus anderen Gebieten des Osmanischen Reiches, wo der Anbau während dieser Zeit forciert wurde, etwa im Westen Anatoliens) eine wichtige Lücke. Als 1866 verheerende Heuschreckenschwärme die Ernte in Palästina zunichtemachten, war es mit diesem kleinen Boom allerdings schon wieder vorbei. Die Untersuchungen des palästinensisch-amerikanischen Historikers Beshara Doumani, der Nablus als wirtschaftlich wichtigste Stadt Palästinas analysiert hat, bestätigen für das 18. und 19. Jahrhundert die Existenz eines überaus vitalen Handelsknotenpunktes, dessen Geschäftsleute eng mit den ländlichen Strukturen verwoben waren. Der deutsche Orientwissenschaftler Alexander Schölch konnte mithilfe von Konsularberichten aus der zweiten Hälfte des 19. Jahrhunderts für die Häfen von Jaffa, Akkon und Haifa belegen, dass Exporte die Importe überstiegen und Palästina sogar die ansonsten negative Handelsbilanz für das gesamte Syrien zu vermindern half.

Auf jeden Fall profitierten viele Einwohner von dem wirtschaftlichen Aufschwung, der den neu eingewanderten Siedlern – Templern wie Juden – und ihren mitgebrachten Fertigkeiten zu verdanken war. »Zum erstenmal seit den Kreuzzügen war es europäischen Christen gelungen, im Heiligen Lande Fuß zu fassen und die Grundlage für eine moderne Ansiedlung in diesem jahrhundertelang vernachlässigten Landstrich zu legen«, schreibt der Historiker und Brückenbauer zwischen Deutschland und Israel Alex Carmel, was von manchen Zionisten als Provokation empfunden wurde, weil Carmel damit an dem Mythos rüttelte, dass nur Juden für den Aufschwung verantwortlich gewesen seien.

Für Jaffa spielten Orangen, Seife und Wein im späten 19. Jahrhundert die wichtigste Rolle als Exportartikel, wobei England lange der Hauptmarkt für die Jaffaorangen war. Einer Statistik der Anglo Palestine Company folgend, verdoppelte sich der Export dieser Früchte zwischen 1903 und 1911 auf 870.000 Kisten. Zitronen spielen nur in der Varietät des Etrog eine gewisse Rolle, weil er für rituelle Zwecke während des jüdischen Laubhüttenfests verwendet wird. Mit gutem Ernteerfolg war in den obergaliläischen Kolonien zunächst auch Tabak angebaut worden. Da die darauf von der Monopolbehörde unter französischer Verwaltung erhobenen Steuern zu hoch waren, verabschiedete man sich jedoch bald wieder davon.

Im Vorwort der von dem Ägyptenforscher Georg Ebers und dem Palästinaforscher Hermann Guthe herausgegebenen großformatigen Bänden *Palästina in Bild und Wort* (1888) heißt es:

»Palästina nimmt in doppelter Hinsicht eine hervorragende Stellung unter den Ländern des Erdkreises ein, durch die mannigfaltigen Gaben, welche Gott auf seinem schmalen, langgestreckten Boden vereinigt hat, und durch die eigenartige Geschichte, deren Schauplatz es gewesen ist. Die ödesten und rauhesten Felsen ragen neben dem fettesten Ackerboden gen Himmel. Hier erzeugt eine unerschöpfliche Fülle des frischesten Wassers beständig neues Leben aus dem leicht befruchteten Boden, dort aber erstickt ein großes Becken voll salziger Flut jede Regung eines fröhlichen Wachstums. An den Ufern des unteren Jordan treffen die Sonnenstrahlen mit wahrhaft tropischer Glut unser Haupt, während in den Schluchten des Hermon und Libanon dem winterlichen Schnee kühle Kammern bereitet sind, in denen er ungeschmolzen selbst die Sommerzeit überdauert. Nirgends wälzt ein großer Strom seine Wogen langsam und segenspendend durch flache Ebenen, und so werden denn weite Strecken dieses Landes nur durch das, was der Himmel auf die Erde herabsendet, durch Regen und Sonnenschein, in das grüne Gewand des Lebens gekleidet.«

Geologische und botanische Merkwürdigkeiten

»Kein Teil Palästina's wurde seit Jahrtausenden mehr mit dem Zerrglase des Vorurteils angesehen, und von keinem mehrere abgeschmackte Fabeln verbreitet, als von ihm. Europäische Reisende, Pilger und zumal Mönche wetteiferten mit einander, alte Sagen zu erhalten, die schon sonst lange in ihr Nichts zerfallen sein würden«, schreibt Ulrich Jasper Seetzen und fängt damit etwas von der Faszination ein, die Reisende immer wieder dazu bringt, das Tote Meer samt seiner Umgebung zu erkunden. Letzteres ist mit 425 Metern unter dem Meeresspiegel der am tiefsten gelegene See der Erde, der vom Ufer her zugänglich ist.

Obwohl Seetzen davon abgeraten wurde, will er sich ein Bild von diesem sagenumwobenen Teil des Landes machen und sich auf die Spuren jenes »schrecklichen Naturereignisses« – durch Feuer, Vulkan oder »Erdbrand«, das einst diese Gegend heimgesucht haben soll – begeben. Zu den geologischen Merkwürdigkeiten gehört ein wie ein vulkanischer Kegel anmutender, als Kalkstein bestehender Berg, »el Pherdéis«, »Frankenberg« oder »Paradieschen« genannt. Die Beduinen führen ihn zu einer labyrinthischen Höhle, die alle paar Jahre von Franziskanermönchen aufgesucht werde. »Der Boden wurde immer nackter, griesiger, steiniger und unfruchtbarer.« Nur ein paar wilde Schweine und ein »Gasalle« [vermutlich ist eine Gazelle gemeint] gibt es. Inmitten der gespenstisch anmutenden Landschaft, dem Geröll von Horn- und Feuerstein, liegt ein Steinhaufen, der das Grabmal eines Beduinen kennzeichnet. In der Oase »Ain Dschíddy« (heute Ein Gedi bzw. En Gedi), an der Westseite des Meeres gelegen, beschäftigt sich Seetzen mit der

Pflanzenwelt. Er gilt als der erste europäische Wissenschaftler, der das Tote Meer umrundet hat.

Man hatte de Chateaubriand nahegelegt, einen großen Bogen um das Tote Meer zu machen, doch er wollte dorthin. Die Möglichkeit, die Stelle zu sehen, wo der Jordan in den See fließt – er hatte bei Hasselquist darüber gelesen –, weckt den Naturkundler in ihm. »Aber die Araber weigerten sich, mich dahin zu führen, weil der Fluss ungefähr eine Stunde vor der Mündung links eine Krümmung macht, und sich gegen die arabischen Gebirge hinzieht.« Dennoch findet er Wege, dort hinzugelangen und »zwei ganze Stunden« am Ufer des Sees zuzubringen. Dazu, sich liegend auf dem Wasser treiben zu lassen und der Salzbrühe dann wie ein weißer Geist mit verfilztem Haar zu entsteigen, wie etliche Reisende nach ihm, kann er sich nicht überwinden. Doch kann er nicht der Versuchung widerstehen, mit einem ledernen Gefäß etwas Wasser aus dem Jordan zu schöpfen und es zu kosten: »Es kam mir zwar nicht so süß wie Zucker vor, wie ein ehemaliger Missionarius versicherte, ich fand es vielmehr von etwas salzigem Geschmack, aber obschon ich viel davon getrunken hatte, so machte es mir doch nicht die geringste Unbequemlichkeit.«

Auch Hermann Fürst von Pückler-Muskau lässt sich während seiner Reise nicht von »Geschwätz« beeindrucken und hält an seinem Entschluss fest, ein paar Tage am Ufer des Toten Meeres zu campieren. »Das mare mortuum lag so schwarz und unbeweglich wie ein Metallspiegel zu unsern Füßen. Von hier gesehen kann kein Prädikat passender sein in jeder Hinsicht, für Meer und Land zugleich, denn kaum ein einzelner Baum war in der ungeheuern Landstrecke sichtbar, die uns umgab, nichts als schwarze Felsen und ein endloser grauer Steinanger, fortwährend steigend und fallend in monotoner Einförmigkeit ausgedehnt, bis an den äußersten Horizont.« Standesgemäß gönnt er sich und seinen Begleitern einige sorgsam gekühlte Champagnerflaschen, »während in größerer Entfernung Soldaten, Sklaven und Pferde pêle-mêle, in ihrer südlichen Tracht und abenteuerlichen Equipirung, das belebteste Genrebild zu unserm Abendschmaus lieferten«.

Schon Hasselquist trieb die Frage um, was es mit den besonderen Früchten auf sich hat, die im Umkreis des Toten Meeres wachsen, den Sodomsäpfeln. Diese finden schon bei dem römisch-jüdischen Historiker Flavius Josephus Erwähnung. Ihm zufolge wüchsen in der Umgebung des »Asphaltsees«, in der er das biblische Sodom erkennt, Früchte, deren Inhalt sich nach dem Pflücken in Rauch und Asche auflöse. Hasselquist war sich sicher, dass es sich bei der Pflanze, die sie trägt, um den von Linné so benannten *Solanum melongena* handelt. Doch war der »Apfel von Sodom«, wie er auch genannt wurde, tatsächlich eine Aubergine? Seetzen entwickelt eine andere Theorie; er identifiziert den Sodomsapfel mit einer dem Granatapfel ähnlichen Frucht, in der eine Art Baumwolle wächst. De Chateaubriand ist sich sicher, die mysteriöse Frucht entdeckt zu haben. »Der Strauch, an dem sie wächst, ist überall 2 oder 3 Stunden von der Mündung des Jordans sehr häufig anzutreffen.« Er sei stachelig und habe schlanke und dünne Blätter. Die Frucht wiederum ähnele einer kleinen ägyptischen Zitrone. »Ehe diese noch ganz reif wird, ist sie mit einem beißenden salzigen Safte erfüllt; wenn sie ausgetrocknet ist, bringt sie einen schwarzlichten Samen hervor, den man mit der Asche vergleichen kann und der wie bitterer Pfeffer schmeckt.« De Chateaubriand nahm ein halbes Dutzend davon mit; er hielt sie, wie er schreibt, »der Aufmerksamkeit der Naturalisten würdig«.

Wissenschaftlich wird der Sodomsapfel oder »Dead Sea apple« als »Calotropis procera« bezeichnet – und ist die Frucht des Oschers oder Fettblattbaumes. Zur Verwirrung trug die Tatsache bei, dass es auch unter den Nachtschattengewächsen eine als »Sodomsapfel« bezeichnete Frucht gibt.

Weniger von Fragen, dafür umso mehr mit numinosen Assoziationen verbunden ist die sogenannte Rose von Jericho, mit wissenschaftlichem Namen Anastatica hierohuntica, die ebenfalls in der weiteren Umgebung des Toten Meeres zu finden ist. Mit ihren Ästchen, die sich zu einem trockenen Knäuel zusammenschließen, das leicht vom Wind weggetragen wird, war sie seit Jahrhunderten bei Pilgern beliebt, die sie leicht als Andenken mitführen konnten. Sobald die an der krautigen Pflanze haftenden Samenkapseln mit ausreichend Flüssigkeit in Berührung kamen, erwachte sie zu neuem Leben, woher ihr Name »Auferstehungsblume« rührt.

Weitere Sehenswürdigkeiten ziehen die Besucher dieser Region in ihren Bann. Da ist die Festung Masada, die sich Herodes kurz vor der Zeitenwende erbauen ließ und um 70 n. Chr. zum Schauplatz einer erbitterten, sich über Monate hinziehenden Schlacht zwischen Römern und Juden wurde und in einem Massenselbstmord der Bewohner gipfelte, der Teil jüdischer Gedenkkultur wurde. Als van de Velde die auf einem Felsplateau gelegene Wüstenfestung erblickt, beschreibt er die Aussicht als »unbeschreiblich rauh und wild, aber dabei überraschend und erhaben. ... Ich bewunderte das Gehirn, in welchem der Gedanke aufgekommen war, auf diesem vereinzelten, 1000 Fuß senkrecht über dem *todten Meer* liegenden Fels eine Festung zu bauen.« Und er beklagt, dass dieser Palast mit seinen Türmen, »Regensärgen« (er meint die Thermen und das Schwimmbecken) und unterirdischen Magazinen der

Zerstörung anheim gefallen sei – »wie alles, was der Mensch macht«.

Der schon erwähnte schottische Theologe George Adam Smith formuliert ein wenig verlockendes Fazit über das Tote Meer samt seiner Umgebung:

»Es gibt vielleicht keine Region auf unserer Erde, in der sich Natur und Geschichte auf grausamere Weise miteinander verschworen haben, wo ein so tragisches Drama eine so schreckliche Bühne erhalten hat. In vielen anderen Teilen der Welt wurde die Wirkung von historischen Katastrophen dadurch verstärkt, dass sie sich inmitten von Szenen der Schönheit und des Friedens ereigneten. Hier ist es anders. Die Natur hat, wenn sie nicht selbst durch eine vulkanische Konvulsion die Vollstreckerin von Gottes Urteilen war, dem noch jede erdenkliche Grausamkeit des menschlichen Rächers oder der Erschöpfung der Verdammten hinzugefügt. Die Geschichte des Toten Meeres beginnt mit Sodom und Gomorrah und endet mit dem Massaker von Masada.«

Der amerikanische Marineoffizier William Francis Lynch, der, von seinem Einsatz in Mexiko gelangweilt, 1847 im Auftrag des United States Naval Hydrographic Office mit einer 16 Personen umfassenden Mannschaft nach Palästina kam, interessierte sich von Anfang an mehr für die abgelegenere Jordanregion und das Tote Meer. Wie er in seinem *Narrative of the United States' Expedition to the River Jordan and the Dead Sea* (1849) schreibt, hält Lynch die Juden für bestimmt, die Araber zu »zivilisieren«. Sein Plädoyer für die gezielte Wiederansiedlung der Juden in Palästina ist da nur folgerichtig. Vom wirtschaftlichen Potenzial des Landes fest überzeugt, schlägt Lynch zudem vor, schwarze Amerikaner im Jordantal anzusiedeln, wo sie auf Plantagen arbeiten sollen. Seine Mannschaft leidet bald unter Fieber, einer der Offiziere verstirbt. Nach Lynchs Rückkehr gerät der finanzielle Aufwand für die Expedition unter Beschuss – das Ganze sei eine Verschwendung öffentlicher Gelder, so der Vorwurf von Kritikern. Sein Buch findet vermutlich gerade wegen seiner abstrusen Vorschläge sein geneigtes Publikum.

Nachdem die legendäre britische Reisende und Geheimdienstlerin Gertrude Bell (die als eine der ersten Frauen in Oxford studiert hatte) Anfang März 1900 einige Wochen bei ihren Freunden Nina und Georg Friedrich Wilhelm Rosen, seinerzeit deutscher Konsul, in Jerusalem verbracht hat – intensiver Arabischunterricht forderte dort ihre ganze Aufmerksamkeit –, unternimmt sie auf ihrem arabischen Hengst einen Ritt nach Jericho und entlang des Ostufers des Toten Meeres, zusammen mit einem Koch und ein paar Maultiertreibern. In der Jordanebene findet sie sich hüfthoch von Blumen umgeben wieder. »Die Wildnis war aufgeblüht wie eine Rose«. Es ist ein unvergesslicher Anblick. Bei ihrer Rückkehr nach Norden überquert sie dann eine Pilgerstraße, die nach Mekka führt. »Eine wirkliche Straße ist es natürlich nicht; sie ist etwa eine Achtelmeile breit und besteht aus Hunderten von parallelen Spuren, die von der riesigen Karawane, die zweimal im Jahr hier vorbeikommt, hinterlassen werden.«

Ein Gemeinwesen, das nur aus Fanatikern zu bestehen scheint

Nikolai Gogol, ein orthodoxer Christ, unternimmt 1848, wenige Jahre nach Erscheinen seines Buches *Tote Seelen*, eine Pilgerreise nach Jerusalem. Messianisch gestimmt erreicht er die Stadt im Februar auf einem Esel. Doch Gogol trifft dort nicht auf die paradieshafte Stadt, die er erwartet hat, sondern auf Schmutz, Bettler und Schlepper; die Atmosphäre empfindet er alles andere als gastfreundlich und das sehnlichst von ihm erhoffte spirituelle Erlebnis bleibt ihm versagt. Der Anblick der heruntergekommenen religiösen Stätten verschlimmert seine Depression, desillusioniert kehrt er nach Russland zurück. Seine Pilgerreise sollte noch ein denkwürdiges Nachspiel haben. In Moskau gerät der ruhelose Schriftsteller unter den Einfluss des fanatischen Priesters Matvey Konstantinowski. Dieser bestärkt Gogol in seiner Überzeugung, dass seine Werke Sünde und die Ursache seines Elends seien und dass eine Pilgerreise nicht ausreiche, um seine Hingabe an Gott zu beweisen. Eines Abends verbrennt Gogol das Manuskript für seinen zweiten Band von *Tote Seelen*. Sein Zustand verschlimmerte sich weiter und im Februar 1852 hungerte er sich in der Nähe von Moskau während eines strengen Fastenregiments zu Tode.

Als der junge Gustave Flaubert im November 1849 gemeinsam mit Maxime du Camp in Marseille das Schiff besteigt, das sie in einwöchiger Fahrt nach Ägypten bringt, ist er eigentlich im Auftrag des französischen Ministeriums für Ackerbau und Handel unterwegs; er soll unter anderem die Mengen bestimmter Produkte in Erfahrung bringen. Wie ernst es dem mal mehr, mal weniger eleganten Bonvivant damit steht, vertraut er seinem Tagebuch (erschienen als *Reise in den Orient*) unmissverständlich an: »Ich kümmere mich um meinen Auftrag so wenig wie um den König von Preußen.« Flauberts Aufenthalts in Ägypten ist vor allem wegen der Freiheit von europäischen Konventionen bekannt, die er dort für sich auf sexuellem Gebiet in Anspruch nahm, er begab sich aber auch nach Palästina und in den Libanon. Seine Begeisterung beim ersten Anblick der Heiligen Stadt hält sich in Grenzen:

»Jeden Moment meine ich, Jerusalem entdecken zu müssen, doch ich sehe es nicht. ... Ich reite noch eine Weile weiter; Araber, denen ich begegne, machen mir Zeichen, ich solle mich beeilen, und rufen mir ›El Kods, el Kods!‹ zu (ausgesprochen hörte es sich mir wie *codesse* an); siebenundzwanzig Frauen in blauen Kitteln, die mir aussehen, als kämen sie aus dem Bazar zurück; drei Minuten später: Jerusalem. ... Wir berühren fast die Stadtmauern; das ist es also!, sagen wir uns in unserem Inneren. Monsieur Stephano, mit seinem Gewehr über der Schulter, empfiehlt uns sein Hotel. – Wir ziehen durch das Jaffa-Tor ein, ich lasse beim Betreten seiner Schwelle einen Furz los, ganz unwillkürlich, im Grunde war ich sogar ärgerlich über diesen Voltairismus meines Anus.«

Sein Urteil fällt vernichtend aus: »Überall Ruinen, es riecht förmlich nach Grab und Verwesung; Gottes Fluch scheint über der Stadt zu liegend, der Heiligen Stadt von drei Religionen, die vor Langeweile, Entkräftung und Verlassenheit dahinstirbt.« Am dritten Tag seines Aufenthaltes hält Flaubert fest, dass ihn immer noch »keine der erwarteten Gefühlsbewegungen überkommen« habe: »weder religiöse Begeisterung noch Erregung der Phantasie, und auch kein *Haß auf die Priester*, was immerhin etwas heißen will.« Selbst beim Besuch des Heiligen Grabes fühlt er sich, sosehr er sich das gewünscht hätte, nicht bewegt: »Was dann am meisten ins Auge springt, ist die Trennung der einzelnen Kirchen, auf der einen Seite die Griechen, dann die Lateiner, die Kopten; man setzt sich gegeneinander ab, verschanzt sich sorgfältig, vor allem aber hasst man seinen Nachbar. Hier laufen alle wechselseitigen Verwünschungen zusammen; ich wurde so sehr von Kälte und Ironie erfüllt, dass ich ohne jeden weiteren Gedanken wegging.« Immer wieder hält der Aufenthalt wahnwitzige Situationen für ihn bereit: »Ein Christ hat meinen Dragoman gefragt, ob ich nicht der Pascha sei.« Und ein paar Seiten später: »Der Pascha hat die Schlüssel zum Heiligen Grab, sonst würden die Sekten sich dort gegenseitig massakrieren. Vom Friedensstandpunkt aus gesehen trifft es sich gut, dass die Türken die Schlüssel zum Heiligen Grab haben, dennoch ist das so außerordentlich schockierend, dass man darüber nur lachen kann.« Man kann sein Journal als eine düstere Parodie von de Chateaubriands Buch verstehen.

Tausende von Jerusalemfahrern allein im 19. Jahrhundert sehen ihre Reise ins Heilige Land als so wichtig und einschneidend, dass sie darüber schreiben, doch niemand dürfte mit seinen Einlassungen mehr Leser erreicht haben als der Amerikaner Samuel Langhorne Clemens, der 1867 im Rahmen einer breiter angelegten Europareise, in Gesellschaft überwiegend religiöser Passagiere, dorthin kommt.

Die Briefe Mark Twains, wie er sich bald nennen sollte, sind auch eine Abrechnung mit anderen Chronisten, die das Land seiner Meinung nach in zu schönen Farben darstellten und die Reisenden überhaupt nicht auf das vorbereiteten, was sie dann tatsächlich zu sehen bekamen. Er verfasst sie zunächst im Auftrag der Zeitung *Daily Alta California*. Mit dem Titel *Innocents*

Abroad, or The New Pilgrim's Progress (dt. *Unterwegs mit den Ahnungslosen*) nimmt er Bezug auf das Buch des englischen Baptistenpredigers John Bunyan *The Pilgrim's Progress*, das über viele Jahrzehnte das englische und amerikanische Selbstverständnis puritanischer Spielart prägte und dort zu den am meisten gelesenen Büchern zählte.

»Unter all den Ländern mit trostloser Landschaft muss Palästina wohl König sein. Die Berge sind kahl, ihre Farben sind matt, ihre Form unansehnlich. Die Täler sind hässliche Wüsten, gesäumt von armseliger Vegetation, die aussieht, als würde sie sich ihrer Kargheit schämen. ... Es ist das hoffnungsloseste, trostloseste, unglückseligste Land jenseits von Arizona. Ich glaube, die Sonne würde bei ihrem Umlauf einen großen Bogen darum machen, wenn sie es einrichten könnte.«

Natürlich dürfen auch bei Twain die Animositäten unter den in der Grabeskirche zusammengedrängten Kirchenanhängern nicht fehlen, der Beweis dafür »dass sie ihre Andacht am Grab des Heilands der Welt nicht in Frieden gemeinsam verrichten können«. Und er macht sich lustig darüber, wie seine Landsleute »Beweise« für ihre je eigene Heilsbotschaft finden – die Baptisten für ein baptistisches Palästina, die Methodisten für ein methodistisches, die Presbyterianer für ein presbyterianisches.

Twain, der sich stets als urwüchsiger, naiver, unverdorbener Amerikaner präsentiert, vermittelt seinen Lesern Eindrücke vom Heiligen Land, die weniger beschönigt sind als das, was sie aus der Bibel und *Tausendundeiner Nacht* kannten. Geschickt fördert er ihre Anteilnahme, etwa wenn er die Dimensionen Palästinas auf die der Vereinigten Staaten überträgt: »Ich dachte immer, der Jordan sei 4000 Meilen lang und 35 Meilen breit, und so wurde ich abermals furchtbar enttäuscht. Er ist nur

90 Meilen lang und so verschlungen, dass man auf der halben Strecke nicht weiß, auf welcher Seite man sich befindet. Die 90 Meilen erstrecken sich über nicht mehr als 50 Meilen Land. Er ist nicht breiter als der Broadway in New York.« Das ist natürlich sorgsam kalkulierte Polemik; Twain will das Land kleiner erscheinen lassen, als es sowieso schon ist. Doch verliert es damit auch an Bedeutung? Auch wenn er sich mit diesem und ähnlichen Vergleichen wiederholt, sind sie bei seinen Lesern sicherlich für ein Schmunzeln gut.

Wie viele andere bedauert auch Twain das von unmenschlicher Tyrannei geknechte Volk. »Ich wünschte, Europa würde Russland gestatten, die Türkei ein wenig in die Schranken zu weisen.« Für die Bewohner des Landes hat er alle Sympathien: »Diese Menschen sind von Natur aus gutherzig und intelligent, und hätten sie Bildung und Freiheit, wären sie glücklich und zufrieden. Sie fragen oft den Fremden, ob die große, weite Welt sie nicht eines Tages retten und ihnen beistehen wird. Der Sultan hat in England und Paris mit Geld um sich geworfen, doch seine Untertanen müssen jetzt dafür schwitzen.«

Angesichts der auf engstem Raum zusammengedrängten Geschichte hofft er auf verständige Leser: »Jetzt können sie vielleicht nachvollziehen, wie sehr es einen schlaucht, alle zwei, drei Meilen hundert Seiten Geschichtsschreibung aufarbeiten zu müssen – die berühmten Ortschaften Palästinas liegen wirklich so nah beieinander. Sie können sich nicht vorstellen, wie ermüdend und verwirrend es ist, unablässig auf diese geschichtsträchtigen Orte zu treffen.« Er nimmt die »Last« auf sich, weiterhin von einem Ort zum nächsten zu fahren, weil er seinen Zeitungsauftrag erledigen will.

Bei allem Widerwillen gegen den Tourismus zählt auch Twain zu den fleißig Andenken sammelnden Reisenden. In Jerusalem kauft er für seine Mutter eine Bibel. Wohlgemerkt nicht irgendeine; für ihren Umschlag wurden angeblich so edle Materialien wie Balsamholz vom Jordan, Eichenholz von Abrahams Baum bei Hebron und sogar Olivenholz vom Ölberg verwendet. Selbst einen Stein vom Grab Salomons entwendet er für seine Mutter. Und als gestandener Freimaurer möchte er nicht mit leeren Händen nach Amerika zurückkehren; einen Scheit Zedernholz aus Jerusalem lässt er in Form eines Hammers schnitzen, welchen er dem Vorsitzenden seiner Loge schenkt.

Vermutlich deutlich schlechter als den Einheimischen ergeht es den amerikanischen Kolonisten aus Maine, mit denen Twain zusammentrifft. Diese waren unter der Führung von George J. Adams, einem früheren Schauspieler, der zum »Propheten« einer fundamentalistischen christlichen Sekte geworden war, im Jahr zuvor eingetroffen. Ihr Ziel ist es, im Heiligen Land auf die Wiederkehr Christi zu warten und zu helfen, die Rückkehr der Juden ins Heilige Land vorzubereiten; sie sehen sich als »praktische Wohltäter des Landes und der Menschen«. Sie haben sogar zerlegte Holzhäuser aus Amerika mitgebracht, um keine Zeit zu verlieren. Die Siedlung auf einer Düne vor Jaffa, kurz nach der Ankunft im September 1866 hochgezogen, entpuppt sich dann aber schon bald als völliges Fiasko. Das Getreide will nicht so recht gedeihen, die Bewohner kämpfen mit Ungeziefer und Krankheiten. Adams betrügt die Teilnehmer um ihr Geld, um sich Alkohol zu beschaffen. Nachdem ein Teil der Siedler den amerikanischen Konsul um Hilfe gebeten hat, können einige schon im Frühjahr 1867 nach Amerika zurückkehren. Als Twain nach Jaffa kommt, sind nur noch 86 der ursprünglich 157 Menschen dort. Er hilft 44 mittellosen Kolonisten, das Land zu verlassen, und schifft sie mit sich auf der *Quaker City* von Jaffa nach Ägypten ein.

Sechs Monate nach Twain besuchen der amerikanische Landschaftsmaler Frederic Church und sein Begleiter David Stuart Dodge die Kolonie. Sie werden dort von Adams empfangen. Dodge hält fest: »Eine derartige Tirade von Ignoranz, Grobheit, Vulgarität und gut gemeinter Blasphemie habe ich noch nie gehört. ... Ich fürchte, seine Methode, die Wiederherstellung Palästinas voranzutreiben, ist dazu verdammt, sich in die Liste der Misserfolge einzureihen.« Einige der Siedler verkaufen ihren Grundbesitz an die bald eintreffenden Templer.

Nach seiner Rückkehr schlachtet Adams seine Erfahrungen in einem *Palestine Museum* aus. Er präsentiert sich dem Publikum in »arabischer« Kleidung: Mit weiten Hosen, langem Gewand und einem mit Quasten besetzten Turban raucht er seine Wasserpfeife mit einem ganze vierzehn Fuß, also mehr als vier Meter langen Stiel. »Er präsentierte ungesäuertes jüdisches Brot, Granatäpfel, Oliven, Brotfrüchte, Simsim [Sesam], fünf Fuß lange Bananenblätter, Olivenbaumzweige, Wasser aus dem Toten Meer, Holz von den Ufern des Jordans, Skorpione, Tausendfüßler, Eidechsen, Krebse, eine Sammlung von Mineralien von allen wichtigen Orten des Heiligen Landes.«

Es kam noch zu weiteren amerikanischen Ansiedlungsversuchen. Schon 1852 legten die Dicksons aus Massachusetts, ebenfalls in der Umgebung von Jaffa, eine landwirtschaftliche Siedlung an. Die Beweggründe waren ähnliche wie später bei Adams, auch ihnen ging es darum, die Rückkehr der Juden zu beschleunigen. Herman Melville stattete der kleinen Kolonie 1857 einen kurzen Besuch ab. Kurz darauf wird sie Opfer eines Angriffs von arabischen Räubern. Melville verwendete das als Vorlage für Nathans Tod in *Clarel: A Poem and Pilgrimage in the Holy Land*, seinem Epos über spirituelle Suche und Vertreibung in Palästina.

In Palästina fand sich eine wilde Mischung von Besuchern aus der westlichen Welt zusammen: evangelistische Protestanten, unorthodoxe Protestanten, skeptische Romantiker, selbst Humoristen. »Jerusalem ist voll von Verrückten. Das mag ein wenig grob formuliert klingen, aber es ist der einzige mir bekannte Ausdruck, um genau diesen Gedanken zu vermitteln. Zwar ist die Heilige Stadt Objekt der feierlichsten und zarten Verehrung aller Christen, gleichzeitig ist sie aber auch ein Anziehungspunkt für das ganze religiöse Treibgut dieser großen Welt ... Die Mehrheit dieser religiösen Verrückten kommt aus den Vereinigten Staaten, die so viele und so seltsame Religionen hervorgebracht hat«, schreibt der Kommentator namens ›Ichabod‹ am 6. Juli 1844 in der in Chicago erscheinenden Zeitung *The Daily Inter Ocean*.

Die ausführlich dokumentierte *American Colony* in Jerusalem geht auf Horatio Spafford und seine in Norwegen geborene Frau Anna zurück. Beide führten 1881 eine kleine Gruppe von Chicagoern (»the Overcomers«) an, deren Ziel es war, das zweite Kommen Christi zu bezeugen. Dabei ging es den Spaffords zunächst darum, sich dem Zugriff von Gläubigern zu entziehen, denen sie 100.000 Dollar schuldeten. Anna Spafford übernimmt in der Jerusalemer Kommune das Ruder. Indem sie Touristen Unterkunft bieten, stellen die Spaffords die Unternehmung auf eine solide finanzielle Grundlage, zudem arrangieren sie sich mit den einheimischen Muslimen, Christen und Juden, zumal sie nicht versuchten, diese zu bekehren, und sich Armen gegenüber als mildtätig erweisen. Gegen Ende des Jahrhunderts zählte die Kolonie um 150 Mitglieder.

Die damals kaum bekannte Schattenseite ist, dass die Kinder der Kolonie ausgebeutet werden. Ihre eigenen Töchter nehmen die Spaffords allerdings von diesen Aufgaben aus. Verborgen bleiben Außenstehenden freilich die überaus restriktiven, ja zweifelhaften Regeln, die das Leben in der Gemeinschaft bestimmen – Anna Spafford leitet sie von Botschaften ab, die sie behauptet direkt von Gott erhalten zu haben. Dazu gehörten zunächst das Zölibat, die Trennung der Kinder von ihren Eltern, die Einschränkung von Mahlzeiten und die Umverteilung der Betten. Spafford schränkt auch den Unterricht ein und verbietet den Kindern das Lesen zum Vergnügen. Ab und zu gelingt es Mitgliedern, der Kolonie zu entfliehen und den amerikanischen Konsuln Informationen zuzutragen, sie finden dort aber kein Gehör. Protestantische Missionare meiden die Kolonie. Anna Spafford versteht den Tod als Strafe Gottes für die Sünden, die ein Mensch in seinem Leben begeht, und ist der festen Überzeugung, dass sie nie sterben würde. (Das Schicksal ereilt sie 1923 dann wider Erwarten aber doch.)

Die spätere Nobelpreisträgerin Selma Lagerlöf besucht die Kolonie. Mit ihrer Freundin und Schriftstellerkollegin Sophie Elkan unternimmt sie im Jahre 1900 eine Reise nach Italien, Griechenland, Ägypten und Palästina. Gleich nach der Ankunft in Jerusalem suchten sie die American Colony auf. Lagerlöf ist gut über den Fall einer schwedischen Auswanderung aus Nås in der Provinz Dalarna informiert und begab sich hier nun auf die Spuren dieser Siedler. Ihrer Mutter schreibt sie: »Das sind schon außerordentlich merkwürdige Leute, das muss ich sagen, aber es ist angenehm, sich anzusehen, wie sauber, gepflegt und wohlorganisiert alles bei ihnen ist. Sie sagen, sie seien glücklich, und die Männer sehen auch munter und lebhaft aus, die Frauen jedoch weniger.« Lagerlöf stellt bei dem Besuch fest, dass die Schweden unter den Kolonisten alle Englisch gelernt haben und der Prediger Olof Henrik Larsson abgesetzt war und seine Existenz nun in einem Schuppen des Hofes fristet. Ihre

Begleiterin Sophie Elkan hat zwar einen Brief für den Oberrabbiner Jerusalems dabei, behält ihn dennoch für sich, um nicht als Jüdin erkannt zu werden. Sie würde sonst nämlich weder das Heilige Grab noch die direkt daneben gelegene Omar-Moschee betreten dürfen – »natürlich waren wir an allen diesen und unzähligen anderen Plätzen«, berichtet sie in einem Brief an Betty Warburg. Über die Grabeskirche schreibt Lagerlöf nach ihrer Rückkehr: »Es ist eine Kirche, die kein einziges Kunstwerk und vielleicht keine einzige Wahrheit umfasst. Während man dort herumgeht, quält es einen, dass man hier in übertriebenem Eifer zu viel hat sammeln wollen. All das von Adam bis zur Kaiserin Helena wirkt zusammengedrängt unter einem einzigen Dach vollkommen unglaublich.« Und 1902 resümiert sie: »In Jerusalem ist die Luft heiß von Religion, dort haben alle Menschen Wunder erlebt, dort werden die ruhigsten Menschen fanatisch und von Sinnen während der Streitigkeiten zwischen den verschiedenen Sekten. Es ist keine angenehme Stadt. Es ist schon seltsam, auf ein Gemeinwesen zu stoßen, das nur aus Fanatikern besteht.«

Selma Lagerlöf verarbeitet ihre Palästinareise nicht als Reisetagebuch (die hier wiedergegebenen Zitate stammen aus der Korrespondenz mit Vertrauten), sondern entwickelt aus der Geschichte von Sektierern aus der schwedischen Provinz Dalarna einen Roman in zwei Teilen: *Jerusalem*.

Die ersten Pauschalreisenden kommen

»Sind Sie Pilger?«, fuhr er fort.
»Nicht genau das.«
»Vielleicht nur Touristen?«
»Etwas in dieser Richtung«, gab der Kalifornier zu.
»So halb und halb – zwei Fliegen mit einer Klappe schlagen – die Erfüllung einer spirituellen Verpflichtung verbunden mit dem Wunsch, das Land zu sehen.«

Albert Rhodes (US-amerikanischer Konsul in Jerusalem), *Jerusalem As It Is* (1865)

Versetzen wir uns noch einmal einige Jahrzehnte zurück. Mark Twains Lamento auf das Heilige Land mag einige abgeschreckt haben, wirklich aufhalten konnte es den Strom der Reisenden aber nicht mehr. Als der bis dahin in Großbritannien tätige Reiseunternehmer Thomas Cook am Ende der 1860er Jahre, also kurz nach Twains Besuch, beginnt, Pilger und Touristen in den Orient zu bringen, haben sich die Reisebedingungen schon grundlegend verbessert, die Straße zwischen Jaffa und Jerusalem ist nun immerhin schon für Kutschen befahrbar. Die von Cook geführte Palästinatour umfasst 60 Reisende, 80 Bedienstete, 21 Schlafzelte sowie diverse Pferde. Zu den Reisezielen zählen neben den Teichen Salomos, der Grabeskirche und dem Geburtsort von Jesus in Bethlehem auch Missionen, Moscheen, alte Synagogen sowie römische Ruinen und belegen damit schon ein etwas neueres, komplexeres Verständnis der Geschichte des Landes. Die typische Cook'sche Reiseroute führt von Jaffa Richtung Süden über Gaza und Beersheba nach Jerusalem, von dort zum Toten Meer, nach Jericho, Samaria, Nazareth, Kana, zum See Genezareth, nach Baalbek und Beirut.

Als früherem baptistischen Geistlichen verbindet sich für Cook mit diesen Aktivitäten erhebliches Herzblut, und der unternehmerische Gewinn steht für ihn dabei nicht an erster Stelle. Dennoch verzichtet er auf das Gebet unter den Mosaiken der Grabeskirche und kniet auch nicht dort nieder, wo sich das leere Grab von Jesus befinden soll. Er grenzt sich damit klar sowohl von den römischen Katholiken als auch den Angehörigen der orthodoxen Kirchen ab. Mit religiösen Souvenirs kann er ebenfalls nichts anfangen. Als sein Sohn John später mit in das Unternehmen einsteigt, soll er sich häufig mit seinem Vater in die Haare gekommen sein, weil er stärker auf die Profitabilität des Unternehmens drängt.

Über ein weites Netzwerk von Beduinen, Arabern und Konsuln aus vielen Ländern wirbt Cook vertrauenswürdige Fremdenführer, Kofferträger und Fahrer an, welche die Reisenden gleich bei der Ankunft der Dampfschiffe in Jaffa in Empfang nehmen und fortan nicht mehr von ihrer Seite weichen. In Jerusalem werden Hotels unter Vertrag genommen, darunter das von Moses Hornstein betriebene Mediterranean Hotel in der Jerusalemer Altstadt, in dem unter anderem Mark Twain, Herman Melville und der amerikanische Präsident Ulysses S. Grant untergekommen sind.

Die Touristengruppen bestehen in der Mehrzahl aus Amerikanern, Briten und Deutschen, die neben Landkarten und Reiseführern auch Bibeln und Gesangsbücher mit sich führen. Gemischte Gefühle rufen die Aktivitäten Cooks bei Ausländern hervor, die sich dauerhaft dort niedergelassen haben. »Sie fallen wie Heuschrecken über ein Zimmer her, und es ist schwer für ständige Bewohner, während ihres Aufenthalts in der Stadt

Unterkunft und Verpflegung zu finden«, beschreibt Isabel Burton die Ankunft einer seiner Gruppen in Jerusalem 1871. Einheimische würden von »Cookii« sprechen, um die Reisenden zu bezeichnen. Der Vorteil für die in Gruppen auftretenden Fremden ist es freilich, dass sie nicht ausgebeutet oder schlecht behandelt werden wie Einzelreisende. Burton schreibt weiter: »Die Karawanen sind Menagerien von neugierigen menschlichen Zweibeinern. Sicherlich muss der geschäftstüchtige Mr. Cook für seine nicht zueinander passende Mischung von Menschen werben und sich dabei die seltsamsten aussuchen.« Burton tituliert ihre eigene Reise nach Jerusalem in ihrem Buch ironischerweise als »unser Haddsch nach Jerusalem«.

Cook unterstützt mit seinen Gruppen zudem philanthropische Anliegen, indem er diese im Zuge der Reiserouten gezielt ansteuert, etwa die Jaffa-Tabeetha-Missionsschule, die 1863 von der presbyterianischen Schottin Jane Walker-Arnott ins Leben gerufen worden war. Es ist eine der ersten Schulen für arabische Mädchen in Palästina. Cook hatte in diesem Fall das Grundstück für die Mission erworben.

Die Ankunft von immer mehr Reisenden zieht die Öffnung einer Vielzahl kleiner Geschäfte nach sich, Geldwechselstuben ebenso wie Souvenirgeschäfte und Cafés. Thomas Cook & Co. ist das erste Reiseunternehmen, das nicht nur jüdische Reiseführer engagiert, sondern auch für das Judentum bedeutsame historische Stätten in die Routen integriert – und das nicht nur dann, wenn es sich um jüdische Touristen handelte. Arabische Repräsentanten von Reiseunternehmen, welche lange die Kontrolle über die Auswahl geeigneter Führer hatten, engagierten kaum Juden und machten auch einen Bogen um von Juden betriebene Geschäfte – diesem Trend steuert Cook nun bewusst entgegen.

Davon abgesehen unterhalten die verschiedenen christlichen Gruppen ihre eigenen Gasthäuser. Die »Casa Nova« der italienischen, spanischen und französischen Franziskaner im christlichen Viertel der Altstadt, die Assumptionisten (katholischer Männerorden), das »Notre Dame de France Hostel« in der Neustadt, das »Preußische Hospiz« der deutschen Lutheraner im muslimischen Viertel der Altstadt, das »St. Paulus Hospiz« der deutschen Katholiken außerhalb des Damaskustors, das »Österreichische Hospiz« im muslimischen Viertel.

Thomas Cook bringt auch wiederholt Pilger anderer Länder ins Land, etwa Gruppen französischer Katholiken. Die erste Eisenbahnverbindung in der Region, zwischen Jaffa und Jerusalem, gibt seinem Geschäft ab 1892 noch weiteren Auftrieb. Insgesamt kommen bis 1882 mit seiner Firma etwa fünftausend Touristen ins Heilige Land und damit etwa drei Viertel aller britischen und amerikanischen Besucher, bis zum Ende des Jahrhunderts waren es dann schon etwa vierzehntausend.

Inzwischen verlegte auch Baedeker Reiseführer für diese Region, und zwar mit dem Hinweis, dass das Heilige Land der beste Führer für die Bibel sei. (Der britische Konkurrenzverlag John Murray dagegen erklärte die Bibel selbst »als besten Führer für das Heilige Land.«) In der ersten Ausgabe des Baedeker-Bandes *Palaestina und Syrien* (1876) schreibt Albert Socin, seines Zeichens Professor für orientalische Sprachen in Basel, Tübingen und später Leipzig: »Palästina und Syrien können nicht als Touristenziel im gewöhnlichen Sinne gelten. An Naturschönheiten bietet das Land wenig, und der Typus des Orients mit seinem bunten Farbenreichtum ist weit mehr in Ägypten ausgeprägt. Den Hauptreiz der Reise bilden die historischen Erinnerungen.« Socin weist darauf hin, dass es strenge Muslime »nur höchst ungern« sähen, wenn »Ungläubige« ihre heiligen

Plätze aufsuchten, verboten sei es gleichwohl nicht mehr. Und für die Kommunikation empfiehlt der Protestant: »Über Religion zu sprechen liegt in Palästina ebenso so nahe als in Europa über Politik; um sich nicht zu entzweien, wird man gut tun, jeden Meinungsaustausch darüber von der Unterhaltung auszuschließen.« Weder für Katholiken noch für die einheimischen Christen hegt Socin besondere Sympathien.

Es folgen weitere Ratschläge für den Umgang: »Der Fremde lasse sich überhaupt nie in allzu große Vertraulichkeit mit den Leuten ein: echte Freundschaft existiert im Orient wenig, und Uneigennützigkeit ist die allerseltenste Eigenschaft bei den Orientalen. Hinter all den unendlich vielen Freundschaftsbezeugungen, mit welchen die Leute den Europäer überschütten, lauert der Eigennutz und die Erwartung eines um so höheren Trinkgeldes (bachschîsch), je mehr der Fremde sich durch schöne Redensarten täuschen lässt.« Und in dem Abschnitt »Regeln für den Umgang mit Orientalen« heißt es: »In muslimischen Häusern muss gewartet werden, bis sich die Frauen, welche etwa im Hofe sind, ins Hinterhaus oder die oberen Räume zurückgezogen haben ... Es ist dem Fremden anzuempfehlen, nie einen Muslim über seine Frauen zu fragen; diese Verhältnisse betrachtet man als unter dem Schleier (sitr) stehend. Auf der Straße oder in den Häusern den Frauen auch nur nachzusehen, gilt für unanständig und kann unter Umständen sogar gefährliche Folgen haben.«

Einer der fahrenden Souvenirhändler dieser Zeit ist Moses Wilhelm Shapira, der im Westen der Ukraine geboren wurde und 1856 nach Palästina auswandert, wo er vom Judentum zum Protestantismus konvertiert. Shapira entfaltet dort einen lebhaften Handel mit Artefakten. Darunter sind angeblich authentische, der Zeit der Moabiter zuzurechnende Tonbehälter

(»Pseudo-Moabitica«), die nach dem Fund der Mescha-Stele mit ihrer Inschrift zunächst das Interesse von Archäologen erregen, sich dann aber als Fälschung herausstellen. Ein weiteres Fiasko folgt, als Shapira versucht, dem British Museum 15 Schriftrollen mit Textstücken aus dem Deuteronomium zu verkaufen, die ebenfalls schnell als Nachahmung entlarvt werden. Shapira begeht im Jahr darauf Selbstmord. (Die israelische Schriftstellerin Shulamith Lapid hat die Geschichte von Shapira in Form eines Kriminalromans verarbeitet: *Er begab sich in die Hand des Herrn*.)

Der französische Autor Pierre Loti (eigentlich Louis Marie Julien Vaud) konnte ein Lied von Jerusalems Touristen singen. Er bricht, vom Heiligen Land magisch angezogen, 1884 zu seiner »Pilgerfahrt eines Ungläubigen« auf – sein Aufenthalt in Istanbul, in dessen Folge er seinen Roman *Aziyadé* verfasst hatte, lag schon einige Zeit zurück. Er sieht das Christentum als im Ausklingen begriffen und will »erzählen, in welchem Maß in unserer Übergangszeit sein großer, heiliger Schatten bereits verblasst ist, den schon die nächste Generation wohl nicht mehr sehen wird«. Noch in der Nacht vernahm er »mitreißende Gebetsrufe, die dem Menschen seine Nichtigkeit und seinen Tod in Erinnerung bringen ... Die Muezzins sind Hirten, die auf ihren Lehmdächern stehen und alle gleichzeitig singen, wie ein mehrstimmiger Chor – und stets erklingt der Name Allahs, der Name Muhammeds, überraschend und düster, hier im Land Jesu und der Bibel.«

Alles scheint zu einem großen Spektakel degeneriert: »Zwei weitere Wagen begegnen uns, vollgestopft mit lärmenden Touristen: Männer mit Korkhelmen, dicke Frauen mit Fellkappen und grünen Schleiern. Darauf waren wir nicht vorbereitet. Noch mehr als unser Traum vom Orient wird unser religiöser

Traum davon verletzt. Ach, ihre Aufmachung, ihr Geschrei, ihr lautes Lachen auf diesem heiligen Boden, zu dem wir so demütig nachsinnend auf dem alten Weg der Propheten gelangten!«

Und er führt mit seinem gekonnten Spiel der Gewänder und Identitäten offenbar so manchen in die Irre: »Aber wir haben Spaß an unserer arabischen Kleidung, die wir heute ein letztes Mal tragen und die zwei nach Hebron fahrende Reisegesellschaften narrt: denn während sie in uns große Scheichs zu sehen glauben, erklärt ihnen ihr syrischer Führer, wir seien Maghrebiner, das heißt Männer aus diesem vagen Maghreb (Westen), das für die Araber Palästinas in Ägypten beginnt und in Marokko endet. In der Tat werden auf dieser Seite der Wüste die großen Schleier aus weißer Wolle, die uns umhüllen, nicht mehr getragen, und lassen uns daher als vornehme Pilger aus westlichen Regionen erscheinen.«

Das Dunkel der Grabeskirche fordert seine ganze Aufmerksamkeit. Auf den Stufen hinab in die Kapelle der heiligen Helena sind es zunächst »verkrüppelte Bettler, von Geschwüren zerfressene Verrückte«, die an den Seiten kauern. Ein Lichtblick: »ein junger, blinder Mann, in wunderschöne blonde Locken gehüllt wie in einen Mantel, schön wie Christus, dem er gleicht.« Dann erspäht er abessinische Priester, aus einem unterirdischen Raum kommend, »als wären sie die Könige aus dem Morgenland, die aus dem Erdinneren aufsteigen: schwarze Gesichter unter einer breiten, vergoldeten, turbanähnlichen Tiara, lange, mit roten und blauen Phantasieblumen bestickte Gewänder aus Goldbrokat«.

Es ist etwas Masochistisches darin, wie Loti, der desillusionierte Romantiker, die Orte jedes Mal in der Erwartung aufsucht, doch noch etwas zu finden, was seinem Glauben neues Leben einhauchen könnte, in diesem alten Land, in dem »man kaum richtige Felsen von Überresten irgendwelcher Kirchen oder Festungen, von Grabhügeln oder Grabmälern unterscheiden« könne. Sosehr ihn all das abschreckt, findet er es doch faszinierend. Da sind in der Kirche von Bethlehem die russischen Pilger, »deren Augen, es stimmt wirklich, voller Tränen sind«, die »geschwätzigen Touristen mit dem Baedeker in der Hand«. Und junge Frauen, »von ursprünglicher Schönheit unter diesen weißen Schleiern, die eine seltsame Ähnlichkeit betonen, vor allem, wenn sie ein Kleinkind auf dem Arm tragen: man glaubt bei jeder Straßenbiegung, der Jungfrau Maria zu begegnen – so wie sie unsere alten Meister malen.«

Vielleicht ist es gerade seine melancholische, sich an der Grenze zur Verzweiflung bewegende Stimmung, die ihn gedanklich in die historischen Tiefenschichten der Stadt vorstießen lässt, dabei über die »Vergänglichkeit der Religionen und Herrschaftsreiche« sinnierend. Der blaue Pavillon in der Nähe der blauen Moschee etwa veranlasst ihn zu Gedanken über die »schreckliche Vergangenheit Jerusalems«:

»Seine doppelte Reihe aus Marmorsäulen gleicht einem Museum der Trümmer aus allen Zeiten; man entdeckt an ihm griechische, römische, byzantinische oder hebräische Kapitelle; dann weitere eines urwüchsigen, fast unbekannten Stils von unbestimmtem Alter. Jetzt ist die Ruhe des Todes über alles gekommen; die Überreste so vieler feindlicher Heiligtümer sind zur Ehre des Gottes des Islams auf unerwartet harmonische Weise zusammengefügt worden – und vielleicht für immer bis zum endgültigen Verfall …«

Der »Türkenfreund vom Dienst«, als der er oft spöttisch bezeichnet wurde, resümiert ernüchtert: »Aber jene Zeiten sind endgültig vorbei, und die Blicke der Menschen richten sich nach Westen und nach Norden, wo ein neues schreckliches und eisiges Zeitalter anbricht. Und diese Ruinen werden niemals wieder aufgerichtet – und niemand wird mehr ins Heilige Land kommen außer einigen wenigen verlorenen Pilgern oder einer kleinen Auswahl blasierter Snobs, schlimmere Schänder der Heiligtümer als Sarazenen oder Beduinen …«

Lotis »angstvolle Pilgerfahrt« geht »wie ein überflüssiger Tropfen Wasser in den riesigen Schlund der geschehenen, in Vergessenheit geratenen Dinge« zu Ende.

Begegnungen mit den »wilden Wüstensöhnen«

Beduinen wurden gedanklich mit den »Israeliten« in Verbindung gebracht, die Beschäftigung mit ihrer nomadischen Lebensweise versprach gewisse Einblicke in die weit zurückliegende Vergangenheit – so zumindest die Vorstellung. Sie erregten auf jeden Fall mehr Faszination als sesshafte Muslime und wurden in den Beschreibungen meistens mit mehr Wohlwollen bedacht. Für viele französische Autoren stellten sie eine ideale Gesellschaft dar, die noch nicht von der Zivilisation korrumpiert war. Der Wissenschaftler Marie Josephe Aimé Dubois (auch Dubois-Aimé), der federführend an Bonapartes Expedition teilgenommen hatte, war nicht verlegen, auf die Beduinen die Ideale der Französischen Revolution zu projizieren: Gleichheit, Freiheit und Brüderlichkeit.

Nur in Ausnahmefällen spielten Beduinen eine Rolle auf der Ebene der Lokalherrschaft. Ab 1847 war beispielsweise der Beduinenführer Aqil Agha bedeutendster Machtfaktor in Untergaliläa – Kommandant einer »irregulären« Truppe des Osmanischen Reiches. Seine Entmachtung gelang den osmanischen Behörden trotz mehrerer Versuche erst 1864. Ob Beduinen den Reisenden wirklich gefährlich wurden oder nicht, hing von mehreren Faktoren ab. Die Osmanen wollten, dass sie sesshaft wurden, damit sie der Kontrolle unterliegen und »nützliche« Untertanen wurden, weil sie sich dann nicht mehr der Besteuerung und dem Militärdienst hätten entziehen können. Die Beduinen begnügten sich deswegen damit, Ruinen notdürftig zu renovieren oder ganz einfache Häuser zu bauen, die zu verlassen nicht schwerfiel. Als das Osmanische Reich bzw. ihre Stellvertreter vor Ort an Macht und Zugriffsmöglichkeiten einbüßten, ging die Kontrolle über die Beduinen jedoch zunehmend verloren und sie drängten nun in Regionen, die sie zuvor gemieden hatten, was wiederum die Wahrscheinlichkeit von Begegnungen mit den über Land Reisenden erhöhte. Umgekehrt erkundeten im Laufe der Zeit Reisende immer häufiger Regionen auch abseits der üblichen Routen, die in der Hand von Beduinen waren.

Seetzen zieht einen interessanten Vergleich: »Die außerordentliche Sorgfalt, welche die europäische Polizei auf die öffentliche Sicherheit verwendet, und die schwere und unvermeidliche Strafe, welche Räuber bedroht, falls sie ergriffen werden, macht diese Leute bei uns weit gefährlicher, als hier. Unser Räuber sieht sich häufig genötigt, zu Misshandlungen, ja selbst zum Mord zu schreiten, um sich für die Gefahr, verraten zu werden, sicherzustellen, gesetzt auch, dass der Beraubte unbewaffnet ist und sich durchaus nicht verteidigt. Der hiesige Räuber dagegen, und dies sind alle Beduinen fast ohne Ausnahme, hat nie nötig, zu solchen grausamen Mitteln zu schreiten, indem er keine Strafe fürchtet und ihn bei seinen Bekannten keine Schande, sondern vielmehr Ehre für einen Raub erwartet.« Mit seinem Fazit dürfte Seetzen heftigen Widerspruch geerntet haben: »Der Beduine ist wirklich ein humaner Räuber; widersetzt man sich ihm nicht, so kann man immer sicher sein, dass er Einem immer so viel von Kleidungsstücken lässt, als zur Bedeckung und Erwärmung hinlänglich ist. ... Ganz anders hingegen beträgt sich der Araber gegen seine Feinde, und hier zeigt er sich oft wirklich grausam, indem bei solchen Ueberfällen bisweilen weder Kind noch Weib geschont werden.« Seetzen spricht aus

Erfahrung, denn er selbst wurde Opfer eines Überfalls und verlor dabei nur seine Uhr und seinen Turban, seine Papiere ließ man ihm. Dass ihm ansonsten kein Schaden zugefügt wird, erklärt er sich damit, dass er keinen Widerstand zeigte.

De Chateaubriand zählt zu denen, die eine heftige Auseinandersetzung mit Beduinen am eigenen Leibe erfahren, als er auf dem Weg nach Mar Saba, einem griechisch-orthodoxen Kloster in der Wüste Juda, von einem Trupp Araber angefallen wird und sich nur mit Mühe und Not nach einem Gefecht hinter die Mauern des Klosters flüchten kann. De Chateaubriand meint zu wissen: »Durch allzulebhaften Verkehr mit den Türken und Europäern fangen die Sitten der Beduinen an, sich zu verschlimmern. Sie geben ihre Weiber und Töchter Preis, und ermorden izt den Reisenden, den sie sonst nur plünderten. So ritten wir 2 Stunden mit der Pistole in der Hand vorwärts, wie in einem feindlichen Lande.«

Für Flaubert ist es zunächst die Wüste, die ihn fasziniert: »Ich bete die Wüste an, die Luft ist trocken und lebhaft wie an den Ufern des Meeres; eine um so richtigere Zusammenstellung, als man einen salzigen Geschmack am Gaumen hat, wenn man mit der Zunge über den Schnurrbart streicht. Man atmet mit vollen Lungen.« Schon in Ägypten hat er Gelegenheit, Bekanntschaft mit Nomaden zu machen: »So haben wir also zehn Tage fast völlig in der Wüste verbracht, haben unterm Zelt geschlafen, mit den Beduinen gelebt (sie sind sehr lustig und die besten Menschen von der Welt), haben Turteltauben gegessen, haben Büffelmilch getrunken und nachts jene alten Schakale kläffen hören, die wir abends und morgens zwischen den benachbarten Sandhaufen herumgaloppieren sehen.« Auf dem Weg an den Jordan und ans Rote Meer begegnet er einigen Beduinen, die ihren Weizen in Jerusalem verkaufen wollen: »Furchterregende

Kerle von wenig vertrauenerweckendem Aussehen …« Und sosehr sie ihm Angst einjagen, nötigen sie ihm auch Respekt ab, ihr freies Leben fasziniert ihn.

Nachdem Ida Pfeiffer in der Nähe des Toten Meeres »die schrecklichsten Felsenpfade, Schluchten und Krümmungen« durchzogen hat, trifft sie auf ein Beduinenlager: »Wir ritten an ihre Zelte und ersuchten sie um einen Trunk Wasser, statt dessen sie uns mit wahrer Herzensgüte einige Näpfe köstlicher Buttermilch reichten. Wohl in meinem ganzen Leben genoß ich nichts mit solcher Wonne und Begierde wie dieses kühlende Getränk nach einem so angestrengten, beschwerlichen Ritt in der großen Hitze. Als Graf Z. ihnen Geld reichen wollte, nahmen sie es nicht. Der Häuptling trat zu uns heran und schüttelte einigen die Hände als Zeichen der Freundschaft, denn von dem Augenblick, da man mit den Beduinen oder Arabern etwas genießt oder sie um ihren Schutz anspricht, ist man nicht nur unter ihrer Horde ganz sicher, sondern man würde von ihnen sogar gegen Angriffe anderer auf Leben und Tod verteidigt werden. Nur im Freien ist es nicht rätlich, ihnen zu begegnen. So widersprechend sind ihre Sitten und Gebräuche!«

Pfeiffer ist unerschrocken: »Ich möchte beinahe glauben, dass manche Reisende Raubanfälle und gefährliche Begebenheiten, die sie nicht erlebt haben, nur deshalb beschreiben, um ihren Erzählungen mehr Interesse zu verleihen. Ich machte eine große Reise, mitunter durch sehr unsichere Gegenden, oft ganz alleine mit einem arabischen Diener, und nirgends stieß mir ein ernstliches Abenteuer auf.«

Charles van de Velde begibt sich auf den Weg nach Masada und zur Südwestküste des Toten Meeres und verlässt sich dabei auf Beduinen: »Ihre Vagabundennatur konnten sie aber nicht verleugnen, indem sie nicht geregelt fortgingen wie wir, sondern bald links bald rechts vom Weg abwichen, und stets umherschauten wie Späher, ohne andern Grund als ihre Gewohnheit, denn Gefahr war, wie sie selber sagten, in keiner Weise zu fürchten. Der Beduine sieht immer etwas, wo kein anderer etwas findet, einen Vogel, ein Tier oder sonst was. So brachte z. B. einer dieser Führer unerwartet etwa 10 Rebhuhn-Eier, die er unter einem einsamen Sträuchlein entdeckt hatte« – was dem Führer ein willkommener Anlass für die Frage nach einem »Backschiesch« war.

Begegnungen mit anderen Beduinenstämmen verlaufen entgegen seiner Erwartung friedlich: »Unsere Führer küssten nach Landessitte im Vorbeigehen einige Neugierige, die uns angafften, übrigens aber zogen wir ohne Aufenthalt weiter.« Wiederholt wenden sich Beduinen mit der Bitte um ärztlichen Rat an ihn. Ihn irritieren die häufigen Schusswunden, die er mit einem Brenneisen behandeln möchte – was von den Betroffenen abgelehnt wird. Allmählich gelingt es ihm, in einem Zelt mit den Beduinen Ruhe zu finden: »Die armen Beduinen haben, obwohl sie dem Namen nach Muhammedaner sind, beinahe gar keinen Gottesdienst. Doch schienen sie mich zu verstehn, als ich sie ersucht hatte, mich mit meiner Bibel allein zu lassen.«

Unwissende Reisende seien für die einheimischen Führer eine Art gefundenes Fressen:

»Zeige einem Beduinen, dass Du wünschest, in jedem von der Natur einigermaßen viereckig gestalteten Stein eine Antiquität zu erkennen; mache seine Habsucht zugleich durch Verteilung von Piastern rege, unter der Bedingung, dass er Dir diese oder jene Altertümer anzeig, und Du kannst gewiss sein, dass er Dir jede Viertelstunde eine Ruine mit Namen und Zunamen zeigen wird, sei es in der Nähe oder in der Ferne. Daher kommt es auch, dass man im Beduinenland so viele Namen, die Reisende angegeben haben, antrifft, die spätere Reisende nicht haben wiederfinden können.«

Van de Velde erkennt das unentrinnbare Dilemma, in dem sich die Reisenden, die den weniger erforschten Süden und Osten des Landes erkunden wollten, befinden: Einerseits sind sie auf die Beduinen als Führer angewiesen, zugleich aber deren nicht immer ehrenhaftem Verhalten ausgeliefert.

Mary Eliza Rogers zeichnet ein versöhnliches Bild: »Die wahre Poesie des Landes ist ungeschrieben. Sie ist die alltägliche Sprache der Menschen. Sie sind alle – vor allem die Beduinen und die Bauern – unbewusste Dichter. Ihr natürliches künstlerisches Empfinden und ihr Sinn für Schönheit und Zweckmäßigkeit zeigen sich in ihrer Tracht, die immer harmonisch in den Farben ist und nur mit reinen und anmutigen Mustern bestickt ist. Sie zeigen ihr Geschick und ihren Geschmack in den einfachen und angemessenen Formen ihrer hausgemachten Lampen, Krüge, Schüsseln, Öfen und anderen Haushaltsgegenstände, die sie in Ton formen und der Sonne aussetzen, bis sie vollständig gebacken sind.«

Die Tamira, zwischen Jerusalem und dem Toten Meer beheimatete Beduinen, erkannten in der zweiten Hälfte des 19. Jahrhunderts, dass sie nicht nur als Begleiter von Gruppen bei ihren Exkursionen gefragt waren, sondern für diese publikumswirksame Spektakel inszenieren konnten, bei denen die Angstlust ganz bewusst einkalkuliert ist. Ein gewisser Hermann von Wedewer, seines Zeichens Theologielehrer aus Wiesbaden, der seine Reise mit dem nicht genauer benannten russischen Fürsten »O.« unternimmt und seinen Lesern bedeutet, »Vieles zu sehen und kennen zu lernen, was den meisten Pilgern verschlossen bleibt, da die Connexionen eines russischen Fürsten in diesem Lande außerordentlich viel vermögen«, notiert in *Eine Reise nach dem Orient* (1877):

»Um ein Feuer herum, welches in der Dunkelheit den Platz erleuchtete, sahen wir die wilden, braunen Gestalten von etwa 20 kräftigen Beduinen. Ihre Frauen, vom Kopfe bis zu den Füßen in ein großes, leinenes Hemd von blauer Farbe gekleidet, standen hinter ihnen in einer Reihe, sich anmutig auf einander lehnend. Nachdem wir auf Feldstühlen Platz genommen, teilten sich die Männer in zwei Chöre, welche sich in langsamen, feierlichen Schritten nach einer von den Frauen gesungenen einförmigen Melodie tactmäßig gegen einander bewegten und graziös hin und her wiegten. ... Dann zogen sie ihre krummen Schwerter aus den Scheiden und schwangen sie über ihren Köpfen ... Nun wechselte der Takt und schnell und immer schneller bewegten sie sich gegeneinander, zwei feindliche Schlachtreihen darstellend, und wild und immer wilder schwangen sie die Schwerter, bis schließlich das leidenschaftliche, schnelle Drehen und Vorspringen, das Aufweichen und Niederbeugen, wobei sie sich in der phantastischsten und unglaublichsten Weise in den Knieen wiegten und das wilde Schwingen des Stahles einem wirklichen Kampfe äußerst ähnlich sah.«

Inwieweit derartige theatralische Inszenierungen der Lebenswirklichkeit der Beduinen entlehnt waren, muss dahingestellt bleiben.

Neue Siedler im Heiligen Land

Eine gewagte Idee für die Zukunft Palästinas formuliert der preußische Offizier Helmuth von Moltke. Dieser hatte einige Jahre zuvor als Militärberater der osmanischen Truppen fungiert und war mit zwei hohen Orden und einem Ehrensäbel ausgezeichnet worden. Jahrzehnte bevor er sich für eine deutsche Expansion nach Übersee einsetzt, wirbt er in den frühen 1840er Jahren für die Errichtung eines christlichen Staates Palästina. Er schlägt vor, das Land von einem deutschen Fürsten regieren zu lassen, der zwar unbeschränkte Befugnisse haben, aber dennoch Toleranz walten lassen soll.

»Die ausschließliche Bevorzugung irgend einer christlichen Kirche würde gleich im Entstehen des Staates die Keime zu seinem Untergange ausstreuen. Wir sagten, einem deutschen Fürsten, weil Deutschland den negativen Vorzug hat, keine Seemacht zu sein, aber durch die Beschiffung der Donau und durch die österreichischen Häfen des Adriatischen Meeres ihm der nächste Handelsweg mit dem Orient geöffnet ist.«

Seine Vorstellung bleibt ein Hirngespinst, dennoch sollte es bald andere geben, die sich der Angelegenheit annahmen.

So ehrgeizig die Amerikaner ihre Ansiedlungen in Palästina verfolgten, reichte ihr Erfolg nicht an den heran, den die württembergischen Templer dort ab der zweiten Hälfte des 19. Jahrhunderts haben. Die Tempelgesellschaft hat ihre Ursprünge in einer im 17. Jahrhundert in Deutschland entstandenen pietistischen Bewegung, die von dem Glauben beseelt war, der protestantischen Kirche neuen Geist einzuhauchen. Zentrale Figur war der Bibelforscher Johann Albrecht Bengel, der davon überzeugt war, dass Jesus 1837 zurückkehren und sein Tausendjähriges Königtum beginnen werde.

Der Impulsgeber für die weitere Entwicklung war der aus Leonberg gebürtige spätere Theologe Christoph Hoffmann, Verfasser des Buches *Stimmen der Weissagung über Babel und das Volk Gottes* (1849). Die eigentliche Templergesellschaft entwickelte sich in den fünfziger Jahren, nachdem Hoffmann aus Frankfurt zurückgekehrt und mit dem Kaufmann Georg David Hardegg zusammengetroffen war.

Das Erwachen des Interesses der Templer an Jerusalem verdankt sich einerseits der wirtschaftlichen Notlage in Württemberg, andererseits meinten sie, mit dem nahenden 400. Jahrestag der türkischen Eroberung Konstantinopels ein Zeichen zu erkennen, dass nun das Ende der »Gottesleugner« gekommen sei. Der Krimkrieg, den das Osmanische Reich nur mit Hilfe europäischer Mächte für sich entscheiden konnte, verstärkte bei vielen das Gefühl, dass die Türken bald die Gewalt über Palästina verlieren würden.

Das Heilige Land gilt ihnen als Zufluchtsstätte vor allem Bösen. Könnte mit der Sammlung des »Volkes Gottes« in Jerusalem die aus den Fugen geratene Weltordnung wieder hergestellt und die Hungersnot in Württemberg überwunden werden? Die Templer zeigen sich fest davon überzeugt. Christoph Hoffmanns Bruder Wilhelm, Vertrauter des preußischen Königs, gründet 1852 gemeinsam mit Friedrich Adolph Strauß in Berlin den »Jerusalem-Verein«, der sich für die Vertretung der evangelischen Kirche im Heiligen Land und die Missionierung der Einheimischen einsetzt.

Im Sommer 1854 wird in Ludwigsburg die »Gesellschaft für Sammlung des Volkes Gottes in Jerusalem« verkündet und es werden Kandidaten bestimmt, die ins Heilige Land aufbrechen und dort eine Siedlung gründen sollen. Deren Ankunft in Palästina 1858 steht dann aber unter einem schlechten Stern: Gerade sind einige Deutsche und Amerikaner, Teilnehmer eines Siedlungsvorhabens in der Nähe von Jaffa, von Arabern überfallen und zum Teil getötet und schwer verletzt worden. Nachdem die drei Templer das Land drei Monate lang durchreist und die Lage sondiert haben, kehren sie ernüchtert nach Deutschland zurück. Angesichts der von Feindseligkeit geprägten Haltung der muslimischen Bewohner und der türkischen Regierung halten sie eine Besiedlung für nicht aussichtsreich. So fällt der Entschluss, zunächst nur vier Missionare zu entsenden. Mit ihrem Schicksal dürfte allerdings niemand gerechnet haben: Einer konvertiert zum Islam, ein anderer läuft zu einer den Templern feindlich gesinnten Mission über, ein weiterer stirbt an Malaria und der Vierte verschwindet, ohne irgendwelche Spuren zu hinterlassen.

In dieser Zeit gelangen beunruhigende Nachrichten aus dem Libanon nach Europa. Im Juni 1860 haben Drusen das katholische Kloster Deir El Mochalles, zwei Frauenklöster und zwei Maronitenklöster gestürmt, diese in Brand gesetzt, die Mönche erschlagen und die Klosterfrauen geschändet. Etwa dreihundert Christen kamen dabei zu Tode. Obwohl der muslimische Statthalter den Auftrag hat, die Ausschreitungen zwischen den beiden Gruppen zu unterbinden, heizt er die Drusen weiter an und liefert ihnen sogar noch Waffen. Ein Grund war, dass die Franzosen, die Schutzmacht der Maroniten waren, 1856 im Vertrag von Paris durchgesetzt hatten, dass die Maroniten künftig nicht mehr einer Sonderbesteuerung unterliegen. Dem Massaker fallen im weiteren Verlauf etwa sechstausend Christen zum Opfer.

1861 treten die Templer aus der Kirche aus und küren Hoffmann zu ihrem Bischof. 1866 spitzen sich die Dinge weiter zu: Viele Templer befürchteten, mit dem von ihnen verhassten

Frankreich gegen Preußen kämpfen zu müssen. Als ermutigend für ihre Auswanderung verstehen sie die Nachricht aus Palästina, dass dort gerade 156 Amerikaner eingetroffen sind, um eine Siedlung aufzubauen. Zudem machen Gerüchte die Runde, Juden würden die Ausreise ins Heilige Land planen, was die Templer als mögliche Konkurrenz für ihr Siedlungsvorhaben wahrnehmen. Nachdem der Philanthrop und Gründer des Roten Kreuzes Henry Dunant die Weltmächte 1863 dazu aufgerufen hatte, den Orient und Palästina wiederaufzubauen, reist Hardegg nach Paris, um bei Dunant um Unterstützung für das Siedlungsvorhaben der Templer und Geld zu werben. Der abgeschlossene Vertrag ist dann letztendlich aber nicht viel wert, weil Dunant sein gesamtes Vermögen in die Landwirtschaft Algeriens investiert und es dabei verliert. Sein Ansehen ist zerstört, jegliche weitere Handlungsfähigkeit zunichtegemacht.

Ende Oktober 1868 erreichen Hoffmann und Hardegg schließlich Haifa mit der festen Absicht, die Ansiedlung zu beginnen, ohne allerdings von der Hohen Pforte einen Ferman, einen schriftlichen Erlass und Schutzbrief, dafür in Händen zu halten. Ein osmanischer Bürger vermittelt die ersten Grundstücke, weil den Deutschen der Grunderwerb nicht erlaubt ist, und die ersten Gebäude werden mithilfe von arabischen Arbeitern errichtet. Während der ersten sieben Jahre kommen dann Hunderte von Templern ins Land. Nachdem Landwirtschaft und Weinbau von wenig Erfolg gekrönt sind – die Bodenqualität ist schlecht, die Reben von Schädlingen befallen –, schwenken die Siedler auf andere Aufgaben um: Viele engagieren sich im Transportwesen, andere als Gipser. Die Templer führen Wagen als Transportmittel ein und beginnen mit einem regelmäßigen Kutschendienst zwischen Haifa und Akkon. Es folgt eine weitere Kolonie in Jaffa, von wo aus die bald immer zahlreicher eintreffenden jüdischen Neuankömmlinge nach Jerusalem gebracht werden. Der Reiseagent Thomas Cook schließt mit den Siedlern einen Vertrag über die Beförderungen seiner Touristen im Land. Handwerksprodukte werden unter anderem in einem Kaufhaus angeboten, wo wohlhabende Araber zu den wichtigsten Kunden zählen.

Bald wird ein weiteres, sumpfiges Gelände für eine neue Kolonie namens »Sarona« erworben – eine Stunde von der Jaffaer Kolonie entfernt, dort, wo sich heute der Norden Tel Avivs befindet. Etliche Siedler, allesamt Landwirte, fallen der Malaria zum Opfer, bis man – einem algerischen Vorbild folgend – Eukalyptusbäume pflanzt. Zu diesem Zeitpunkt geht man noch davon aus, dass dem ätherischen Öl des Baumes eine desinfizierende Wirkung zuzuschreiben ist. Dass man durch die Anpflanzung das Gelände trockenlegt und den Mücken damit das Brutgebiet entzieht, versteht man erst später.

Das Zusammenleben mit den Einheimischen ist von erheblichen Problemen überschattet. Die muslimische arabische Bevölkerung nimmt die Templer als unerwünschte Eindringlinge wahr und bei den Deutschen stehen tief sitzende Vorurteile unvoreingenommenen Begegnungen im Wege. Da ist etwa die Rede davon, dass die Araber »von Haus aus frech und eingebildet« seien oder, wie Christoph Paulus, einer der Nachfolger Hoffmanns, schreibt, dass sie »zuerst zu Menschen gemacht werden sollten, bevor sie Christen werden können«. Oder sogar, dass der deutsche Ansiedler »sich hoffentlich mit den Eingeborenen nie so befreunden wird, dass er in deren Mitte sein Vergnügen und seine Gesellschaft findet«. Dabei ist das Verhältnis zwischen den Siedlern und den arabischen Christen offenbar kaum besser als das zwischen ihnen und den Muslimen. Auch mit den Karmeliten, einer um 1150 gegründeten Ordensgemeinschaft am Karmelberg, die unter dem Protektorat der griechisch-orthodoxen Gemeinde steht, haben die Templer kein gutes Auskommen. In der arabischen Zeitung *al-Ahram* wird den deutschen Siedlern noch 1898 vorgeworfen, sie würden sich auf Kosten der einheimischen Bevölkerung bereichern, »sich gleich Blutegeln auf die Eingeborenen werfen, um sie auszusaugen«. Auch wenn die von den Siedlern oft befürchtete »Christenmetzelei« ausbleibt, kommt es von beiden Seiten immer wieder zu schweren Übergriffen. Die Siedler befürchteten, enteignet und vertrieben zu werden. Doch es gibt auch Hinweise auf harmonische Koexistenz: Als Jakob Schumacher, der aus Tübingen stammende Architekt und »Preuße«, als der er gerne bezeichnet wird, 1891 stirbt (er war 1848 zuerst nach Amerika ausgewandert, bevor er 1869 Palästina erreichte und in Haifa lange als Konsul der Amerikaner gedient hatte), kommen auch viele muslimische Araber herbei, um sich von ihm zu verabschieden.

Eine wirkliche Gefahr für den Weiterbestand der Siedlungen gibt es zwar nicht, dennoch müssen die Templer ihre Interessen immer wieder gegen Hürden der osmanischen Behörden durchsetzen. Die deutsche Regierung versagt ihnen die Unterstützung, die sie sich wünschen. Und als Deutschland und die Türkei sich verbünden, scheint es gänzlich aussichtslos, dass die Templer jemals ihre Position in Palästina stärken, geschweige denn, dass sie das Land »beerben« können.

Seit den 1880er Jahren kommen Juden in zwei Wellen (die sogenannte erste »Aliyah« oder »Alija«, wörtlich »Aufstieg«), vorwiegend aus Flucht vor den Pogromen in Russland und Rumänien, ins Land und gründen, von Baron Rothschild unterstützt, landwirtschaftliche Schulen und Kolonien. Wie Barbara Tuchman in *Bible and Sword* schreibt, waren »neun Zehntel der

Juden keine Montefiores und Rothschilds, sondern verborgen lebende Minderheiten am Rande des Existenzminimums. Die Enthusiasten [Anm.: einer jüdischen Auswanderung] erkannten nicht, dass die Juden, die nach Palästina gehen wollten, weder Geld noch Einfluss hatten … und dass die Juden, die Geld und Einfluss hatten, nicht nach Palästina gehen wollten … Unter den Großherzögen glaubte (nach dem Tod von Montefiore) nur noch Rothschild an Palästina. … Die Familie spottete. Sie nannten seine palästinensischen Kolonien ›la fantaisie du Baron‹.«

1882 lassen sich zwanzig russische Familien auf den Sanddünen von Jaffa nieder, sie nennen ihre Moschav-Siedlung Rischon LeZion (»Erster in Zion«, heute eine Großstadt südlich von Tel Aviv) und verlegen sich zunächst auf den Weinbau. Auch ihnen ist der Erwerb von Grundbesitz durch ein Edikt des Sultans, der die Bildung jüdischer Kolonien 1885 ausdrücklich untersagt, eigentlich verboten. Aber sie wissen sich über Mittelspersonen zu behelfen. 1889 verfügen sie über 30.000 Hektar, die sich auf 22 Siedlungen verteilen, in denen etwa fünftausend Menschen leben. Die Anfänge sind von vielen Rückschlägen geprägt. Viele der Bauern, die aus dem Gebiet der heutigen Ukraine kommen, müssen die Erfahrung machen, dass die ihnen vertrauten Mais- und Weizensorten für den Anbau nicht geeignet sind.

Die Templer begrüßen die jüdischen Einwanderer anfänglich, weil das von den Deutschen betriebene Transportwesen dadurch einen merklichen Aufschwung erfährt, bald aber werden sie als wirtschaftliche Konkurrenten wahrgenommen. Es kommt sogar zu Geschäftsboykotten der Deutschen gegen die Juden. Dieser hält jedoch nicht lange, weil beide Gruppen erkennen, dass sie auch voneinander profitieren.

Die sich gegen Ende des Jahrhunderts intensivierenden Aktivitäten der zionistischen Bewegung versetzen die deutschen Siedler in Unruhe. So meinen sie, dem Sultan werde zur Sanierung seiner Finanzen »jüdisches Gold« übertragen, damit dieser die jüdische Besiedlung Palästinas erlaube. Der Agrarbotaniker, Experte für koloniale Landwirtschaft und spätere Präsident der Zionistischen Organisation Otto Warburg hebt dann 1904 in der Zeitschrift *Altneuland* die Verdienste der »palästinensischen Deutschen« für die Verbreitung westlicher Kultur im Orient und ihre Rolle als »natürliches Verbindungsglied des Orients mit dem Occident« hervor: »Mit echt schwäbischer Zähigkeit haben die Leute es verstanden, sich den orientalischen Lebensverhältnissen anzupassen, ohne dabei die deutsche Nationalität – sowohl innerlich als äußerlich – einzubüßen.« Dem fügte er noch hinzu: »Dennoch ist von einem kräftigen Vorwärtsschreiten der Kolonien wenig zu spüren ... so dass ein Teil des Nachwuchses vorzieht, anderswo in der Welt sein Glück zu suchen.« Warburgs Intervention trägt dazu bei, dass sich die Wogen glätten, seine Äußerungen waren hinsichtlich der Zukunft des Nachwuchses wohl auch ein Stück Wunschdenken.

Noch kurz vor der Jahrhundertwende keimt bei einigen deutschen Siedlern die Idee, nach Deutsch-Ostafrika auszuwandern. Informationen über die dortigen Bedingungen erhalten sie zunächst mithilfe des deutschen Vizekonsuls in Jaffa, bevor sie eine eigene Delegation entsenden, um die Situation vor Ort in Augenschein zu nehmen. Das Ergebnis dieser Sondierungen war, wie Alex Carmel in *Die Siedlungen der württembergischen Templer in Palästina 1868–1918* schreibt, »dass die Aussichten der Siedler in Palästina besser als in Afrika seien und dass das Verlassen des Heiligen Landes einem Verrat an den Zielen der Tempelgesellschaft gleichkomme«. Halbherzig wurde noch eine Weile an der Option festgehalten – bis Deutschland 1918 seine afrikanische Kolonie und die potentiellen Siedler damit auch den Vorteil einer deutschen Schutzherrschaft verloren hatten.

Der Einwanderung von Juden werden immer wieder Steine in den Weg gelegt. Im Jahr 1892 wird eine 200 Köpfe zählende Gruppe iranischer Juden zurückgeschickt – vermutlich, weil sie nicht auf die Unterstützung eines europäischen Konsulats zählen konnte. Der Widerstand des Osmanischen Reiches gegen die jüdische Einwanderung ist dabei nicht in der Befürchtung begründet, dass sich das Kräfteverhältnis zur muslimischen Bevölkerung im Land verschieben könnte, sondern dass Einwanderer aus Europa unter der Obhut der jeweiligen Länder stehen und sich der Macht der Türken damit zumindest teilweise entziehen könnten.

Afrika spielt noch in einem anderen Zusammenhang als dem oben genannten eine Rolle. Zehntausende osteuropäische Juden finden in den späten 1890er Jahren im Londoner East End Zuflucht, was den Unmut der Bevölkerung auf sich zieht. 1903 bringt der britische Kolonialminister Joseph Chamberlain den Vorschlag eines »Neu Jerusalems« auf der Hochebene von Uasin Gishu, einem Teil des Protektorats Ostafrika (heute in Kenia), gegenüber Theodor Herzl ins Gespräch. Der Plan trägt den offiziellen Namen »Uganda Plan« und den inoffiziellen »Jewganda«. In einer jüdischen Siedlungskolonie auf einem Gebiet von rund 13.000 Quadratkilometern soll es den Mitgliedern möglich sein, »ihre nationalen Bräuche zu pflegen«. Der *Jewish Cronicle* ist empört: Anstatt in die »angestammte Heimat der Rasse« zurückzukehren, sollen die Juden eine »Siedlung unter halbwilden Stämmen, weit entfernt von den Gefilden der Zivilisation«, errichten. Auf dem Zionistenkongress in Basel, der in demselben Jahr stattfindet, wird der Plan als »Nachtasyl« bezeichnet, dennoch spaltet er die Zionisten. Schließlich wird eine Expedition gesandt, deren Urteil dann negativ ausfällt. Die Angelegenheit scheitert auch am Widerstand britischer Kolonisten, die schon Optionen auf das Land abgegeben hatten, dennoch, wie Barbara Tuchman schreibt: »England war damit das erste Land, das offiziell mit den Juden als politischer Einheit verhandelte und ihnen ein Angebot für ein Territorium unterbreitete.«

Bilder vom Heiligen Land

Wie konnten sich Europäer Jerusalem und das Heilige Land bildlich vorstellen? Bis ins 19. Jahrhundert erschöpften sich Darstellungen Palästinas meist in Beschreibungen – mit Ausnahmen wie dem erwähnten illustrierten Buch von Berhard von Breidenbach und einigen anderen. Maler der Barock- und Renaissancezeit verlagerten biblische Szenen durchgängig in ihre heimischen Szenerien und Landschaften. Später vermittelten hier und da Holzschnitte, Stiche oder Zeichnungen eine gewisse Idee davon, allerdings verdanken sich ihre Werke meist nur der Inspiration von Berichten, die von anderer Seite zugetragen worden waren. Das gilt etwa für William Turner, der Zeichnungen für die Stiche in dem aufwändig gestalteten Band *Landscape Illustrations of the Bible* (1836) beisteuerte – seine Zeichnungen basierten auf Skizzen, die von Reisenden vor Ort angefertigt worden waren. Der katholische Künstler Gustave Doré schafft zur Illustration der Bibel (*La grande bible de Tours,* erschienen 1866) 241 Holzstiche – Szenen, die in orientalisch anmutenden Landschaften verortet sind. Doré soll die Schulung seines Blicks für dramatische Naturerscheinungen und schroffe Felsen seinen Wanderungen in den Vogesen verdankt haben.

Einer der bekanntesten Künstler, die tatsächlich vor Ort waren, ist der protestantische Schotte David Roberts. Während dreier Monate bereist er 1838 Ägypten, Nubien, das Heilige Land, Jordanien und den Libanon. Gemeinsam mit Louis Haghe entstehen eine Vielzahl von Lithographien und Gemälden, die auf unterwegs angefertigten Skizzen und Aquarellen basieren. Roberts und Haghe sind unter erschwerten

Bedingungen unterwegs, sie werden von bewaffneten Dienern und einer Gruppe von Beduinen mit 21 Kamelen begleitet. Roberts gilt als der erste Künstler, der in Moscheen zeichnen darf, allerdings muss er sich dafür orientalische Kleidung anlegen, seinen Backenbart rasieren und auf seine mit Schweineborsten gefertigten Pinsel verzichten. Kritiker warfen Roberts später vor, er habe sich erhebliche Freiheiten bei der Darstellung der panoramaartigen Landschaften genommen. Generell gab es bei den meisten Künstlern, die im Heiligen Land unterwegs waren, eine ausgeprägte Tendenz, ihre Darstellungen von hässlichen oder sogar anstößigen Elementen zu bereinigen.

Wegen des Bilderverbots im Islam gehen frühe fotografische Arbeiten auf westliche Künstler zurück, von denen einige Studios in Kairo und Konstantinopel unterhielten. Fotografen wie der Engländer James Robertson und der Italiener Felice Beato kommen in den 1850er Jahren ins Heilige Land, um die Stätten der drei großen Weltreligionen abzulichten – diese Aufnahmen wurden in dem Album *Jerusalem* zusammengefasst und 1864 in Istanbul veröffentlicht. Seit den 1860er Jahren gibt es in Jerusalem mehrere Fotostudios, das bekannteste unter ihnen ist das der französisch-hugenottischen Familie Bonfils, die auch Niederlassungen in Beirut, Baalbek, Alexandria und Kairo unterhält. Es verkauft Fotos von den heiligen Stätten und lässt Einheimische in ihrer typischen Tracht im Studio posieren. Einige Jahrzehnte später eröffnet der armenische Priester Garabed Krikorian ein Studio – nachdem er aus seinem Konvent ausgetreten war. Er hat das Fotografieren beim armenischen Patriarchen von Jerusalem, Yesayi Garabedian, erlernt, der schon 1859 im Kloster St. James ein Atelier besaß und als Pionier in dieser Region für diese Zunft gilt. Krikorian profitierte später auch von den Reisenden, die Thomas Cook & Co. ins Land bringt.

Modelle werden gerne flexibel eingesetzt, nur ihre jeweilige Tracht wechselt. So kann dieselbe Person sowohl die Funktion des Oberrabbiners von Jerusalem als auch die eines Matratzenmachers darstellen. Es kommt vor, dass betende Muslime, die nicht für ein Foto zu gewinnen sind, von Christen oder Bettlern nachgestellt werden. (Hier gibt es eine Parallele zu den von orientalistischen Männerphantasien geprägten Gemälden von Bädern und Harems – hier dienten zuweilen Prostituierte als Aktmodelle, die dann sparsam mit orientalischen Textilien versehen werden.)

Auf den Weltausstellungen stellte Palästina stets eine besondere Attraktion dar. 1851 in London gibt es in der Ägyptischen Halle ein »großes, sich bewegendes Diorama des Heiligen Landes« zu sehen, das den »Exodus der Israeliten« illustriert. Dort treten Musiker, Sänger und Darsteller aus Syrien und dem Heiligen Land auf. Für die Weltausstellung von St. Louis 1904 wird die Altstadt Jerusalems im Miniaturformat errichtet: Auf über vier Hektar entstehen Felsendom, Klagemauer, Grabeskirche und Davidsturm. Um die Darstellung so realistisch wie möglich erscheinen zu lassen, werden Einheimische eingeschifft und Führungen zu den improvisierten »heiligen Stätten«, Kamel- und Eselsritte und orientalische Basare organisiert. Thomas Cook & Co. lässt den Dragoman Khalil S. Gandour aus Jaffa dort auftreten. Mitglieder der Familie Cadbury, die Palästina mit seiner Hilfe bereist hatten, goutieren türkischen Kaffee und werden von Gandour zu den »Sehenswürdigkeiten« der Weltausstellung begleitet.

»Du kannst nicht nach Jerusalem gehen, also kommt Jerusalem zu dir. Mit amerikanischer Energie sind alle Dinge möglich!«, erklärt die Schriftstellerin Lydia Mamreoff von Finkelstein Mountford anlässlich der Eröffnung. Sie selbst ist übrigens

1848 in Jerusalem zur Welt gekommen, als Tochter von Eltern »edler russischer Herkunft«. Noch 1909 hatten derartige Völkerschauen offenbar nichts von ihrem Reiz eingebüßt. Im Rahmen von »Palestine in Brighton« werden angeblich authentische Szenen nachgestellt: »Leben in einem Jerusalemer Haus«, »Das Leben eines Hirten im Osten« oder »Ein Picknick in Palästina«.

Seit den 1860er Jahren spielten Stereoskope eine gewisse Rolle bei der Verbreitung von Bildern des Heiligen Landes. Die Betrachtungsvorrichtung verleiht den retuschierten Landschaftsfotos eine zweite Dimension, es entsteht ein Eindruck von Tiefe. Charles Foster Kent, ein Experte des Alten Testaments und Verfasser einer langen Reihe von Büchern über hebräische Geschichte, zuletzt an der Yale University tätig, entwickelt um 1900 eine stereoskopische »Reise« durch das Heilige Land, die großen Zuspruch findet. Er versteht Palästina als »fünftes Evangelium«, das bis dahin nicht zugängliche Wahrheiten in sich birgt, und ermuntert die Nutzer, »sich in der Vorstellung von der unwürdigen Gegenwart dieses Landes in seine glorreiche Vergangenheit zurückzuversetzen«.

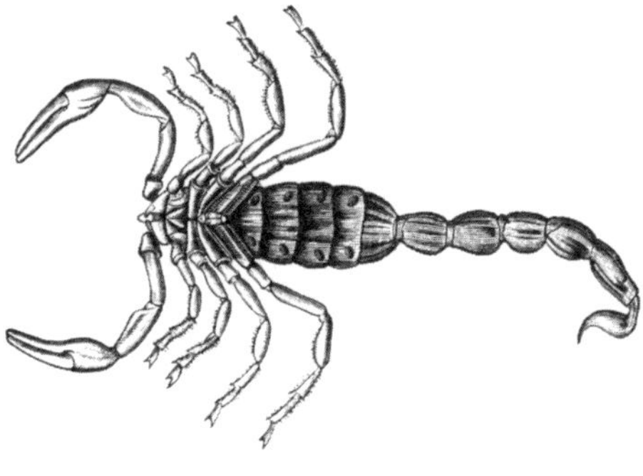

Ein zum Auswanderer gewordener Maler – Gustav Bauernfeind

Der am Stuttgarter Polytechnikum ausgebildete Architekt und Maler Gustav Bauernfeind kommt wiederholt in den Orient, angezogen von den exotischen Motiven und der Aussicht, seine Werke nach Großbritannien und Amerika verkaufen zu können. Religiöse Beweggründe hat er keine, er soll sich sogar als »Ketzer« bezeichnet haben. Anfänglich beschäftigt Bauernfeind sich mit italienischen Szenen, später entwickelt sich sein Selbstverständnis zu dem eines »Orientmalers«. In München perfektioniert er seine Kunst. Seine ältere Schwester Emilie lebte schon fast ein Jahrzehnt in Beirut. Ihr Mann Wilhelm schreibt Bauernfeind: »Du findest kein Italien in Syrien. Eine solche Fülle von architektonischen Kunstschätzen wie dort darfst Du hier nicht suchen, doch sollte ich denken, dass dessen ungeachtet ein Künstleraug hier ein lohnendes Feld für seine Studien findet, und eine Reise hierher nicht bereuen wird.« Er sollte Recht behalten. Bauernfeinds erste Orientreise erfolgt 1880 und dauert etwa eineinhalb Jahre. Er kommt über Athen zunächst nach Alexandria, von dort nach Kairo, schließlich nach Beirut und ins Heilige Land. Mit einem Fotoapparat beginnt er, interessante Motive festzuhalten. Jerusalem charakterisiert er in einem Brief als »Steinwüste«, in Jaffa beeindrucken ihn die üppige Vegetation und die Pracht der Orangengärten. Nach München zurückgekehrt, arbeitet er an Gemälden und spart das Geld, das er durch Verkäufe an einen in Stuttgart lebenden Amerikaner und einen Engländer bekommen hat, für eine weitere Reise. Überliefert ist zudem, dass er sich um einen Ferman für eine mehrjährige Studienreise durch Syrien und Palästina bemüht.

Sein zweiter Aufenthalt im Orient dauert drei Jahre; er bewegt sich zwischen Damaskus, Beirut und Jaffa. Immer wieder erregt er mit seinen Aktivitäten den Verdacht der Polizei. Seine Angehörigen in Baden-Baden besänftigt er: »Ihr dürft gar keine Besorgnis wegen mir haben, denn die Leute haben viel zu sehr Furcht vor den Europäern als dass sie es wagten, mir etwas Ernstes zu Leid zu tun. Auch ist die Polizei zu sehr entwickelt. Das Schlimmste was mir passieren kann ist schließlich die Ausweisung. Aber es ist selbst dies mit großer Gewissheit zu verneinen.« Nach einem Dreivierteljahr verschickt er sein neues Gemälde nach England, den *Thonwarenverkäufer*, und bald beginnt er, an *Die Juden am Thor des Tempelplatzes in Jerusalem* zu arbeiten, das er später dem Kunsthändler Arthur Sulley in London sendet.

Einen Sommer verbringt er im Libanon, um der Hitze zu entkommen. Nach Jaffa zurückgekehrt, gelingt es ihm zwar endlich, einen Scheich zu finden, der bereit ist, ihm Modell zu sitzen, doch unglücklicherweise bricht sich dieser gleich das Bein. Umgehend macht das Gerücht die Runde, der Scheich sei für das Modellsitzen vom Schicksal bestraft worden – nun kann Bauernfeind niemanden mehr für sein Vorhaben gewinnen. Was hielt ihn dort? »Das Leben hier ist überhaupt eine Kette von Entbehrungen und doch muss ich sagen, die Bande von Menschen, unter welcher ich hier lebe, übt immer wieder ihren eigenartigen Reiz auf mich aus sobald ich auf die Straße hinaustrete und diese originellen Gestalten vorbei marschieren sehe.«

Parallel bahnt sich seine Beziehung mit Elise Bertsch an, die er zufällig in Jaffa kennenlernte, als sie auf dem Weg zu ihrer Schwester in Jerusalem ist, von wo aus sie im Auftrag der Basler

Mission zu einem langen Aufenthalt nach Indien weiterreisen will. Bei beiden stellt sich offenbar schnell das Gefühl ein, füreinander bestimmt zu sein, nur muss Bauernfeind sie noch davon überzeugen, dass er ein gläubiger Christ ist, was er in seinen Briefen beteuert, die er ihr ins indische Mangalore, wo sich der katholische Bischofssitz im Südwesten Indiens befindet, schickt. »Lieber Herr Bauernfeind! Wenn ich auch nicht Alles darin meiner Überzeugung nach finde«, so antwortet Elise Bertsch, »so weiß ich doch, dass Gott ihr Führer sein wird und unter Seiner Leitung geht es lichtwärts in die Gottesnähe, und da gehe ich mit«. Bauernfeind ist euphorisch und meint, er sei von Gott geleitet gewesen, als er sich in sie verliebte. Nachdem eine Verkürzung ihres Aufenthalts in Indien beschieden und ein Streit über die Kosten für die Rückreise entschärft sind, steht der Heirat nichts mehr im Wege. Allerdings vergehen bis dahin noch einige Jahre.

Die Begegnungen, die Bauernfeind mit seinen Landsleuten hat, sind – von einem Treffen mit Conrad Schick abgesehen – eher unerfreulicher Natur. Während seiner dritten Orientreise 1888 bis 1889 machen sich im Hotel in Damaskus »nicht weniger als 8 Grafen, 4 Österreicher und 4 Deutsche, letztere, einer ausgenommen, höchst unsympathische, hochmütige, monoclezwickende, durch Hiebe zerhackte Gesichter ... am ganzen Tisch unangenehm bemerkbar«. Sein Arbeitspensum in dieser Zeit ist groß, und immer wieder muss er sich mit Störungen und Anfeindungen auseinandersetzen, sein Dragoman Franz unterstützt ihn dabei. Von einem Zuckerverkäufer wird er vor einer Moschee als »Moskowiter« und »Frendschi« (Europäer) verflucht, ein anderes Mal sogar angespuckt. Seine Arbeit im Umfeld der Moscheen wird besonders misstrauisch beäugt. Unter den Menschen, die er skizziert, sind ein Scherenschleifer aus

Afghanistan, ein Afrikaner, zwei Fellachenfrauen, ein »zerlumpter Kurde«, ein alter Scheich, ein knetender Bäcker, ein Fakir, ein etwa 14-jähriger Knabe sowie ein Blinder, der während des Fastenmonats Ramadan kurz vor Sonnenaufgang als Trommler unterwegs ist.

Bauernfeinds Plan, betende Mohammedaner in einer Moschee zu fotografieren, scheitert trotz der Hilfe eines Agenten, den Bauernfeind engagiert hat, um Modelle zu rekrutieren. Großen Mut stellt er unter Beweis, als er von einem erhabenen Standort den von Tausenden Zuschauern beobachteten Einzug von Derwischen in Damaskus fotografiert: »Viele berittene Derwische gebärdeten sich wie Verzückte oder besser Verrückte. Sie fielen in Krämpfe und Ohnmachten, der Schaum trat ihnen aus dem Mund ... Eine aufgeregt singende Gruppe hinter einer Fahne brüllte förmlich gegen mich herüber ... Der Fahnenhalter auf meiner Seite fiel in Verzückung und wollte sich auf mich stürzen.« Der Vorfall verläuft nur deswegen glimpflich, weil andere Männer den Fahnenhalter packen. Als Bauernfeind eine Woche später erneut eine Wallfahrt mitansieht, halten ihm plötzlich zwei Männer Schlangen vor das Gesicht. Dem beherzten Eingreifen seines Begleiters ist zu verdanken, dass Schlimmeres verhindert wird. Bauernfeinds Mut ist umso erstaunlicher, wenn man bedenkt, dass er kaum Arabischkenntnisse hat und eine gefährliche Situation – zumindest, sofern sie sich durch Sprache oder Rufe ankündigen – nicht ohne Weiteres einschätzen kann.

Als ihm ein Mann von einer Mumie in einem Höhlengrab erzählt, welche, einer angeblichen Inschrift des Grabsteins folgend, einige hundert Jahre alt und dabei vollständig erhalten sei, einen Helm und ein Panzerhemd auf dem Leib trage, ist Bauernfeinds Neugier geweckt. Nachdem sie den einsamen Weg zurückgelegt, die Lichter der Stadt hinter sich gelassen haben und, von bellenden Hunden verfolgt, in das Grab gekrochen sind, entpuppt sich die »Mumie« dann aber als halbverweste Leiche ohne Panzerhemd, Helm und Schwert. Mit Mühe und Not gelingt es Bauernfeind, wieder herauszukriechen und den Ort zu verlassen.

Nach einigen Jahren in München bricht er 1896 mit Frau und Kind schließlich zu seiner vierten Reise auf. Es werden acht lange Jahre, über deren Verlauf nur wenig bekannt ist. Sein Ziel ist zunächst die deutsche Templerkolonie in Jerusalem, er zieht es dann aber bald vor, die Einsiedler im südlichen Jordantal aufzusuchen – in der Nähe von Jericho, einer ansonsten wenig besuchten Region, die wie eine Mondlandschaft wirkt. Zu den letzten ausführlicheren Erwähnungen zählt der Besuch eines griechischen Klosters in der Umgebung, in der Nähe eines Beduinenlagers. Politische Entwicklungen – der Krieg zwischen Griechenland und der Türkei wegen Kreta wurde in dieser Zeit offiziell erklärt – scheint Bauernfeind nicht verfolgt zu haben, vielleicht hat er auch keinen Zugang zu Informationen darüber. In einem Brief an seinen langjährigen Vertrauten P. F. Krell, den er im März 1898 verfasst, lobt er den »feierlichen Ernst der späten Abend- und frühen Morgenstimmungen«, erwähnt aber auch seine von Feindseligkeit getragene Sicht auf die Bevölkerung: »Die Menschen sind bei näherer Betrachtung widerwärtig. Nicht nur ihre geistige Verwandtschaft mit den Juden macht sie unangenehm, auch in moralischer Hinsicht stehen sie nicht höher als es in einigen drastischen Kapiteln des alten Testaments beschrieben ist.« Diesen Umständen zum Trotz (oder womöglich gerade deswegen) ist Bauernfeind während der letzten Jahre enorm produktiv und schafft mehrere großformatige Werke von hoher Qualität. Kurz vor seinem Tod stellt er sein bekanntes Gemälde *Die Klagemauer* fertig. Inzwischen ist er zum Auswanderer geworden.

Bauernfeind stirbt 1904 und wird am Rande des Friedhofs der Templergesellschaft begraben. Seine an Tuberkulose erkrankte Frau nimmt sich zwei Jahre später das Leben. »Aus dem Spital wurde ihr Sarg auf ein Wägelchen gelegt, das sonst zum Transport von Weinfässern diente, und ein halbblinder Araber fuhr mit ihr zum Friedhof unserer eine Stunde entfernten Kolonie durch die Staubwolken Jerusalems. Ich war der einzige Begleiter«, erinnert sich ihr Sohn später.

Weitere Amerikaner kommen ins Heilige Land

Zu den wenigen dokumentierten afroamerikanischen Reisenden im Heiligen Land im 19. Jahrhundert zählt David F. Dorr. Er kommt noch vor dem Bürgerkrieg, während der 1850er Jahre, wohlgemerkt nicht als freier Mann, sondern als Sklave des wohlhabenden Rechtsanwalts Cornelius Fellowes. Die Reise führt die beiden nach Europa und in den Orient. Nachdem es Dorr gelungen ist, der Sklaverei zu entkommen, veröffentlicht er seinen Bericht *A Colored Man Round the World* (1858), der einige Seiten über das Heilige Land enthält. »Ich war nicht geneigt, irgendetwas zu glauben, was ich von den Leuten hier hörte, denn ich wusste genauso viel wie sie darüber. Ich kam nach Jerusalem mit einem unterwürfigen Herzen, aber als ich all die Absurditäten dieser unwissenden Leute hörte, war ich eher geneigt, über diese heiligen Leichen und Flecken zu spotten, als ihnen zu huldigen«, schreibt er. Sein Fazit ist unmissverständlich: »Nachdem ich mich siebzehn Tage in Jerusalem aufgehalten habe, verlasse ich es und möchte nie wieder zurückkehren.« Und er hält eine überraschende Beobachtung fest: »Wir nahmen ein Bad im Jordan und probierten etwas von seinem Wasser mit Eau de vie und fanden, dass es von der Qualität her dem Wasser des Mississippi glich.«

Amerikanische Katholiken kamen nur selten ins Heilige Land, sie waren in der Regel finanziell schlechtergestellt. Einige unter ihnen mögen de Chateaubriands, de Lamartines oder de Gérambs Buch gelesen haben, die in englischer Übersetzung erschienen waren, oder die Bücher von evangelikalen Protestanten, an denen sie dann aber einiges auszusetzen hatten. Wenn sie dennoch den Weg nach Jerusalem fanden, fiel ihr Urteil über die einheimischen Christen wohlwollender aus. Unter ihnen ist Eugene Vetromile, der zuvor unter den Etchemin-Indianern im US-Bundesstaat Maine missioniert hatte. In seinem Buch *Travels in Europe, Egypt, Arabia Petraea, Palestine and Syria* (1871) greift er die »protestanischen Touristen« an: »je weniger sie über die heiligen Stätten des heiligen Landes sagen, desto mehr werden sie der Sache des Wissens und der Religion einen Dienst erweisen«, merkt er spitz an. Und er versucht, die seiner Meinung nach »lächerlichen Geschichten« über die Zeremonien der orientalischen Christen zu entkräften, so lobt er deren »Ernsthaftigkeit und Anstand«. Vetromile listet zudem die mit religiösen Bedeutungen aufgeladenen Örtlichkeiten auf, die von den amerikanischen Protestanten kaum beachtet werden.

Im Jahre 1880 hatte der Heilige Stuhl das Franziskanische Kommissariat des Heiligen Landes für die Vereinigten Staaten in New York gegründet. In seiner Zeitschrift *The Crusader's Almanac* wurde ein »neuer spiritueller Kreuzzug« ausgerufen. Ziel war nicht etwa die christliche Einnahme des Landes, wie der Name nahelegen mag, sondern die Anwerbung von Mitteln für Einrichtungen der Franziskaner, zunächst die Erweiterung des »Casa Nova Hostel« in Jerusalem und die Errichtung einer neuen Pilgerherberge in Nazareth: »Our Lady of America« sowie später das für seine »unverwechselbare byzantinische Atmosphäre« gelobte Kloster des Berges der Heiligen Grabeskirche (Monastery of Mount St. Sepulchre), auch »the Holy Land of America« genannt, in Washington, D. C., das eine Replik der Grabeskirche, der Grotte der Verkündigung in

Nazareth sowie der Grotte der Krippe in Bethlehem umfasste. Dieses Kloster auf vertrautem amerikanischen Boden dürfte für viele Besucher ein willkommener Ersatz für die kostspielige Reise zu den authentischen heiligen Stätten gewesen sein. Die erste organisierte katholische Pilgerfahrt aus den Vereinigten Staaten erfolgt schließlich 1889. Die Griechen untersagen der Gruppe zunächst das Betreten der Grabeskirche mit der mit einem Kreuz versehenen amerikanischen Flagge, doch der amerikanische Konsul kann die Aufhebung des Verbots bewirken. Zu den Highlights der Reise zählt eine dreistündige Aufführung mit der Nachahmung der Waschung und des Begräbnisses des Körpers von Jesus.

Für den schon an anderer Stelle erwähnten katholischen Priester Andrew Edward Breen ist der Aufenthalt in Palästina 1904/05 eine ernüchternde Angelegenheit. Von heftigen Zweifeln an der Authentizität der Grabeskirche und des Kalvarienbergs geplagt, findet er Trost in der Vorstellung, am Ort von Kreuzigung und Wiederauferstehung zu sein: »Ich würde heute Nacht mit wilder Freude für diese ewige Wahrheit sterben.« Seine Studien an der »École biblique et archéologique française de Jérusalem«, dem 1890 gegründeten päpstlich anerkannten Forschungszentrum im Dominikanerkonvent St. Étienne, empfindet er als »völlige Zeitverschwendung«. Dort werden moderne Theorien vertreten, etwa dass Jesus den Volksglauben des ersten Jahrhunderts übernommen hatte. Breen entrüstet sich darüber, dass die Professoren sich »in ihrem Wunsch fortschrittlich zu erscheinen, jede noch so extravagante Meinung der deutschen Rationalisten und Entdecker zu Eigen machen«. Seine Ernüchterung dürfte zum Teil im »Nuscheln« des alternden Professors und Gründers der Schule Marie-Joseph Lagrange begründet sein. Dennoch versteht es

Breen, seine Zeit gut zu nutzen. Sein Buch *A Diary of My Life in the Holy Land* (1906) ist eine umfangreiche, mit vielen Fotos versehene Landeskunde.

Und es gibt Reisende, die es aus rein kommerziellen Erwägungen dorthin zieht. George F. Train, ein amerikanischer Handelsreisender, der eine Weltreise unternimmt (und sich später in Phileas Fogg, dem Protagonisten von Jules Vernes *Reise um die Welt in 80 Tagen* wiederzuerkennen meinte), zeigt bei der Beurteilung der Verhältnisse in Palästina in seinem populären Buch *An American Merchant in Europe, Asia and Australia* (1857) wenig Zurückhaltung:

»Schwer mit Wasser und Schmutz beladene Esel, die sich an Dir reiben; Kamele, die eine Ladung Bretter oder eine Fuhre Steine auf dem Rücken tragen und an Dir vorbeiziehen; Frauen mit verhüllten Gesichtern, die gut daran täten, ihre Hässlichkeit vor den Blicken der Menschen zu verbergen; Männer, die schmutzig, wild und unanständig sind; Kinder mit wunden Augen und unreinen Gesichtern, deren zerfledderte Lumpen Dir einen Schauer über den Rücken jagen; alle Männer, Frauen und Kinder um ein Almosen bettelnd; Hunde, deren magere, schlaffe Gestalt geeignet ist, eine Hungersnot auszulösen; Eidechsen von enormer Größe, die durch die Risse heiliger Gräber kriechen; Flöhe, die sich auf Schritt und Tritt an einem festkrallen – wahrlich, es reicht aus, um das Herz krank zu machen, wenn man das Heilige Land besucht, das Wrack dessen, was es einmal war; und diejenigen, die es nicht besucht haben, werden ihren Respekt vor ihm am besten bewahren, indem sie zu Hause bleiben, denn die Entfernung verzaubert den Anblick.«

Einige Reisende legen den weiten Weg aus Amerika zurück, sind im weiteren Umfeld Palästinas unterwegs, entscheiden sich dann aber gegen einen Abstecher dorthin. Charles W. Elliot, Unitarier und Präsident der Harvard University, bereist mit seiner Frau im Frühjahr 1895 den Nahen Osten, macht aber einen großen Bogen um das Heilige Land: »Ich habe schon oft gehört, dass Palästina um ein Vielfaches weniger interessant als Ägypten und dass die Reise dorthin sehr anstrengend ist.«

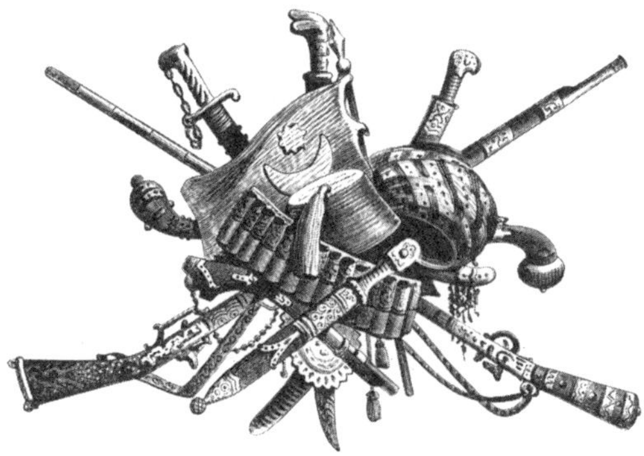

Armenische und russische Pilger

Die Zahl der Armenier, die dauerhaft im Heiligen Land ansässig waren, war im Verhältnis zu den palästinensischen Christen in dieser Region kleiner, allerdings machten Armenier neben den Russen einen erheblichen Teil der Pilger im Lande aus. Einer Meldung von 1820 folgend, gab es in den drei armenischen Klöstern Jerusalems 100 Mönche und in der Stadt weitere 200 Menschen armenischer Herkunft. Viele Besucher erwähnen die besondere Ordnung des Armenierviertels in der Altstadt Jerusalems. So merkt Ferdinand von Géramb an: »Am wenigsten schlecht gebaut ist der von den Armeniern bewohnte Teil der Stadt; hier herrscht einige Reinlichkeit, ja sogar eine gewisse Wohlhabigkeit, welche das grässlich Schmutzige der übrigen Teile der Stadt nur noch abstechender hervorscheinen lässt.«

Friedrich Adolph Strauß waren die Armenier schon in Konstantinopel aufgefallen, wo sie eine viel stärkere Präsenz besaßen. Sie erweisen sich, so schreibt er, »als die aufgeklärtesten und frömmsten« und hätten »immer am eifrigsten die Gemeinschaft mit den Protestanten gepflegt«. Verfolgungen in ihrem Vaterland haben dazu geführt, dass sie »in allen Teilen des Morgenlandes zerstreut« sind. Das habe auch damit zu tun, so Strauß, dass der Patriotismus bei den Armeniern weniger ausgeprägt sei als bei anderen Völkern. »Im türkischen Reiche haben sie eigentlich den Handel in Händen, besonders alle Geldgeschäfte, für welche die Juden zu sehr verachtet sind, und gewinnen dadurch bedeutenden Einfluss.« Auch wenn er sie in ihren äußeren Formen, der Art ihrer Religionsausübung für erstarrt hält, schreibt er: »Sie zeichnen sich durch Feinheit der Sitten aus und haben gegründetere christliche Erkenntniss und mehr reges Leben bewahrt, als die übrigen Christen des Morgenlandes.« Maria Schuber meint zu wissen, dass die Armenier »mehr schismatisch als die Griechen« seien, doch haben sie ihrer Einschätzung nach »mehr Gutmütigkeit, mehr Ordnung ... Ihr Costüme ist ein weiter schwarzer Mantel, und eine sehr hohe, umfangreiche Kapuzkappe. Sie sehen aus wie die alten Zauberer; oder im guten Ton, wie man sich etwa einen wohlgekleideten Ur-Einsiedler vorstellen mag. Es sind ernste und doch freundliche Leute; ich mag sie nicht ungern sehen.«

Viele Besucher zeigen sich in Jerusalem von der Pracht der St.-Jakobus-Kathedrale, dem Sitz des armenischen Patriarchen, beeindruckt. Andere loben das armenische Kloster mit seinen schönen Innenhöfen, Terrassen und Treppen. Der wirtschaftliche Erfolg der Armenier, ihr höheres Bildungsniveau und die Tatsache, dass sie Christen sind, trägt zu ihrer Sonderstellung im Osmanischen Reich bei und gibt immer wieder Anlass zu Verdächtigungen, das Imperium demontieren zu wollen, indem sie im Geheimen angeblich westliche christliche Mächte oder Russland unterstützen. Zu einer Eskalation der Gewalt gegen Armenier kommt es in den Jahren 1894 bis 1896, als türkische Truppen ihre Dörfer im Nordosten des Osmanischen Reiches verwüsten, Geschäfte plündern und die Bewohner ermorden. Auslöser sind Autonomiebestrebungen der anatolischen Armenier, die mit der Forderung nach Gleichberechtigung verbunden sind. Nach Schätzungen fielen dem Pogrom einhunderttausend bis mehrere hunderttausend Armenier zum Opfer. In der Folgezeit wurde die türkische Aggression auf die Christen in der weiteren Region ausgedehnt.

Merkwürdigerweise findet sich keine Erwähnung dieser Vorkommnisse bei dem evangelischen Theologen Paul Rohrbach, der ab 1896 Russland, Turkestan, Armenien und 1898 Palästina bereist. Rohrbach schreibt 1903, seine Sympathien dabei wie kaum ein anderer exponierter deutscher Christ bekundend: »die Armenier sind und bleiben in ökonomischer Beziehung innerhalb wie außerhalb ihrer engeren und engsten Heimat das Salz der Länder. Ohne sie ist unter den gegenwärtigen Verhältnissen und noch auf lange hinaus keine wirtschaftliche Blüte möglich. Das verkannt zu haben, ist ein schwerer Fehler der Türken, der sich empfindlich gerächt hat und in Zukunft wahrscheinlich noch rächen wird. ... Auch die Armenier selbst werden gut tun, sich ihrer eigentlichen Kraft und Aufgabe in den Ländern des Vorderen Orients bewusst zu werden und zu bleiben. Ihr Interesse weist sie an die Seite aller derer, die an der Erschließung des Orients für die europäische Kultur und das europäische Wirtschaftsleben arbeiten ...« Zwar stellt Rohrbach einerseits heraus, dass es sich bei den Armeniern um ein »orientalisches Volk« handele, »andererseits versuchte er nachzuweisen«, wie Maibritt Gustrau schreibt, »dass sie gerade keine orientalische Natur besäßen, denn im Blick auf ihren Bildungstrieb, ihr Nationalgefühl und ihre Intelligenz hielt er sie für anschlussfähig an westeuropäische Standards. Auch der Hinweis, dass sie Arier seien, sollte die Differenz zu den umgebenden Völkern verstärken.«

Wie kompliziert Rohrbachs Haltung zu den Christen im Orient ist, belegen nicht zuletzt seine Kommentare aus Jerusalem: »Es ist nicht leicht den Eindruck wiederzugeben, den der Besuch der Grabeskirche im Innern auf den gebildeten evangelischen Christen macht. Das Erste, was wir empfanden, war ungemischter Abscheu.« Er beobachtet, wie der griechische Patriarch eine Streichholzschachtel aus der Hosentasche nimmt und damit das heilige Feuer entzündet. Und fühlt sich in seiner

Auffassung bestätigt, dass sich im Orient »die geistig-sinnliche Extase der alten vorderasiatischen, vor allem der semitischen Naturreligionen« fortgeschrieben habe. Rohrbach weitete seine Interessen bald auf andere Regionen aus und trat für den deutschen Kulturimperialismus und die in Afrika verfolgte Kolonialpolitik ein.

Hermann von Soden erwähnt die Armenier nur kurz und auch indirekt, ist aber über die Verfolgungen unterrichtet. Als er die Prozession des muslimischen Nabi-Musa-Festes beobachtet, bei der es in der Menschenmenge zu Aggressionen kommt und Türken eingreifen, kommentiert er: »Die Soldaten ritten quer hinein und hieben mit ihren Kolben ein, wohin es nun traf.« All das bietet von Soden »ein aufregendes Bild des Fanatismus, dessen dieses indolente Volk fähig ist«, und er stellt sich dabei die »Armeniergreuel, bei denen diese Knüttel die Schädel einschlugen«, vor.

Russland hatte im Gegensatz zu Großbritannien und – in geringerem Maße – Frankreich weder ausgeprägte Handelsinteressen noch eine starke konsularische Präsenz in den osmanischen Provinzen (erwähnenswert ist der orthodoxe Konstantin Bazili, der als Konsul in Beirut fungierte), zeigte aber seit der zweiten Jahrhunderthälfte ein stärkeres Interesse an den religiösen Angelegenheiten Palästinas. Der Einfluss auf Syrien sollte über religiöse Netzwerke verstärkt werden. Hochrangige kirchliche Vertreter wurden entsandt, um der Hoheit über die griechisch-orthodoxe Kirche im Heiligen Land den Weg zu ebnen. In den 1840er Jahren etablierte die zaristische Regierung eine russisch-orthodoxe Mission in Jerusalem. Russland teilte den östlich-orthodoxen Ritus mit der größten christlichen Gemeinschaft in Syrien, wo diese etwa ein Drittel der Christen ausmachten. Der

Zar rief alle Gläubigen zu Spenden für die Pilger auf, denn bis zu dieser Zeit waren jedes Jahr nur wenige hundert ins Heilige Land aufgebrochen.

Die russisch-orthodoxe kaiserliche Palästina-Gesellschaft schuf ein Netz von Einrichtungen für Pilger entlang der verschiedenen Reisewege zwischen Russland und dem Heiligen Land durch osmanische Gebiete, die weit außerhalb der Reichweite der zaristischen Behörden lagen. Bald kommen pro Jahr zehn- bis fünfzehntausend Pilger von Odessa mit Dampfschiffen nach Jaffa, um dem orthodoxen Osterfest beizuwohnen, heilige Stätten zu besuchen und im Jordan zu baden bzw. die Taufe zu empfangen. Westliche Besucher tun diese Pilgergruppen oft mit den orthodoxen Griechen in eine Schublade, zumal es kaum je zu persönlichen Kontakten kommt.

Als die Zahl der Russen im Laufe der zweiten Hälfte des 19. Jahrhunderts weiter ansteigt und sie mit ihrer typischen Kleidung – etwa aus der Tatarei kommend, in Schafsfell gewandet – in Erscheinung treten, sind sie leichter als solche auszumachen. Man erkennt sie auch an dem Schwarzbrot und den Samowaren, die sie für die Teebereitung mit sich führen. Die Frauen benutzen gerne alte Regenschirme als Gehstöcke. Speziell für die russischen Pilger werden einfache Gebäude errichtet. Ihre Präsenz ist nicht mehr zu übersehen und wird von verschiedenen Seiten mit Misstrauen beäugt, nicht zuletzt von den Griechen. Diese sind überzeugt, dass der Zar entschlossen sei, die moskowitische Kirche vollständig von der griechischen zu trennen und die noch bestehenden Verbindungen zu dem in Konstantinopel residierenden griechischen Patriarchen abzubrechen. Für viele westliche Pilger biete der Anblick der Russen die Gelegenheit, sich deutlich von ihnen abzugrenzen und sich ihrer eigenen angeblichen Überlegenheit zu versichern.

Der amerikanische Jurist und Journalist Charles Dudley Warner nimmt in seinem Buch *In the Levant* (1876) kein Blatt vor den Mund: »Diese Leute werden noch etliche weitere Pilgerreisen unternehmen und vielleicht ihr verdrießliches Land ganz verlassen müssen, bevor man sie den zivilisierten Völkern der Erde zurechnen kann.« Obwohl Warner nicht viel Gutes über sie zu sagen hatte, interessierte er sich für sie und nahm wahr, dass sie vielfach aus weit entfernten Regionen des Zarenreiches angereist waren: »Ich sprach mit einer Gruppe von Männern und Frauen, die über zweitausend Meilen gelaufen waren, bevor sie Odessa erreichten und das Schiff nach Jaffa nahmen. Unter ihnen waren Kosaken, wild und unordentlich, hellhaarige Barbaren aus dem Kaukasus, dunkelhäutige Männer und Frauen aus Moskau, Vertreter aus den entlegensten Provinzen Großrusslands; zum größten Teil einfache, ungehobelte, plumpe, ehrliche Flegel.« Und Warner beobachtet genau, welche Souvenirs sie erwerben: zum Trocknen ausgelegtes Rosmarin, gesegnetes Brot mit dem darauf gestempelten Bild des Erlösers, Palmzweige, Dornenkronen und vom Ufer des Jordan mitgebrachte Schilfhalme, Zinnkisten mit Jordanwasser sogar. Eine Besonderheit der russischen Pilger sind »lange Streifen Baumwolltuch, die mit verschiedenen Insignien des Todes schwarz gestempelt waren, um zu Hause als Sargdeckel zu dienen; es gab Schädelkappen in Rot, Gelb und Weiß, ebenfalls mit Heiligenbildern gestempelt, die auf die Köpfe der Toten gesetzt werden sollten«. Warner hält weiter fest: »Ich konnte nicht anders, als diesen Menschen gedanklich in ihre fernen Häuser zu folgen und mir den Stolz zu vergegenwärtigen, mit dem sie diese Trophäen ihrer Pilgerreise zeigen würden; wie die ungehobelten Nachbarn mit Ehrfurcht einen an den Ufern des Jordans geschnittenen Stock behandeln oder unter dem Eindruck ihres Glaubens ein Stück des heiligen Brotes essen würden. Wie heilig werden in diesen Häusern inmitten Frost und Schnee diese Erinnerungen an ein Land der Sonne, an ein derartig heiliges Land sein.«

Die Präsenz der russischen Pilger in Jerusalem ist nicht mehr zu übersehen. Pierre Loti beobachtet eine Beerdigung außerhalb der Stadtmauern: »Es sterben hier so viele auf den Reisen nach Palästina! Eine alte Frau, gelb wie Wachs, das Gesicht unbedeckt, fortgetragen von anderen Matuschkas [russischen Bauern]. Und sie folgen ihnen zu Hunderten, die Pilger und Pilgerinnen; all die verblichenen Röcke sind da; all die alten Fellmützen, all die grauen Bärte der Muschiks, die ganze ärmliche und schwärzliche Menge. Aber triumphierender Glaube strahlt aus ihren Augen, und gemeinsam singen sie ein freudiges Kirchenlied: Man findet sie so glücklich, man beneidet sie so sehr, die Tote, die im Heiligen Land gestorben ist!«

Hermann von Soden erwähnt, wie russische Pilger im Gottesdienst mir ihrer »Stimme ganz leis und innig, fast wie im Traum, ein frommes Lied« anstimmen und vernimmt, wie »ächter Glaube, kinderreine Frömmigkeit durch den stupidesten Aberglauben und die äußerlichsten Geberden« durchbricht. An anderer Stelle schreibt er: »Sie atmen Andacht aus ihren Vermummungen, die sie hier im heißen Süden tragen, wie in ihrer nordischen Heimat, wenn sie so treuherzig dahertrampeln mit ihren schafpelzgefütterten hohen Stiefeln, ihren dunklen schmutzigen Röcken, die Frauen mit dem schwarzen Kopftuch, die Männer mit den langbeschirmten schwarzen Kappen; wenn nur ihre breiten Gesichter nicht so dumpf dreinschauten mit den geschlitzten Augen, wenn sie nur nicht in blödem Mechanismus alle Säulen, Tore, Felsenwinkel unter unzähligem Bekreuzen und Niederknien schmatzend abküssen wollten.«

Mit der Zeit wurden diese Gläubigen in ihrem eigenen Land immer mehr angefeindet. Als der britische, Russisch sprechende Schriftsteller Stephen Graham 1913 eine russische Pilgergruppe begleitete, die sich von Odessa aus Richtung Levante einschiffen ließ, wurde er Zeuge der Verachtung, mit der Besatzungsmitglieder die Passagiere straften. Die Stimmung im Land hatte sich seit einigen Jahren gewendet und die Revolution stand vor der Tür. Mit den dem religiösen »Aberglauben« bezichtigten Pilgern hatten die Menschen, die mit den Revolutionären sympathisierten, nichts im Sinn.

Eine kaiserliche Karawane

In der zweiten Hälfte des 19. Jahrhunderts gehörte eine Reise ins Heilige Land zum Programm etlicher europäischer Aristokraten und Würdenträger. Prinz Edward, der spätere englische König, kam 1862 ins Heilige Land und ließ sich dort zur Erinnerung ein Kreuz auf den Arm tätowieren. Sein Sohn, der Duke of York, späterer König George V., kam zwei Jahrzehnte darauf und ließ sich ebenfalls eines einstechen, dieses allerdings auf die Nase, es wurde später entfernt. Auch er begab sich dafür in die Hände der christlichen Familie Razzouk, deren Geschäft auf eine 700-jährige Tradition zurückblickt. Für die Kopten Ägyptens war es üblich, sich ein Kreuz auf die Innenseite des Handgelenks stechen zu lassen – als Eingangszeichen für den Kirchenbesuch. Schon 500 Jahre zuvor waren die Razzouks in die Altstadt Jerusalems umgezogen.

Der preußische Konprinz Friedrich Wilhelm besucht das Heilige Land in Zusammenhang mit der Eröffnung des Suezkanals 1869. Der Ankunft in Jerusalem geht eine unruhige Nacht im Zeltlager voraus. »Nachts hatten wir Schakale heulen hören, ja einige unserer Herrn behaupteten sogar, ein solches Tier im eigenen Zelt gespürt zu haben! Ich konnte wenig schlafen, während mein Schwager, der ein Zelt mit mir teilte, so wundervoll ruhte ... Meine im Nebenzelt untergebrachten Leute schliefen ebenfalls wenig, behandelten dafür aber in eingehendster Weise das Thema der Scorpione und deren giftige Bisse ...« Nach dem Empfang in Jerusalem durch die europäischen Konsuln, die obersten Vertreter der beheimateten Kirchen und die Kawassen, die osmanischen Polizeidiener, geht es in die Grabeskirche, wo der Kronprinz mit den komplizierten Räumlichkeiten vertraut gemacht wird: »Ich fühlte mich durch alles bitter enttäuscht, wurde aber außerdem durch das Conglomerat von Kapellen, Altären, Treppen und Gängen so verwirrt, dass mir schließlich ganz schwindlich zu Mut wurde«, hält er in seinem *Tagebuch meiner Reise nach dem Morgenlande* fest.

Neben der Besichtigung der Moscheen finden ein Empfang im deutschen Konsulat mit dem Pascha, eine Begegnung mit in Jerusalem wohnenden Deutschen und einer Juden-Deputation sowie Ausflüge in die Umgebung der Stadt statt. Höhepunkt seiner Reise ist die Inbesitznahme des »Muristan«, es handelt sich dabei um die altehrwürdigen Überreste der Johanniter-Kirche St. Maria Latina Major – ein Geschenk der türkischen Regierung. Feierlichkeit und Übergabe des Dokuments finden auf den Schuttresten statt, auf denen später die protestantische Kirche erstehen soll. Den Abschluss der Reise des Kronprinzen bilden Besuche der Diakonissen-Mädchenschule »Talita-Cuma« und des Knabenwaisenhauses für Hinterbliebene der Opfer der Christenverfolgungen in Syrien im Jahre 1860.

Knapp drei Jahrzehnte später ist es für Kaiser Wilhelm II. und seine Frau Auguste Viktoria die zweite Reise in den Orient, schon einmal haben sie den Sultan in Konstantinopel besucht. In gewisser Weise ähnelt ihre 50-tägige Reise einer traditionellen Pilgerfahrt: So wählt die Gruppe Venedig als Abfahrtshafen und Konstantinopel als ersten Zielort, von dort geht es nach Jaffa und dann in einer drei Kilometer langen Karawane weiter; der Ritt nach Jerusalem dauert vier Tage. Neben Politikern sind etliche Würdenträger der protestantischen Kirche mit von der Partie, vorwiegend aus Deutschland, aber auch aus Skandinavien, Großbritannien, den Niederlanden, der Schweiz, aus

Italien und Ungarn. Selbst Vertreter der deutsch-evangelischen Synode Nordamerikas haben sich dem Konvoi angeschlossen – alle verstehen sich, wie es in dem mit Berichten »von urkundlichem Werte« reich gefüllten, vom Kaiser höchstselbst autorisierten Buch *Das Deutsche Kaiserpaar im Heiligen Lande* (1898) nachzulesen ist, »als die evangelischen Kreuzfahrer des neunzehnten Jahrhunderts«. Somit kann sich der Kaiser als Schutzherr des Protestantismus im Heiligen Land präsentieren. Es soll eine »Palästina-Reise« sein, »wie sie herrlicher zu Ehren des deutschen Volkes und der christlichen Religion noch niemals ausgeführt worden ist«. Das Ziel war anspruchsvoll formuliert:

»Was das Abendland von dem Orient erhalten hat, die weltüberwindende Liebe, das soll deutscher Geist jetzt dankbar dorthin wieder zurückerstatten und will damit als Hauptsache seines Wirkens versuchen, in das Dunkel der orientalischen Völker Licht zu bringen ... In dieses gelobte Land, auf welchem der Niedergang von zwei Jahrtausenden lastet, dessen muhammedanische Bevölkerung in dumpfer, misstrauischer Teilnahmslosigkeit und Entsagung freud- und friedlos, arm und genügsam dahinlebt und nur hier und da, gedrückt, gereizt und aufgestachelt, zu schrecklicher, blutiger Wehr emporzuckt – in dieses Land zieht mit der Kaiserin der Kaiser des mächtigen, durch Kaiser Wilhelm den Großen geeinten Deutschen Reiches, nicht als Feind mit Schwert und Blut, nicht in eigennütziger Absicht, sondern als Freund reicht er die Hand in aufrichtiger, christlicher Liebe.«

In Jerusalem steht die Besichtigung der Grabeskirche auf dem Programm, vorher ist der Gang durch die Davidsstraße zu bewältigen: »Nicht ohne einiges Herzklopfen und mit dem sorgenvollen Gefühle, dass hier eine verbrecherische Hand mit Erfolg ein Teufelswerk ausführen könnte, ging man hindurch. Als man aber auch hier auf Schritt und Tritt die vorsorgliche Hand der Türken gewahrte, fiel nach kurzer Zeit allen die Sorge wie ein Stein vom Herzen.« Um den Tagesablauf wird, wie Conrad Schick kommentiert, »ein ängstliches Geheimnis« gemacht: »Die anarchistischen Umtriebe waren jedoch ein berechtigter Grund zur Vorsicht; denn so scharf auch die Aufmerksamkeit der türkischen Polizei war, die jeden Verdächtigen sofort hinter Schloß und Riegel brachte, so konnte doch irgend ein Meuchelmörder mit Leichtigkeit sich dem Kaiser nähern.«

Es folgen Besuche des Felsendomes, der Al-Aqsa-Moschee und des Ölbergs, wo der Kaiser im Garten Gethsemane einen Olivenbaumzweig pflückt, der später wie eine Berührungsreliquie in seinem Schloss ausgestellt wird. Die Einweihung der protestantischen deutschen Erlöserkirche in Jerusalem findet schließlich am 31. Oktober 1898 statt, nicht zufällig am Reformationstag. Und auch die Katholiken gehen nicht leer aus. Der zu diesem Zeitpunkt regierende Sultan Abdühlhamid II. überlässt dem Kaiser für 120.000 Reichsmark die »Dormition«, eine auf dem Zionsberg gelegene, auch Muslimen als heilig geltende Stätte, die für eine Kirche vorgesehen war und die er wiederum an den »Deutschen Verein vom Heiligen Land« weitergibt. (1900 wird mit dem Bau der Dormitio-Benediktinerabtei begonnen.)

In Bethlehem drückt der Monarch sein Bedauern darüber aus, dass sich die Angehörigen der verschiedenen christlichen Gruppierungen in den heiligen Stätten oft so feindselig gegenüberstehen, und erinnert an den Streit um den »Stern von Bethlehem« – gemeint war nicht etwa das kosmische Phänomen, das (angeblich) den Heiligen drei Königen den Weg nach

Bethlehem gewiesen haben soll und über das sich Theologen seit langem den Kopf zerbrechen, sondern der silberne Stern in einer Grotte im Untergeschoss der Geburtskirche, der dort den Ort bezeichnete, wo Jesus zur Welt gekommen sein soll. Als der Stern 1847 plötzlich verschwand, beschuldigten sich Franziskaner, Griechen und Armenier gegenseitig des Diebstahls, was Frankreich, Großbritannien und Russland auf den Plan rief. Für Zar Nikolaus I. war das Verschwinden Anlass, die Schirmherrschaft über alle Christen im Heiligen Land zu fordern, was der osmanische Sultan als Affront auf seine Oberhoheit ansah, Frankreich und England stellten sich auf die Seite der Türken. Der Stern tauchte zwar fünf Jahre später wieder auf, aber da die Forderung des Zaren abgelehnt worden war, marschierte dieser 1853 in die unter osmanischer Hoheit stehenden Donaufürstentümer (Moldau und Walachei) ein – es war der Beginn des Krimkriegs, der das Gleichgewicht der fünf Großmächte schwer erschütterte und Russland in eine viel schwächere Rolle zurückwerfen sollte.

Über die möglichen politischen Hintergründe der Reise des Kaisers ist viel spekuliert worden. Ging es darum, ob er bzw. Deutschland sich einen »Platz an der Sonne« verschaffen wolle, die Beziehung zum Sultan festigen, um den Ausbau des militärischen Bündnisses mit dem Osmanischen Reich, den Auftrag zur Errichtung der Hejaz-Eisenbahn, die Damaskus mit Mekka verbinden sollte, und die Verlängerung des Vertrags der Bahnstrecke von Berlin nach Bagdad? Es dürften mehrere Faktoren im Spiel gewesen sein, jedoch nicht die Bekräftigung eines politischen Anspruches Deutschlands auf Palästina selbst. Allerdings wurde später bekannt, dass die asiatische Türkei zwischen Berlin, Paris, London und St. Petersburg in Interessenbereiche aufgeteilt worden war. Berlin bekam die Zone entlang der Bagdadbahn, was ermöglichen sollte, sowohl Anatolien als auch Teile des heutigen Syriens und des Iraks (das historische Mesopotamien) wirtschaftlich zu erschließen – in Konkurrenz zu Frankreich und Großbritannien.

An Saladins Grab lässt der Kaiser einen Lorbeerkranz mit der in arabischer Sprache verfassten Aufschrift »von einem großen Kaiser dem anderen« zurück. Wilhelm II. ist der erste deutsche Kaiser, der das Heilige Land nach Friedrich II. betreten hat, ganze 670 Jahre später.

Der Kaiser lädt auch Theodor Herzl ein, ihn zu treffen, und zwar zuerst in Konstantinopel und dann noch einmal in Palästina: Die Einladung ist dem Begründer des Zionismus dann auch Grund, das erste und einzige Mal dorthin zu reisen, in Begleitung einer Delegation. Die mit großer Spannung erwartete Begegnung in Konstantinopel erfüllte die Erwartungen, Wilhelm II. und Herzl zeigten sich beeindruckt voneinander. Herzl wollte den Kaiser als Protektor des Zionismus gewinnen. In Deutschland ist der Antisemitismus zu dieser Zeit weniger ausgeprägt als im Zarenreich, in Österreich-Ungarn und in Frankreich, wo die Dreyfus-Affäre gerade ein politisches Erdbeben ausgelöst hatte.

Wie Derek Penslar, einer von Herzls Biographen, in *Staatsmann ohne Staat* (2022) anmerkt, sei dieser bis dahin kaum über die naturräumlichen Voraussetzungen Palästinas informiert gewesen. Die Umstände von Herzls Reise sind von einigen Legenden umgeben, deswegen beschränken wir uns hier nur auf die von ihm gemachten Tagebucheintragungen. Zum ersten Blick auf die »jüdische Küste« notiert Herzl: »Mit gemischten Gefühlen näherten wir uns dem Lande unser Väter.« Zu Jaffa hielt er fest: »Wieder Armut u. Elend u. Hitze in lustigen Farben.« Positiv eingenommen ist er dann von der landwirtschaftlichen

Siedlung Rechowoth sowie von der jüdischen landwirtschaftlichen Schule Mikweh Israel. In Jerusalem nimmt er Schmutz und Elend wahr, äußert Irritation über den »Aberglauben u. Fanatismus« der Juden vor Ort. Seine verunsicherten Reisegefährten weigern sich, die Via Dolorosa zu betreten, und gestatteten Herzl weder den Gang in die Grabeskirche noch auf den Tempelberg. In seinem Tagebuch notiert er am 29. Oktober 1898: »Ich sehe nur aus den Fenstern und finde, dass Jerusalem prachtvoll daliegt. Es ist noch in seinem jetzigen Verfall eine schöne Stadt u. kann, wenn wir herkommen, wieder eine der schönsten Städte der Welt werden.« Und er schreibt weiter: »Bekommen wir jemals Jerusalem, u. kann ich zu der Zeit noch etwas bewirken, so würde ich es zunächst reinigen. Alles, was nicht Heiligtum ist, ließe ich räumen, würde Arbeiterwohnungen außerhalb der Stadt errichten, die Schmutznester leeren, niederreißen, die nicht heiligen Trümmer verbrennen u. die Bazare anderswohin verlegen. Dann unter möglichster Beibehaltung des alten Baustyls eine comfortable, ventilirte, canalisirte neue Stadt um die Heiligtümer herum errichten.«

Herzl verarbeitet seine Ideen für Jerusalem in seinem von ihm als »utopischer Roman« bezeichneten Buch *Altneuland* (1902) über eine »Neue Gesellschaft«, die sich 1923 in Palästina konstituiert.

Doch noch einmal zurück zu seiner Reise. Die von langer Hand geplante Audienz beim Kaiser, die am Zeltlager des Gefolges stattfindet, ist kurz. Herzl kann nicht wissen, dass Sultan Abdülhamid II. gegen die zionistischen Bestrebungen Position bezogen hat, was nicht ohne Rückwirkung auf den Kaiser bleibt, für den ein Protektorat Jerusalems nun außerhalb jeder Diskussion ist. In einem Brief an seine Mutter Victoria, den er einen Monat später verfasst, schreibt der Kaiser (ursprünglich in englischer Sprache): »Jerusalem ist gänzlich verdorben durch die vielen ganz modernen Vororte … voller jüdischer Kolonisten. 60.000 von diesen Leuten waren da, schmierig, erbärmlich, kriechend und verkommen, die nichts zu tun haben außer sich bei den Christen und Muselmanen gleichermaßen verhasst zu machen, indem sie diesen Nachbarn jeden schwerverdienten Groschen abzuknöpfen versuchen. Lauter Shylocks allesamt.«

Die Reise des Kaisers hat in Deutschland noch ein gerichtliches Nachspiel, als sie Frank Wedekind im *Simplicissimus* unter dem Pseudonym »Hieronymos« ironisch aufgreift:

»Der König David steigt aus seinem Grabe,
Greift nach der Harfe, schlägt die Augen ein
Und preist den Herrn, dass er die Ehre habe,
Dem Herrn der Völker einen Psalm zu weihn …«

Die Angelegenheit wuchs sich zu einem der größten Skandale des satirischen Blattes aus. Nachdem das Pseudonym gelüftet war, floh Wedekind zunächst in die Schweiz, stellte sich dann in Leipzig dem Gericht und wurde wegen Majestätsbeleidigung zu sechs Monaten Haft verurteilt.

Nachbemerkung

Zu Beginn des 20. Jahrhunderts konzentriert sich der Großteil der Bevölkerung Palästinas auf den Bezirk Jerusalem mit etwa 375.000 Bewohnern, die beiden noch zur Provinz Beirut gehörenden Verwaltungseinheiten (*Sandschaks)* Nablus und Akkon mit 200.000 bis 250.0000 Bewohnern sowie das Ostjordangebiet mit weiteren etwa 100.000 Bewohnern. Zu Jerusalem gehört auch Gaza, Jaffa, Hebron, Betlehem und Be'er Scheva. Seit 1887 ist es als *Mutessariflik* direkt der Hohen Pforte unterstellt, um der erhöhten Bedeutung zu entsprechen.

Die muslimische Bevölkerungsmehrheit – eine Mischung aus den seit dem 7. Jahrhundert eingedrungenen Arabern und den damals schon ansässigen Syrern – umfasst etwa 600.000 Menschen. Bei der ländlichen Bevölkerung unterscheidet sie sich in sesshafte Bauern (Fellachen) und Beduinen oder Hirten. Neben ihnen gibt es auch Tscherkessen, Kurden und Drusen in Obergaliläa. Die europäischen Christen zählen rund fünftausend, von denen die Deutschen mit dreitausend den größten Teil ausmachen (und unter diesen sind die meisten württembergische Templer). Die Anzahl der Juden ist inzwischen auf etwa 100.000 angewachsen.

Etliche jüdische Kolonisationsgesellschaften und -vereine sind in bzw. für Palästina tätig. 1860 wird in Paris die »Alliance Israélite Universelle« mit dem Ziel gegründet, die Lage der orientalischen Juden zu verbessern. Lange liegt ihr Schwerpunkt auf französischer Schulbildung und Sprache, womit die Absolventen in die Lage versetzt werden sollen, in andere Länder auszuwandern. Anders bei dem 1884 in Berlin gegründeten Verein »Esra«, dieser soll dazu beitragen, »dass der Strom der jüdischen Auswanderer von dem christlichen Westen nach den Ländern des muhammedanischen Orientes, speziell nach Palästina und Syrien«, abgelenkt werde. Eine Herausforderung stellt die Ansiedlung jemenitischer Juden dar, die seit etwa 1882 aus Südarabien eintreffen. Die ersten jemenitischen Familien kommen aus Sana'a und segeln mit Daus Richtung Norden. Die Kolonisten von Rechovot, wohin die Zuwandernden vom Arbeiterverband zunächst vermittelt wurden, erkennen schnell ihren Fleiß und die Möglichkeit, sich mithilfe dieser billigen Arbeitskräfte unabhängiger von den Muslimen zu machen. Gleichzeitig erweisen sich die Jemeniten als Bindeglied zwischen den Kolonisten und der arabischen Bevölkerung, weil sie sowohl Arabisch als auch Hebräisch sprechen.

Der 1901 in Berlin ins Leben gerufene »Hilfsverein der deutschen Juden«, der seine Bemühungen auf die Einrichtung eines jüdischen Schulwesens in Palästina richtete, schreibt in seinem Bericht von 1909:

»Entwickelt sich der Orient, wie vorauszusehen, und nehmen an dieser Entwicklung des Orientes unsere in der Türkei wohnenden Glaubensgenossen einen hervorragenden Anteil, so wird es alsdann möglich sein, russische, galizische und rumänische Juden, die unter so furchtbaren Verhältnissen jetzt leben müssen, nach Asien hinüberzuführen und damit einen Teil wenigstens der Auswanderung, unter Umständen einen sehr erheblichen Teil, von den jetzigen Zielpunkten, den überfüllten Kulturländern, und von den Vereinigten Staaten ab und zu dem Orient hinzulenken. … Unsere orientalischen Glaubensgenossen erscheinen dazu bestimmt, die Mittler zwischen der okzidentalen Kultur einerseits und der langsam sich weiter entwickelnden Kultur des Orients andererseits zu werden.«

*

Westliche Reisende haben die dort lebenden Menschen häufig als durch eine gemeinsame Kultur verbundene »Orientalen« betrachtet. Einheimische Juden, orthodoxe Christen und Muslime schienen für sie wie in einer Art lebendigen Museum zu existieren. Die Bilderverehrung, Ikonen und ausgeprägte Spiritualität der Christen irritierte sie. Doch gab es nicht mehr Gemeinsames als Trennendes? Hätte ihnen die Reise in die Region, in der Christentum, Judentum und Islam entstanden waren, nicht mehr Respekt und Demut abverlangt?

Ein problematischer Punkt war, dass Jerusalem, das für die meisten Reisenden als wichtigstes und oft einziges Ziel galt, als repräsentativ für das ganze Heilige Land betrachtet wurde, obwohl es gerade von der Zusammensetzung seiner Bevölkerung her nicht Palästina mit seinem seit Jahrhunderten überwiegend muslimischen Anteil entsprach.

Es gibt Hinweise auf ein friedliches Miteinander der verschiedenen religiösen und ethnischen Gemeinschaften wie auch auf Spannungen. Die amerikanische Historikerin Michelle Campos hat für das spätere 19. Jahrhundert Beziehungen muslimischer, christlicher und jüdischer Familien und Nachbarn in der Jerusalemer Altstadt untersucht, die sich einen Hof teilten, sich gegenseitig besuchten und langjährige geschäftliche Beziehungen unterhielten. »Muslimische Mädchen lernten Judäo-Spanisch von ihren sephardischen jüdischen Nachbarn; christliche und jüdische Musiker traten bei muslimischen Hochzeiten und Feiertagen auf, und alle drei teilten den Glauben und die Traditionen über den bösen Blick, Dürreperioden und den Besuch der Gräber lokaler Heiliger. Gleichzeitig traten religiöse, wirtschaftliche und politische Rivalitäten auf, auch konnten die praktischen Aspekte des ›Zusammenlebens‹ Spannungen verursachen. Vor allem Christen und Juden hatten angespannte

Beziehungen, besonders im Zusammenhang mit religiösen Feiertagen und heiligen Stätten«, hält Campos in *Ottoman Brothers* (2010) fest.

Erst während der Endphase des Osmanischen Reiches beginnen sich in Palästina lebende Muslime und Juden allmählich als konkurrierende politische Gemeinschaften zu verstehen, die ihren Anspruch auf *Filastin* (ein bis dahin lange nicht mehr gebräuchlicher Begriff) bzw. *Eretz Israel* formulieren. Und zwar zunächst noch – obwohl sich palästinensische Muslime und Türken teilweise voneinander entfremdet haben – als Bürger des Osmanischen Reiches. Khalil as-Sakakini, ein bekannter palästinensischer Christ und Intellektueller in Jerusalem, der einige Jahre in Amerika verbracht hatte, legt noch 1913 dar, wie schwach nationale Gefühle zu dieser Zeit ausgeprägt waren. »Er setzte seine Hoffnungen auf die nächste Generation und auf Emigranten, die seiner Meinung nach nach Palästina zurückkehren und nationalistische Ideen verbreiten würden«, so der israelische Historiker Shimon Shamir. As-Sakakini soll sich selbst seiner nationalen Identität nicht sicher gewesen sein. »Viele osmanische Paschas glaubten, dass die Christen im Gegensatz zu den Juden nicht aufrichtig den Wunsch hatten, sich in die osmanische Gesellschaft zu integrieren, sondern diese mit Hilfe der christlichen europäischen Mächte stürzen wollten«, merkt Shamirs Kollege Moshe Ma'oz in demselben Band *Studies on Palestine during the Ottoman Period* (1975) an.

Zwischen den Jahren 1915 und 1917 vereinbaren die Briten drei Abkommen, welche die Aufteilung des Osmanischen Reiches betreffen. Mit Scherif Hussein ibn Ali des zum Osmanischen Reich gehörigen Mekka wird die Schaffung eines arabischen Königreichs verabredet. Die Verhandlungen über die genauen Grenzziehungen gestalten sich zäh: Nach der Vorstellung des

Scherifen soll das gesamte Syrien und Mesopotamien dazugerechnet werden. Mit den Franzosen schließen die Briten im Mai 1916 das geheime Sykes-Picot-Abkommen, in dem zwischen ihnen für die Zeit nach dem Krieg die Aufteilung Syriens und Mesopotamiens in Einflusssphären festgelegt wird. Deutschland, Verbündeter des Osmanischen Reiches und Kriegsgegner Großbritanniens, spielt hier keine Rolle.

Am 2. November 1917 schließlich verspricht der britische Außenminister Arthur Balfour in einem Brief an Lionel Walter Rothschild, dem Ehrenvorsitzenden der Zionistischen Föderation von Großbritannien und Irland, eine vage beschriebene »nationale Heimstätte für das jüdische Volk« (»national home«) unter der Voraussetzung, »dass nichts geschieht, was den bürgerlichen und religiösen Rechten der in Palästina bestehenden nichtjüdischen Gemeinschaften oder den Rechten und dem politischen Status der Juden in anderen Ländern Abbruch tun könnte«. (Der Wortlaut war mit dem amerikanischen Präsidenten Woodrow Wilson abgestimmt worden.) Sie geht als »Balfour-Deklaration« in die Geschichte ein und zieht eine einschneidende Entwicklung nach sich: Schon im Dezember marschiert General Edmund Allenby mit seinen Truppen nach einer blutigen Schlacht in den judäischen Hügeln feierlich durch das Jaffator in Jerusalem ein. Nach dem Ende des Krieges erhält Großbritannien das Völkerbundsmandat über Palästina und den Irak, Frankreich für Syrien und den Libanon. Die politische Situation ändert sich damit grundlegend, das Ende der osmanischen Herrschaft kommt für viele im Land selbst überraschend. Palästina ist nun politische Einheit. Offiziell spricht der Völkerbund im Juli 1922 Großbritannien das Mandat über Palästina zu. Östlich davon entsteht Transjordanien als halbautonomes Emirat.

Der Strom der Besucher setzt sich bald fort. Jüdische Reisende kommen im Zuge »zionistischer Touren« ins Land. Dies stärkt ihre Verbundenheit mit *Eretz Israel*. Sie wollen aus erster Hand erfahren, wie sich die Verhältnisse vor Ort gestalten, und ihre eigene Haltung dazu entwickeln, später wandern viele von ihnen dorthin aus oder fliehen nach dort. Unterdessen verstärken sich im Land die Konflikte zwischen Muslimen und Juden.

Anhang

Literatur

Pilgerwesen im Mittelalter

Ariantzi, Despoina und Eichner, Ina (Hg.). *Für Seelenheil und Lebensglück: Das byzantinische Pilgerwesen und seine Wurzeln*. Mainz: Verlag des Römisch-Germanischen Zentralmuseums 2018

Bekemeier, Annemone. *Reisen nach Jerusalem. Das Heilige Land in Karten und Ansichten aus fünf Jahrhunderten. Sammlung Loewenhardt* (Katalog zur Ausstellung des Jüdischen Museums, Berlin Museum). Wiesbaden: Ludwig Reichert 1993

Ben-Naeh, Yaron. »›Thousands great saints:‹ Evliya Çelebi in Ottoman Palestine«. In: *Quest – Issues in Contemporary Jewish History*. Nr. 6, Dezember 2013

Ben Yonah, Binyamin. *Jüdische Reisen im Mittelalter: Benjamin von Tudela; Petachja von Regensburg*. Leipzig: Dieterich 1991

Burkhardt, Jacob. *Die Zeit Constantins des Großen*. Leipzig: E.A. Seemann 1853

Chareyron, Nicole. *Pilgrims to Jerusalem in the Middle Ages*. New York: Columbia University Press 2005

Craig, Leigh Ann. *Wandering Women and Holy Matrons: Women as Pilgrims in the Later Middle Ages*. Leiden: Brill 2009

Davies, Paul, Deborah Howard und Wendy Pullan (Hg.). *Architecture and Pilgrimage, 1000–1500: Southern Europe and Beyond*. Farnham: Ashgate 2013

Denke, Andrea. *Von Konstanz nach Jerusalem: Eine Pilgerfahrt zum Heiligen Grab im Jahre 1486 (Konrad Grünemberg)*. Darmstadt: Wissenschaftliche Buchgesellschaft 2017

Doležal, Daniel, und Hartmut Kühne (Hg.). *Wallfahrten in der europäischen Kultur. Pilgrimage in European Culture.* Frankfurt am Main: Peter Lang 2005

Donner, Herbert. *Pilgerfahrt ins Heilige Land: Die ältesten Berichte christlicher Palästinapilger.* Stuttgart: Verlag Katholisches Bibelwerk 2002 (dieser Band enthält ein ausführliches Kapitel über die Pilgerin Egeria)

van Eck, Marianne P. Ritsema. *The Holy Land in Observant Franciscan Texts (ca. 1480–1650): Theology, Travel, and Territoriality.* Leiden/Boston: Brill 2019

Frömmer, Judith. *Italien im Heiligen Land: Typologien frühneuzeitlicher Gründungsnarrative.* Konstanz: Konstanz University Press 2018

Haupt, Barbara und Wilhelm G. Busse. *Pilgerreisen in Mittelalter und Renaissance.* Düsseldorf: Droste Verlag 2006

Hayden, Judy A. und Nabil I. Matar (Hg.). *Through the Eyes of the Beholder: The Holy Land, 1517–1713.* Leiden: Brill 2013

Hopper, Sarah. *Mothers, Mystics and Merrymakers: Medieval Women Pilgrims.* Stroud: Sutton Publishing 2006

Ohler, Norbert. *Pilgerstab und Jakobsmuschel. Wallfahrten in Mittelalter und Neuzeit.* München: Artemis & Winkler Verlag 2000

Penth, Sabine. *Die Reise nach Jerusalem: Pilgerfahrten ins Heilige Land.* Darmstadt: Primus Verlag 2010

Reichert, Volker. *Erfahrung der Welt: Reisen und Kulturbegegnung im späten Mittelalter.* Stuttgart: W. Kohlhammer 2001

– *Die Reise des Pfalzgrafen Ottheinrich zum Heiligen Land 1521.* Regensburg: Verlag Friedrich Pustet 2005

Reichert, Volker und Alexander Rosenstock (Hg.). *Die Welt des Frater Felix Fabri.* Weißenhorn: Anton H. Konrad Verlag 2018

Röhricht, Reinhold. *Deutsche Pilgerreisen nach dem Heiligen Lande.* Gotha: Perthes 1889

Rouxpetel, Camille. *L'Occident au Miroir de l'Orient Chrétien: Cilicie, Syrie, Palestine et Égypte.* Rom: École Française de Rome, 2015

Palästina

Bar-Yosef, Eitan. *The Holy Land in English Culture, 1799–1917: Palestine and the Question of Orientalism*. Oxford: Oxford University Press 2005

Ben-Arieh, Yehoshu'a. *The Rediscovery of the Holy Land in the Nineteenth Century*. Jerusalem: The Magnes Press, The Hebrew University, Israel Exploration Society 1979

– *Jerusalem in the 19th Century: The Old City*. New York: St. Martin's Press 1985

– *Painting the Holy Land in the Nineteenth Century*. Jerusalem: Yad Izhak Ben-Zvi Publications 1997

Ben-Arieh, Yehoshu'a und Moshe Davis (Hg.). *Jerusalem in the Mind of the Western World, 1800–1948. (With Eyes Toward Zion-V)*. Westport: Praeger 1997

Campos, Michelle. *Ottoman Brothers: Muslims, Christians, and Jews in Early Twentieth-Century Palestine*. Stanford: Stanford University Press 2010

Carmel, Alex (bzw. Karmel, Aleks). *Christen als Pioniere im Heiligen Land: ein Beitrag zur Geschichte der Pilgermission und des Wiederaufbaus Palästinas im 19. Jahrhundert*. Basel: Reinhardt 1981

Carmel, Alex und Ejal Jakob Eisler. *Der Kaiser reist ins Heilige Land: die Palästinareise Wilhelms* II. *1898*. Stuttgart: Verlag W. Kohlhammer 1999

Doumani, Beshara. *Rediscovering Palestine: Merchants and Peasants in Jabal Nablus, 1700–1900*. Berkeley: University of California Press 1995

Fishman, Louis A. *Jews and Palestinians in the Late Ottoman Era, 1908–1914. Claiming the Homeland*. Edinburgh: Edinburgh University Press 2020

Galazka, Guy. *À la découverte de la Palestine: Voyageurs français en Terre sainte au* XIV*e. siècle*. Paris: Presses de l'université Paris-Sorbonne 2011

Geniesse, Jane Fletcher. *American Priestess: The Extraordinary Story of Anna Spafford and the American Colony in Jerusalem*. New York: Nan A. Talese 2008

Gibson, Shimon, Yoni Shapira und Rupert L. Chapman III. *Tourists, Travellers and Hotels in Nineteenth-Century Jerusalem*. Leeds: Maney Publishing 2013

Gustrau, Maibritt. *Orientalen oder Christen? Orientalisches Christentum in Reiseberichten deutscher Theologen*. Göttingen: Vandenhoeck & Ruprecht unipress 2016

Halbwachs, Maurice. *Stätten der Verkündigung im Heiligen Land: Eine Studie zum kollektiven Gedächtnis*. Konstanz: UVK Verlagsgesellschaft 2003 (Orig.: *La topographie légendaire des évangiles en Terre sainte: étude de mémoire collective*. Paris: Presses universitaires de France 1941)

Hallote, Rachel. *Bible, Map, and Spade: The American Palestine Exploration Society, Frederick Jones Bliss, and the Forgotten Story of Early American Biblical Archaeology*. Piscataway: Gorgias Press 2006

Jacobs, Martin. *Reorienting the East: Jewish Travelers to the Medieval Muslim World*. Philadelphia: University of Pennsylvania Press 2014

Kane, Eileen. *Russian Hajj: Empire and the Pilgrimage to Mecca*. Ithaca: Cornell University Press 2015

Kawerau, Peter. *Amerika und die orientalischen Christen. Ursprung und Anfang der amerikanischen Mission unter den Nationalkirchen Westasiens*. Berlin: Walter de Gruyter 1958

– *Das Christentum des Ostens*. Stuttgart: Verlag W. Kohlhammer 1972

Kernohan, R. D. *The Road to Zion: Travellers to Palestine and the Land of Israel*. Carberry: Handsel Press 1994

Klatzker, David. *American Christian Travelers to the Holy Land, 1821–1939*. (Dissertationsschrift, Temple University) Philadelphia 1987

Kollek, Teddy und Moshe Pearlman. *Pilgrims to the Holy Land: The Story of Pilgrimage through the Ages*. London: Weidenfeld and Nicolson 1970

Ma'oz, Moshe (Hg.). *Studies on Palestine during the Ottoman Period*. Jerusalem: The Magnes Press 1975

Nawratzki, Curt. *Die jüdische Kolonisation Palästinas: Eine volkswirtschaftliche Untersuchung ihrer Grundlagen*. München: Verlag Ernst Reinhardt 1914

Obenzinger, Hilton. *American Palestine: Melville, Twain, and the Holy Land Mania*. Princeton: Princeton University Press 1999

Osband, Linda (Hg.). *Famous Travellers to the Holy Land: Their Personal Impressions and Reflections*. London: Prion 1989

Polkehn, Klaus. *Damals im Heiligen Land: Reisen in das alte Palästina*. Berlin: Kai Homlius Verlag 2005

Rogers, Stephanie Stidham. *Inventing the Holy Land: American Protestant Pilgrimage to Palestine, 1865–1941*. Plymouth: Lexington Books 2011
Schölch, Alexander. *Palästina im Umbruch: Untersuchungen zur wirtschaftlichen und sozio-politischen Entwicklung*. Stuttgart: F. Steiner 1986
Shepherd, Naomi. *The Zealous Intruders: The Western Rediscovery of Palestine*. San Francisco: Harper & Row Publishers 1987
Silberman, Neil Asher. *Digging for God and Country: Exploration, archaeology, and the secret struggle for the Holy Land, 1799–1917*. New York: Knopf 1982
Tuchman, Barbara W. *Bible and Sword: England and Palestine from the Bronze Age to Balfour*. New York: New York University Press 1956
Vogel, Lester I. *To See a Promised Land. Americans and the Holy Land in the Nineteenth Century*. University Park: The Pennsylvania State University Press 2010
Wolffsohn, Michael. *Wem gehört das Heilige Land?: Die Wurzeln des Streits zwischen Juden und Arabern*. München: Piper 2002
anon. *Das Deutsche Kaiserpaar im Heiligen Lande im Herbst 1898*. Mit allerhöchster Ermächtigung Seiner Majestät des Kaisers und Königs bearbeitet nach authentischen Berichten und Akten. Berlin: Mittler 1899

Jerusalem

Budde, Hendrik und Andreas Nachama (Hg.). *Die Reise nach Jerusalem. Eine kulturhistorische Exkursion in die Stadt der Städte. 3000 Jahre Davidsstadt*. Berlin: Jüdische Gemeinde zu Berlin/Argon Verlag 1996
Croitoru, Joseph. *Al-Aqsa oder Tempelberg: Der ewige Kampf um Jerusalems heilige Stätten*. München: C. H. Beck 2021
Goldhill, Simon. *Jerusalem: City of Longing*. Cambridge: Belknap Press of Harvard University Press 2008
Kampmeyer, Margret und Cilly Kugelmann. *Welcome to Jerusalem*. Ausstellungskatalog Jüdisches Museum Berlin. Köln: Wienand Verlag 2019

Lawler, Andrew. *Under Jerusalem: The Buried History of the World's Most Contested City*. New York: Doubleday 2021

Lemire, Vincent. *Jerusalem 1900: The Holy City in the Age of Possibilities*. Chicago: The University of Chicago Press 2017

Mack, Merav und Benjamin Balint. *Jerusalem: City of the Book*. New Haven: Yale University Press 2019

Montefiore, Simon Sebag. *Jerusalem: Die Biographie*. Frankfurt am Main: S. Fischer 2011 (Orig.: *Jerusalem: The Biography*. London: Weidenfeld & Nicolson 2011)

Noonan, F. Thomas. *The Road to Jerusalem: Pilgrimage and Travel in the Age of Discovery*. Philadelphia: University of Pennsylvania Press 2007

Peters, Francis Edward. *Jerusalem: The Holy City in the Eyes of Chroniclers, Visitors, Pilgrims, and Prophets from the Days of Abraham to the Beginnings of Modern Times*. Princeton: Princeton University Press 1985

Poser, Rachel. »Common Ground: The Politics of Archaeology in Jerusalem«. Harper's. September [Zeitschriftenbeitrag] 2019

Wasserstein, Bernard. *Jerusalem: Der Kampf um die heilige Stadt*. München: C. H. Beck 2002

Übergreifende Darstellungen

Deeken, Annette und Monika Bösel. *»An den süßen Wassern Asiens«: Frauenreisen in den Orient*. Frankfurt am Main/New York: Campus 1996

Frankopan, Peter. *Licht aus dem Osten: Eine neue Geschichte der Welt*. Berlin: Rowohlt Berlin 2017

Goer, Charis und Michael Hofmann (Hg.). *Der Deutschen Morgenland: Bilder des Orients in der deutschen Literatur und Kultur von 1770 bis 1850*. München: Wilhelm Fink 2008

Greenblatt, Stephen. *Wunderbare Besitztümer. Die Erfindung des Fremden: Reisende und Entdecker*. Berlin: Verlag Klaus Wagenbach 1994 (Orig.: *Marvelous Possessions: The Wonder of the New World*. Chicago: The University of Chicago Press 1991)

Hourani, Albert. *Die Geschichte der arabischen Völker*. Frankfurt am Main: S. Fischer 1992 (Orig.: *A History of The Arab Peoples*. London: Faber and Faber 1991)

Howard, Douglas A. *Das Osmanische Reich vom Mittelalter bis zum 1. Weltkrieg*. Darmstadt: Wissenschaftliche Buchgesellschaft 2018 (Orig.: *A History of the Ottoman Empire*. Cambridge: Cambridge University Press 2017)

Krämer, Gudrun. *Geschichte Palästinas: Von der osmanischen Eroberung bis zur Gründung des Staates Israel*. München: C. H. Beck 2002

Kreiser, Klaus und Christoph K. Neumann. *Kleine Geschichte der Türkei*. Stuttgart: Reclam 2009

Luchterhandt, Manfred, Lisa Marie Roemer und Verena Suchy (Hg.). *Das unschuldige Auge: Orientbilder in der frühen Fotografie*. Petersberg: Michael Imhof Verlag 2017

Mairs, Rachel and Maya Muratov. *Archaeologists, Tourists, Interpreters: Exploring Egypt and the Near East in the Late 19th-Early 20th Centuries*. London: Bloomsbury 2015

Melman, Billie. *Women's Orient: English Women and the Middle East, 1718–1918*. Ann Arbor: University of Michigan Press 1992

Oren, Michael B. *Power, Faith, and Fantasy: America in the Middle East 1776 to the Present*. New York: W. W. Norton 2007

Osterhammel, Jürgen. *Die Entzauberung Asiens. Europa und die asiatischen Reiche im 18. Jahrhundert*. München: C. H. Beck 2010

Polaschegg, Andrea. *Der andere Orientalismus. Regeln deutsch-morgenländischer Imagination im 19. Jahrhundert*. Berlin: Walter de Gruyter 2005

Rogan, Eugene. *Die Araber: Eine Geschichte von Unterdrückung und Aufbruch*. Berlin: Propyläen 2012 (Orig.: *The Arabs: A History*. New York: Basic Books 2011)

Said, Edward. *Orientalismus*. Frankfurt am Main: S. Fischer 2009

Stagl, Justin. *Eine Geschichte der Neugier. Die Kunst des Reisens 1550–1800*. Wien: Böhlau 2002

Steininger, Rolf. *Germany and the Middle East: From Kaiser Wilhelm* II *to Angela Merkel*. New York: Berghahn Books 2018

Literatur zu Einzelpersonen

Bell, Gertrude. *A Woman in Arabia: The Writings of the Queen of the Desert* (herausgegeben von Georgina Howell). New York: Penguin 2015

Berrong, Richard M. *Pierre Loti*. London: Reaktion Books 2018

Carmel, Alex und Hugo Schmid. *Der Orientmaler Gustav Bauernfeind. 1848–1904. Leben und Werk*. Stuttgart: Hauswedell 1990

Delaney, Carol. »Columbus's Ultimate Goal: Jerusalem«. In: *Comparative Studies in Society and History*, Vol. 48, Nr. 2 (Apr., 2006), S. 260–292

Green, Abigail. *Moses Montefiore: Jewish Liberator, Imperial Hero*. Cambridge: Belknap Press of Harvard University Press 2010

Hecht, Louise (Hg.). *Ludwig August Frankl (1810–1894): Eine jüdische Biographie zwischen Okzident und Orient*. Köln: Böhlau Verlag 2016

Kreiger, Barbara und Shalom Goldman. *Divine Expectations: An American Woman in 19th-Century Palestine*. Athens: Ohio University Press 1999 (über Clorinda Minor)

Lohmeier, Dieter (Hg.). *Mit Carsten Niebuhr im Orient. Zwanzig Briefe von der Arabischen Reise 1760–1767*. Heide: Boyens 2011

Mairs, Rachel. *From Khartoum to Jerusalem. The Dragoman Solomon Negima and his Clients (1885–1933)*. Bloomsbury 2016

Penslar, Derek. *Theodor Herzl: Staatsmann ohne Staat*. Göttingen: Wallstein Verlag 2022 (Orig.: *Theodor Herzl: The Charismatic Leader*. New Haven: Yale University Press 2020)

Sim, Katharine. *Jean Louis Burckhardt: A Biography*. London: Quartet Books 1981

– *David Roberts, R. A., 1796–1864: A Biography*. London: Quartet Books 1984

Volker-Saad, Kerstin. *Unterwegs im Gelobten Land: Hermann Fürst von Pückler-Muskaus Spurensuche biblischer Geschichte im Jahr 1838 in Palästina*. Bad Muskau: Stiftung »Fürst-Pückler-Park Bad Muskau« 2022

Wolandt, Holger. *Selma Lagerlöf. Värmland und die Welt. Eine Biografie*. Stuttgart: Verlag Freies Geistesleben & Urachhaus 2015

Die Zeilen von William Blake sind dem folgenden Band entnommen: Blake, William. *Zwischen Feuer und Feuer: Poetische Werke, zweisprachige Ausgabe*. München: dtv Verlagsgesellschaft 2007

Zitierte Berichte von Reisenden

Bartlett, William Henry. *Walks about the City and Environs of Jerusalem*. London: Hall, Virtue and Company ca. 1850

Benjamin, Israel Joseph. *Acht Jahre in Asien und Afrika. Von 1846 bis 1855*. Hannover: 1858 (Eigenverlag)

Bonar, Andrew A. und Robert Murray McCheyne. *Narrative of a Mission of Inquiry to the Jews from the Church of Scotland in 1839*. Edinburgh: William Whyte 1839

Bowring, John. *Report on the Commercial Statistics of Syria*. London: William Clowes and Sons 1840

Breen, Arnold Edward. *A Diary of My Life in the Holy Land*. Rochester: John P. Smith 1906

Browne, John Ross. *Yusef; Or the Journey of the Frangi. A Crusade in the East*. New York: Harper & Brothers 1853

Burton, Isabel. *The Inner Life of Syria, Palestine, and the Holy Land*. London: Henry S. King & Co. 1875

Busch, Moritz. *Eine Wallfahrt nach Jerusalem. Bilder ohne Heiligenscheine*. Leipzig: Friedrich Wilhelm Grunow 1861

Chateaubriand, François René de. *Tagebuch einer Reise von Paris nach Jerusalem durch Griechenland und von Jerusalem nach Egypten, durch die Staaten der Barbarei und durch Spanien zurück nach Paris*. Freiburg: Herder 1817 (Orig.: *Itinéraire de Paris à Jérusalem et de Jérusalem à Paris, en passant par la Grèce, et en revenant par l'Égypte, la Barbarie et l'Espagne*. Paris: Le Normant 1811)

Clarke, Edward Daniel. *Travels in Various Countries of Europe, Asia, and Africa* (zweiter Band: *Greece, Egypt, and the Holy Land*). New York: D. Huntington 1814

Conder, Claude Regnier. *Tent Work in Palestine: A Record of Discovery and Adventure*. London: Bentley & Son 1878

Van Dyke, Henry. *Out-of-Doors in the Holy Land: Impressions of Travel in Body and Spirit*. New York: Charles Scribner's Sons 1908

Ebers, Georg und Hermann Guthe. *Palästina in Wort und Bild nebst der Sinaihalbinsel und dem Lande Gosen. 1882–84*. Stuttgart: Deutsche-Verlags-Aktiengesellschaft 1884

Fabri, Felix. *Galeere und Karawane: Pilgerreise ins Heilige Land, zum Sinai und nach Ägypten 1483*. Stuttgart: Edition Erdmann 1996

Flaubert, Gustave. *Reise in den Orient: Ägypten, Nubien, Palästina, Syrien, Libanon*. Frankfurt am Main: Insel 1996 (Orig.: *Voyage en Orient*, 1849–1851, Teil des Gesamtwerks)

Frankl, Ludwig August. *Nach Jerusalem!* Leipzig: Baumgärtner 1858

Furrer, Konrad. *Wanderungen durch Palästina*. Zürich: Orell, Füßli und Compagnie 1865

Géramb, Maria Joseph. *Pilgerreise nach Jerusalem und auf den Berg Sinai, in den Jahren 1831, 1832 und 1833*. Augsburg: K. Kollmann 1837 (Orig.: *Pélerinage à Jerusalem et au mont Sinaï en 1831–33*. Paris: Librairie d'Adrien le Clere et Cie. 1836)

Hasselquist, Fredrik. *Reise nach Palästina in den Jahren von 1749 bis 1752 auf Befehl Ihro Majestät der Königinn von Schweden herausgegeben von Carl Linnäus*. Rostock: Johann Christian Koppe 1762 (Orig.: *Iter Palestinum eller resa til Heliga Landet : förrättad ifrån år 1749 til 1752*. Stockholm 1757)

de Lamartine, Alphonse. *Alphons von Lamartine's Reise in den Orient in den Jahren 1832 und 1833. Erinnerungen, Empfindungen, Gedanken und Landschaftsgemälde*. Stuttgart: J. B. Metzler 1835 (Orig.: *Voyage en Orient. Impressions, souvenirs, pensées et paysages pendant un voyage en Orient, 1832–1833, ou notes d'un voyageur*. Paris: Librairie de Charles Gosselin 1835)

Lortet, Louis. *La Syrie d'aujourd'hui: Voyages dans la Phénicie, le Liban et la Judée 1875–1880*. Paris: Hachette & Cie. 1884

Loti, Pierre. *Jerusalem*. München: Deutscher Taschenbuch Verlag 2004 (Orig.: *Le désert – Jérusalem – La Galilée*. Paris: Calmann Lévy 1895)

Lynch, William Francis. *Narrative of the United States' Expedition to the River Jordan and the Dead Sea*. Philadelphia: Lea and Blanchard 1849

MacGregor, John. *Im Kanu auf heiligen Flüssen. Abenteuerliche Forschungsfahrt im »Rob Roy« Canoe auf biblischen Gewässern*. Duisburg:

Deutscher Kanu-Verband 1995 (Orig.: *The Rob Roy on the Jordan, Nile, Red Sea and Gennesareth, a Canoe Cruise in Palestine and Egypt, and the Waters of Damascus.* London : John Murray 1886)

Mandeville, John. *Das Reisebuch des Ritters John Mandeville.* Frankfurt am Main: Insel 1989

Melville, Herman (Hg. Howard C. Horsford). *Journal of a Visit to Europe and the Levant, October 11, 1856–May 6, 1857.* Princeton: Princeton University Press 1955

Miller, Ellen E. *Allone Throug Syria.* London: Paul 1891

Ohly, Carl. *Reiseerinnerungen aus dem Morgenlande.* Elberfeld: Buchhandlung der Evangelischen Gesellschaft, 1898

Paquet, Alfons. *In Palästina.* Jena: Diederichs 1915

Péchenard, Monseigneur Pierre-Louis. *De Reims à Jérusalem.* Paris: Dubois Poplimont 1893

Pfeiffer, Ida (Hg. Gabriele Habinger). *Reisen in das Heilige Land: Konstantinopel, Palästina, Ägypten im Jahre 1842.* Wien: Promedia-Verlags-Gesellschaft 1995

Pickthall, Marmaduke William. *Die Taube auf der Moschee: Unterwegs im Orient.* Göttingen: Steidl 2021 (Orig.: *Oriental Encounters: Palestine and Syria 1894–6.* New York: A. A. Knopf 1927)

Pococke, Richard. *Description of the East and some other countries* (zweiter Band). London: W. Bowyer 1743

von Preußen, Kronprinz Friedrich Wilhelm. *Tagebuch meiner Reise nach dem Morgenlande.* 1869

Rhodes, Albert. *Jerusalem As It Is.* London: John Maxwell and company 1865

Robinson, Edward. *Palästina und die südlich angrenzenden Länder: Tagebuch einer Reise im Jahre 1838 in Bezug auf die biblische Geographie, unternommen von E. Robinson und E. Smith.* Halle: Buchhandlung des Waisenhauses 1842 (Orig.: *Biblical Researches in Palestine and Adjacent Countries.* London: J. Murray 1841)

– *Neuere biblische Forschungen in Palästina und in angrenzenden Ländern: Tagebuch einer Reise im Jahre 1852.* Berlin: Reimer 1857 (Orig.: Later Biblical Researches in Palestine and the Adjacent Regions: A Journal of Travels in the Year 1852. London: J. Murray 1856)

Rogers, Mary Eliza. *Domestic Life in Palestine.* London: Bell and Daldy 1862

Romieu, Auguste. »Douzième lettre«. In: Pigeory, Félix. *Les Pèlerins d'Orient: Lettres artistiques et historiques sur un voyage dans les Provinces danubiennes, la Turquie, la Syrie et la Palestine.* Paris: E. Dentu 1858

Schuber, Maria. *Meine Pilgerreise über Rom, Griechenland und Egypten durch die Wüste nach Jerusalem und zurück.* Graz 1850 (im Eigenverlag)

Seetzen, Ulrich Jasper (Hg. Friedrich Kruse). *Ulrich Jasper Seetzen's Reisen durch Syrien, Palästina, Phönicien, die Transjordan-Länder, Arabia Petraca und Unter-Aegypten.* Berlin: G. Reimer 1854

Smith, George Adam. *Historical Geography of the Holy Land.* London: Hodder and Stoughton, 1894

Soden, Hermann von. *Reisebriefe aus Palästina.* Berlin: Julius Springer 1898

Stephens, John Lloyd. *Incidents of Travel in Egypt, Arabia Petræa, and the Holy Land* (Hg. Hagen, Victor Wolfgang). Norman: University of Oklahoma Press 1970

Strauß, Friedrich Adolph. *Sinai und Golgatha: Reise in das Morgenland.* Berlin: Jonas Verlagsbuchhandlung 1848

Tobler, Titus. *Lustreise ins Morgenland.* Zürich: Orell, Füßli und Compagnie 1839

Train, George F. *An American Merchant in Europe, Asia and Australia.* New York: G. P. Putnam & Co. 1857

Twain, Mark. *Unterwegs mit den Arglosen.* Hamburg: mareverlag 2021 (Orig.: *The Innocents Abroad. Or: The New Pilgrim's Progress.* Hartford: American Publishing Company 1876)

van de Velde, Charles (Carel) William M. *Reise durch Syrien und Palästina in den Jahren 1851 und 1852.* Leipzig: Weigel 1855 (Orig.: *Narrative of a Journey through Syria and Palestine in 1851 and 1852.* Edinburgh und London: William Blackwood and Sons 1854)

Vetromile, Eugene. *Travels in Europe, Egypt, Arabia Petraea, Palestine and Syria.* New York: D. & J. Sadlier & Co. 1871

Volney, Constantin-François. *Reise nach Syrien und Aegypten in den Jahren 1783, 1784, 1785.* Jena: Johann Michael Mauke 1788 (Orig.: *Voyage en Syrie et en Égypte, pendant les années 1783, 1784 et 1785.* Paris: Librairie Volland 1787)

Warner, Charles Dudley. *In the Levant.* Boston: Houghton, Mufflin and Company 1876

Wedewer, Hermann von. *Eine Reise nach dem Orient*. Regensburg: Manz 1877

Wegelin, Daniel. *Palästina. Bilder aus dem heiligen Land, aufgezeichnet durch Daniel Wegelin aus St. Gallen, während seines Aufenthaltes in Jerusalem* (Hg. H. Leemann). Zürich: Schulthess 1845

Willard, Frances E. *Journal of Frances E. Willard*. Evanston: National Women's Christian Temperance Union Headquarters, 2005

Wood, A. L. (Pseudonym von Clorinda S. Minor). *Meshullam! Or: Tidings from Jerusalem.* Philadelphia 1851

Bildnachweise

Bildteil Seite 3 Panorama des Heiligen Landes © alamy

Bildteil Seite 6, Christliche Familie, © Bibliothèque de l'Ecole biblique de Jérusalem

Bildteil Seite 8, Palästina-Karte Barry, bereitgestellt von Barry Lawrence Ruderman Antique Maps Inc.

Alle anderen Privatarchiv des Autors

Danksagung

Dank gebührt meinem Lektor Wolfgang Hörner. Prof. Suzanne Marchand, Dr. Kerstin Volker-Saad, Eva Schoening und Dr. Tobias Becker danke ich, dass sie sich die Zeit genommen haben, eine frühe Fassung zu lesen. Ihre Kommentare und Literaturhinweise waren sehr hilfreich.

Namensregister